KB147088

과학 질주 시대,
학문과 인간이 던지는 질문

Science

과학 질주 시대, 학문과 인간이 던지는 질문

일 송
학술총서
9

박희병
송인재
이경구
장회익
성경륭
심혁주

일송기념사업회 편

學問
人間

푸른역사

■ 일송학술총서를 발간하며

한림대학교 한림과학원 일송기념사업회는 한림대학교 설립자 고故 일송一松 윤덕선尹德善 선생의 유지를 기리기 위해 2009년부터 매해 가을 학술대회를 개최하기로 했습니다. 일송 선생은 늘 한국의 앞날을 걱정하고 우리 사회의 병폐를 광정하는 데 평생 고민하셨습니다.

일송 선생은 "한국의 형체는 허물어졌어도 한국의 정신은 멸하지 않고 존속해 언젠가는 그 형체를 부활시킬 때가 온다"는 박은식朴殷植 선생의 경구를 자주 인용하면서 올바른 역사인식의 중요성을 강조하셨습니다. 또한 선생은 언제나 초가집 처마 밑에서 밖의 세상을 모르고 읊조리는 제비와 같은 좁은 시야를 하루 속히 탈피하고 국제적인 안목을 지녀야 한다고 말씀하셨습니다. 세계적인 수준에서 우리의 올바른 역사의식을 갖추라는 선생의 이 같은 당부는 오늘날 우리가 시급히 풀어야 할 시대적 과제이기도 합니다.

이에 일송기념사업회는 "한국 사회, 어디로 가야 하나"를 장기 주제로 삼고 이 주제에 부응하는 연차 주제를 매년 선정해 일송학술대회를 개최키로 했습니다. 교육, 역사, 학문, 통일, 문화, 삶과 가치, 인간과 자연과 같은 우리 사회의 근본 문제들을 한국의 역사와 전통, 그리고 미래의 바람직한 발전 방향과 밀접히 연계해 검토하기로 했습니다.

일송학술대회는 이들 문제를 일회적인 학술모임의 차원을 넘어서 한반도에서 인간적이고 한국적인 삶을 영위하기 위해 우리의 시각에서 조망할 것입니다. 또한 시대의 문제를 총체적으로 파악하고 그 대안을 숙고했던 위대한 실학자들의 학문 정신을 계승해 새로운 한국적 학문 전범典範을 세우도록 노력하겠습니다. 이를 위해 국내의 석학들을 비롯한 중견, 소장 학자들을 두루 초빙하여 거시적인 안목에서 성찰하고 실사구시實事求是의 정신에 입각한 방향 제시를 모색하고자 합니다.

일송기념사업회 운영위원장

김용구

《일송학술총서》 아홉 번째 책을 선보이며

2010년에 첫 선을 보인 일송학술총서가 어느덧 9권에 이르렀다. 그간의 주제는 교육, 통일, 가치관, 학문, 보수와 진보, 동북아시아 국제정치, 국가 등 중요하면서도 익숙한 것들이었다. 한편 최근 10여 년 동안 과학 발전으로 인한 근본 변화가 대두했다. 일송기념사업회에서도 이에 부응하여 2017년에《디지털 시대 인문학의 미래》(일송학술총서 7)를 발간했다. 책의 뼈대는 디지털 혁명에 대한 인문학의 대응과 새로운 연구 방법에 대한 소개였다. 그런데 디지털과 인공지능으로 인한 사회 전반 변화의 속도와 파장은 예상을 넘고 있다. 일송기념사업회에서는 과학 패러다임의 변화와 관련한 학문의 전망과 인간의 정체성을 다시 모색하지 않을 수 없었다.

금번 일송학술총서 역시 2018년 4월에 개최한 일송학술대회의 성과에 기반하였다. 지난 대회는 여느 때보다 의미가 남달랐다. 대회는 한림대학교의 'CAMPUS LIFE CENTER' 개관을 축하하는 행사를 겸했다. 발표자로는 한국 학계를 대표하는 박희병(서울대 국어국문학과), 도정일(경희대학교 명예교수), 성경륭(한림대학교 사회학과), 장회익(서울대학교 명예교수) 선생님을 모셨다. 또 김중수 한림대학교 총장님과 윤대원 재단이사장님 등이 참여해 자리를 더욱 빛냈다.

일송학술대회의 성과를 책으로 발간하는 과정에서 무척 아쉬운 일이 있어 전하지 않을 수 없다. 대회 당일 도정일 선생님께서, 신병身病으로 불편한 와중에도 참여해, 〈가치의 언어, 가치에 관한 질문, 가치를 위한 사유〉라는 주제로 발표하였다. 그러나 이후 선생님이 회복이 여의치 않아 원고가 미완되었으므로, 책에는 선생님의 소중한 원고를 싣지 못했다. 이 책의 부록에 실린 '종합토론'에서 선생님의 생각과 목소리를 접할 수 있다. 선생님의 쾌유를 진심으로 기원한다.

이 책은 일송학술대회에서 발표한 세 분의 원고와, 한림과학원에서 디지털인문학을 연구하거나 새로 관심을 기울이고 있는 중견, 소장 학자들의 원고 세 편을 더하여 총 여섯 편으로 구성되었다. 책 전반부의 세 편은 과학 패러다임의 변화와 학문 특히 인문학의 대응을 전망한 것이다. 박희병은 인문학이 쌓아온 학문행위의 본연성과 주체적 사유를 강화해야 디지털 환경과의 조화와 활용이 가능함을 역설했다. 송인재는 빅데이터를 활용한 제반 학문의 성과와 새로운 연구 결과들을 소개했다. 이경구는 역사 특히 한국사 분야에서 최근에 생겨난 변화를 제시하고 앞으로의 방향을 전망했다. 후반부의 세 편은 인간과 사회 변화를 통찰한 것이다. 장회익은 자연과 인간을 온전히 이해하는 메타이론으로서 자연의 객체성과 인간의 주체성을 잇는 새 개념으로 '온생명'을 제시했다. 성경륭은 이른바 '4차 산업혁명'이 초래한 변화를 실증적으로 보여주고 신인류 사회의 명암을 가늠했다. 심혁주는 인간 개인들의 감성, 우리 일상의 변화 등을 인문학적 상상력으로 스케치했다.

최근의 변화는 미증유인 만큼 이를 전공한 전문가는 없다. 이 책에 실린 글 또한 때론 익숙한 실증적 자세를 넘어 통찰과 상상을 오가기도 한다. 자료 역시 전문적인 학술 자료가 아니라, 빅데이터, 언론 보도, 인터넷, 유튜브 등 새로운 것들이다. 상식이었던 과거의 경계들이 무너지고 새로운 패러다임이 등장하는 시기를 반영한 현상이 아닐까. 지금의 한 걸음이, 희망과 두려움으로 다가오는 미래를 능동적으로 준비하는 자산이 되길 희망한다.

2019년 3월
일송기념사업회

Science

디지털 시대의 학문하기

박희병

學問

人間

디지털 시대의 학문하기

지금의 상황과 학문

요 몇 십 년 사이 정보통신 기술의 발달로 사람살이와 세상이 엄청나게 바뀌었다. 최근에는 딥 러닝을 통해 인공지능까지 계발됨으로써 디지털 기술 발전이 인간과 세계에 미칠 영향력은 도무지 가늠하기 어려운 지경에 이르렀다.

향후 예상되는 인공지능 기술의 가속적 발전과 그 사회적 응용에 대해 혹자는 낙관하고 혹자는 우려를 금치 못하는 듯하다. 낙관의 근거는 대체로 신기술이 인간을 노동에서 해방하고 보다 스마트하고 여유롭고 편리한 삶을 가져다줄 것이라는 데 있는 듯하다. 우려하는 이들은 가공할 정도의 일자리 축소, 사회적 불평등의 심화, 인간의 기계에의 예속, 인간의 통제를 넘어선 기계지능의 자기적自己的 전개展開 가능성, 인공지능의 살상무기 전용 등등을 염두에 두고 있는 듯하다.

하지만 이 문제에 대한 한국 사회의 작금의 논의는, 기술 발달에서 유토피아적 미래를 꿈꾸는 쪽이건 거기서 심각한 문제와 징후를 읽어내는 쪽이건 간에, 이 새로운 국면의 기술 발전이 '인간 자체'에, 인간의 정신과 존재 방식에, 인간의 마음과 그 깊은 내면에, 인간의 인간다움을 담보하는 인간성과 그 주체성에 어떤 영향과 작용을 끼칠 것인지에 대해서는 별반 주목하고 있지 않은 듯하다.

정치와 경제에 종사하는 사람들이 4차 산업혁명을 운위하며 이 문제를 국가적·경제적 득실의 관점에서만 보는 것을 강 건너 불 보듯 해서는 안 될 줄 안다. 하지만 학자들이라고 해서 정보통신 기술에 대한 태도나 입장이 같지는 않다. 디지털 기술을 적극적으로 긍정하는 사람이 있는가 하면, 비판적으로 보는 사람도 있는 듯하다. 그런가 하면 이 문제에 별 생각 없이 수수방관하고 있는 사람들도 있다. 아마도 대다수 학자들은 마지막에 속하지 않을까 한다. 이런 분들의 심리적 기저에는 일종의 무력감—내가 어떤 태도나 입장을 취해봤자 아무 소용이 없으며 기술은 나와 관계없이 발전되고 확산될 것이라는 판단에서 기인하는 무력감—이 자리하고 있을지도 모른다. 무력감은 순응을 낳게 마련이다.

지금의 학문은 이런 상황에 처해 있다. 이는 비단 한국만이 아니고 세계의 학문이 보편적으로 맞닥뜨리고 있는 상황이라는 점에서 문제의 심각성이 있는 게 아닌가 한다.

디지털 실증주의

디지털 기술의 전개는 멈추지도 않을 것이며, 멈추게 할 수도 없을 것이다. 문명의 디지털적 전환은 불가피해 보인다. 이 과정에서 학문이 할 수 있는 일은 무얼까? 학문은 무엇에 치력해야 하고, 또 필요하다면 어떤 자기 전환이 필요할까?

오해가 있을 것 같아 말해둔다면 여기서 말하는 '학문'은 주로 인문학이다. 나는 인문학자로서 한국학이 전공이다. 그러니 이하 나의 생각은 인문학으로서의 한국학을 하는 사람으로서의 제약을 갖는 것임을 고려해서 들어주길 바란다.

그렇기는 하나 한국에서 이루어지는 학문 가운데 한국문학 연구나 한국사 연구는 그 창의성이나 독자성에 있어 한국 학문을 대표한다고 말할 수 있다. 한국 학문으로서 세계에 내세울 수 있는 것은 유감스럽지만 이 두 분야 말고는 없다고 해도 과언이 아니다. 이 두 분야의 연구 수준이 꼭 높아서 하는 말이 아니다.

나는 명색이 한국학 연구의 최전선에 있는 학자다. 고전문학 연구에서 출발해 사상사 연구를 거쳐, 근년에는 예술사 연구에 몰두하고 있다. 이런 공부 길로 인해 '학문하기'에서 자료, 텍스트, 해석, 통합의 중요성을 약간 안다면 아는 편이다. 이 발표는 나의 이런 학문적 경험에서 출발한다.

19세기 한국의 사상가 최한기(1803~1875)는 세계를 바꾸려면 학문을 바꾸어야 한다고 생각했다. 그래서 주자학과 고증학을 지양한 새로운 학문체계로서 기학氣學을 수립했다. 일원론적이며 자족적 학문체계라는 점에서 기학은 문제가 없지 않지만 그럼에도 그것이 보여주는 학문적 현실대응력의 강조, 학문적 선도성의 적극적 승인은 주목할 만하다. 말하자면 최한기는 학문을 새롭게 정초함으로써 세계를 새롭게 재구성하면서 세계의 변화에 참여하고 있는 것이다.[1]

한국의 학문 전통에서 주목되는 또 다른 분은 홍대용(1731~1783)이다. 홍대용은 주자학 공부에서 출발한 정통 주자학자이지만 만년에 주자학을 벗어나, 주자학에서 이단으로 간주해 배척한 장자·묵자·양명학·불교를 포섭해 동아시아 사상사에서 전연 새로운 세계관을 학문적으로 정초한 분이다. 홍대용 역시 최한기와 마찬가지로 학문행위를 토대로 한 새로운 진리구성을 통해 인간과 삶과 세계를 새롭게 해석하고 있는 것이다.[2] 두 사람은 학문적 모색은 다르지만 주자학과 고증학을 지양하고 있다는 점, 서학西學, 즉 서양의 자연과학에 적극적 관심을 보이며 그것을 학문적으로 포섭하고 있다는 점에서 공통점을 보인다.

디지털 시대의 학문하기는 두 사상가에게서 어떤 시사를 받을 수 있는가? 먼저, 학문을 기능적/도구적/응용적인 것으로 좁히지 않고, 인간의 올바른 삶은 어떻게 영위되어야 하는가, 인간과 세계

---

[1] 박희병, 《운화와 근대: 최한기 사상에 대한 음미》, 돌베개, 2003 참조.
[2] 박희병, 《범애와 평등: 홍대용의 사회사상》, 돌베개, 2013 참조.

(혹은 자연)는 어떻게 연관되어 있으며 세계 속에서 인간은 어떻게 자신의 인간다움을 확보할 수 있을 것인가 하는 문제의식을 환기해준다는 점을 시적할 수 있다. 기대 담론이 사라져버리고 학문이 왜소화·파편화되는 쪽으로 나아가고 있는 듯한 작금의 한국의 학문 상황에서 이 환기는 아주 소중해 보인다. 인간과, 인간의 삶이 영위되는 세계에 대한 통찰과 관심이 학문의 본령임을 새삼 일깨워주기 때문이다.

하지만 이러한 시사는 퍽 중요하긴 하나 일반론적인 것이라 할 것이다. 그래서 좀 더 구체적인 수준에서 생각해본다면 다음과 같은 두 가지 시사를 얻을 수 있을 듯하다. 하나는 실증주의에 대한 비판적 성찰이고, 다른 하나는 새로운 인간학의 정초에 대한 문제의식이다. 이 중 실증주의와 관련해서는 좀 깊은 음미가 필요해 보인다.

주지하다시피 실증주의는 19세기 유럽에서 과학이 진리의 표준처럼 됨에 따라 철학이나 사회학과 같은 비과학의 학문 분야에서도 진리 추구에서 형이상학과 사변을 배제하고 검증 가능한 것만을 진리로 인정한 학문적 입장을 말한다. 실증주의에도 일면 그것대로의 장점이 있다. 그렇긴 하나 그것은 과학주의와 마찬가지로 편협하며, 현상에 매몰되어 있다는 점에서 문제다. 과학주의든 그와 연결되어 있는 실증주의든 존재론과 인식론에서 심각한 문제가 내재해 있는 것이다. 이런 상식적인 이야기를 왜 하느냐 하면 오늘날 한국에서 수행되고 있는 한국학 연구가 대체로 실증주의에 포박되어 있다고 보이기 때문이다.

문학 연구든 역사 연구든 철학 연구든 예술사 연구든 한국학은 자료(데이터) 위에서 성립한다. 요컨대 자료가 없으면 한국학은 성립되지 않는다. 이 점에서 한국학은 경험적 학문의 성격이 짙고, 자료학의 면모가 강하다. 그러니 실증을 중시하지 않을 수 없게 되어 있다. 하지만 실증을 중시한다는 것과 실증주의는 차원이 좀 다르다. 실증을 중시한다고 해서 무조건 실증주의는 아니다. 그러니 한국학이 태생적으로 자료적 실증을 중시한다고 해서 실증주의에 빠질 수밖에 없다고 단정하는 것은 옳지 않다. 실증에서 출발해 실증으로 끝날 수도 있지만, 실증으로 끝나지 않고 실증 너머의 진리를 탐색할 수도 있기 때문이다. 요컨대 실증에 기반을 두면서도 실증에 긴박緊縛되거나 함몰되지 않고 더 높은 정신의 어떤 국면을 포착할 수 있는 가능성이 이론적으로 열려 있는 것이다.

한국의 학문사를 본다면 1960년대에서 1980년대까지의 한국학은 실증에 꼭 포획되지는 않았다고 생각된다. 이 시기의 한국학 연구는 이론에 대한 추구와 사유가 있었다. 대표적인 학자로 김용섭(국사학)과 조동일(국문학)을 들 수 있을 터이다. 두 분은 현금 '내재적 발전론'의 도식에 사로잡혀 오류를 범했다고 비판받기도 하지만 그 점과 상관없이 이론과 사유를 적극적으로 모색했음은 높이 평가해야 마땅할 것이다.

문제는 1990년대 이후부터 점차 한국학 연구가 실증에 갇히는 경향성을 보여주는데, 이에 따라 이론적 전망과 사유가 사라지거나 박약해지게 되었다고 판단된다. 인과관계는 혹 거꾸로일지도 모른다. 즉, 이론적 전망과 사유가 사라지거나 부재해 실증에 매달리게 된 것일 수도 있다. 내재적 발전론이나 거대 담론을 비판하면서도 이론적 대안을 제시하지는 못했기 때문이다.

21세기에 들어와 한국학 연구의 실증주의적 지향은 한층 더 강화되었다. 이에는 앞서 지적한 이론적 전망의 부재 외에도 몇 가지 요인이 더 중첩적으로 관련되어 있다고 생각된다. 하나는 연구 환경의 정치경제적 변화요, 다른 하나는 인터넷 검색엔진의 발달이다. 네이버, 구글 등이 등장한 것이 바로 이 시기다. 우리는 이 지점에 이르러 비로소 이 글의 연구 주제와 다시 본격적으로 조우하게 된다.

흥미로운 점은 연구 환경의 정치경제적 변화와 인터넷 검색엔진의 발달이 서로 관련되어 실증주의 강화에 기여하고 있다는 사실이다.

연구 환경의 정치경제적 변화란 무엇을 말하는가? 두 가지를 지적할 수 있다. 하나는 학술진흥재단(지금은 한국연구재단)의 연구 관여이고, 다른 하나는 몇몇 신문사가 기획한 대학서열 평가로 인한 대학의 논문 편수 늘리기 강박증이다. 한국연구재단은 사실 국가기관이니 그 연구 관여는 국가가 연구자의 연구행위에 '개입'함에 다름 아니다. 한국연구재단의 연구비를 '따려면' 연구비를 받을 만한 주제를 잘 선정해야 하고, 연구도 가급적 정량적인 방법으로 하는 것이 편하고 안전하다. 연구소와 같은 기관이 대규모의 연구비를 따려면 더 많은 고려와 기획이 필요한 것으로 알고 있다. 그러니 '개입'인 것이다. 이런 사정은 알 만한 사람은 다 아는 사실이니 길게 논하지 않는다.

인터넷 검색엔진의 발달은 실로 자료 및 정보 처리에 혁명적인 변화를 가져왔다. 이전에 나는 한적漢籍을 읽다가 모르는 전고典故가 나오면 그 출처를 확인하기 위해 여러 책과 사전을 뒤지느라 며칠을 보낸 적이 비일비재하다. 그렇게 해도 출처를 못 찾은 경우 역시 비일비재하다. 그러다가 몇 년 뒤에 책을 읽다가 우연히 그 출처를 알아내고는 탄성을 지른 적도 허다하다. 하지만 21세기에 들어와 한국과 중국의 많은 한적 자료가 디지털화된 덕에 금방 검색해 그 출처를 알 수 있다. 대학원생들은 검색 기술이 뛰어나니 나보다 훨씬 빨리 필요한 정보와 자료를 인터넷에서 가져올 수 있다. 대학원생도 늙은 대학원생보다 나이가 어린 대학원생이 더욱 빠르다. 그래서 나는 요즘 이런 문생들을 향해 '너희들은 AI다'라는 농담을 하곤 한다. 하지만 '기계적 이성'의 유사성을 생각할 때 이는 꼭 농담만은 아니다.

검색엔진 덕에 이전보다 훨씬 광범한 자료에 접근하고, 시간을 아껴 더 많이 사색할 수 있게 됐으니 참으로 다행한 일이라고 생각할 수도 있다. 하지만 문제는 꼭 그렇게만 생각할 수 없다는 점에 있다. 나의 경험적 판단에 의하면 약 20년 전부터 지도학생들의 논문이 달라지기 시작했다. 자료와 정보는 여기저기서 놀라울 정도로 많이 끌어오고 주석도 장황하게 달았는데, 글쓰기는 오히려 흐트러지고, 사유의 응축된 집중은커녕 의미 있는 사유라 할 만한 것을 찾아보기 어렵게 되어가는 경향성이 발견되었다. 좀 과하게 말하면 사유의 죽음이다. 왜 이런 결과가 초래되었을까?

검색엔진 때문에 논문 쓰기, 즉 연구행위에 변화가 생긴 것이 분명하다. 즉, 도구가 학인學人의 멘탈리티와 글쓰기에 변화를 초래한 것이다. 옛날에도 사전이나 공구攻究서적을 찾아봐가며 공부하지 않았나, 검색엔진이 그것을 대체해 좀 더 편리함을 가져다준 것일 뿐인데 학생들의 변화를 검색엔진 탓으로 돌리는 것은 너무 과도한 주장이 아닌가라는 반론이 있을 수 있다. 하지만 사전 등의 공구서적과 검색엔진은 인지 방식에 본질적인 차이가 있다. 사전 등의 공구서적은 그 역할이 아주 제한적이었으며, 이 때문에 오히려 그것이 사유를 제한하거나 텍스트의 전후 맥락에 대한 온전한 이해를 방해하지는 않았었다.

검색엔진은 완전히 다르다. 가령《사고전서四庫全書》나 고전번역원의《한국고전문집총간》(속집까지 포함하면 총 500책이다),《조선왕조실록》에서 특정 용어나 지명, 인물을 검색하면 그것이 포함된 전후 구절이 금방 쭉 제시된다. 연구자들은 이 정보를 바탕으로 연구를 진행하게 된다. 그러니 검색 항목이 포함된 텍스트 전체를 읽는 경우는 거의 없다. 그러므로 '맥락적 사고'가 점점 약해지는 것은 자연스런 귀결이다. 그 빈자리를 메우는 것은 피상적 사고, 기계적 사고, 단선적 사고, 통계적 사고다. 학문에서 맥락적 사고의 중요성은 아무리 강조해도 지나치지 않다.

이렇게 본다면 검색엔진의 문제는 단지 검색의 문제에 한정되는 것이 아니며 텍스트 읽기의 문제, 해석의 문제와 연결되어 있음을 알 수 있다. 자료의 디지털화로 인한 검색의 편리함은 인식과 해석의 '피상화'와 '파편화'라는 대가를 요구한 셈이다.

사정이 이러하니 요즘의 한국학 연구자들은 텍스트에 대한 온전한 이해에서 점점 멀어져 가고 있다는 느낌을 받게 된다. 학문에 입문한 젊은 대학원생들은 말할 나위도 없고 전문성을 인정받는 전문 연구자들도 별반 다르지 않다. 새로운 도구, 디지털적 환경이 부지불식간에 그런 변화를 낳은 것으로 여겨진다. 텍스트를 깊이 음미하며 긴 시간에 걸쳐 천천히 온전하게 읽고, 거기서 사유를 길어내어 지적 전망이나 가치를 모색하는 전통적 지식 생산의 방식에서 본다면 아주 낯선 풍경이다. 꼭 전통적 방식을 옹호해서 하는 말이 아니다. 그런 문제가 발견된다는 점을 지적하고 싶을 뿐이다.

그런데 시야를 확대해보면 젊은 대학원생이나 학인들의 이런 변화는 반드시 검색엔진 때문에 초래된 것만은 아니다. 이들은 진작부터 디지털 문명의 세례를 받은 사람들이라는 점에 유의할 필요가 있다. 즉 스마트폰, 게임, 애니메이션, 인터넷 서핑에 익숙하고, 책으로 대표되는 인쇄문화보다 디지털로 구현되는 영상문화에 훨씬 더 친근감을 느끼는 사람들인 것이다. 그러니 이들이 사물이나 텍스트를 인지하는 방식이 이전의 아날로그 세대와 다를 것은 당연하다.

문제는 이러한 점을 이해할 수 있다는 데 있지 않다. 설사 이해는 할 수 있다 할지라도 문제는 그대로 남기 때문이다. 제일 큰 문제는 디지털 문명에 포섭되면 될수록 인간으로서의 '긴 호흡'을 잃어가게 된다는 점이다. 사유는 긴 호흡에서 나온다. 호흡이 짧아지고 빨라지면 사유도 짧아지고 빨라지게 된다. 이는 민주적·교양적인 일반 시민에게도 큰 문제지만 정신 방면에 종사하는 사람이나 학자에게는 더없이 심각한 문제라고 하지 않을 수 없다. 요컨대 디지털 시대의 인간은 과잉의 정보를 갖고 있으며 정보 처리에는 능란하지만 그럼에도 역설적으로 온전한 인식, 온전한 앎에서는 멀어지는 양상을 보이고 있다고 생각된다.[3]

이처럼 사유가 얕아지고 박약해지는 현상은 실증의 편중과 밀접한 연관을 맺고 있다. 사유가 꼭 실증을 배격하는 것은 아니나 실증은 사유를 배격한다. 실증에 몰입하면 할수록 사유는 그만큼 휘발되어버린다. 디지털 시대에 진입한 지금 학문의 위기는 바로 이 점에 있다고 생각된다. 지금의 학문이 보여주는 이런 경향성은 '디지털 실증주의'라고 명명될 수 있을 것이다.

디지털 실증주의는 한국연구재단의 연구비 관리 시스템과도 친화적이며, 자본의 요구에도 잘 부합된다. 한마디로 체제 부합적이다. 그러니 이런 학문적 태도에서는 홍대용이나 최한기와 같은 문

---

[3] 이 점은 Nicholas G. Carr, *The Shallows: What the Internet Is Doing to Our Brains*, New York: W. W. Norton & Company, 2010; 니콜라스 카, 최지향 역, 《생각하지 않는 사람들》, 청림출판, 2011 참조.

제의식이나 상상력은 나오기 어렵다. 지금은 고작 시작에 불과할 것이다. 앞으로 디지털 실증주의는 훨씬 더 거세질 것이다. 자본과 산업과 기술의 뒷받침을 업고서. 그러니 나와 같은 사람의 주장은 점점 그 입지가 좁아질 가능성이 높다. 그럼에도 학문이 존재하는 한에서는 완전히 사라지는 일은 없으리라 본다.

통섭 혹은 융복합의 문제

최근 학문의 통섭 혹은 융복합이 필요하다는 주장을 많이 접하게 된다.

'통섭'이라는 말은 사회생물학자인 에드워드 윌슨이 사용한 '건실리언스consilience'라는 말의 번역어다. 윌슨의 통섭 개념은 자연과학인 사회생물학 아래에 인문학과 사회과학 등 모든 학문이 포섭되어야 한다는 주장으로 요약될 수 있다.[4] 일종의 환원주의로, 별로 타당성이 없는 생각으로 보인다. 그러니 이런 말로 해야 할 공부는 안 하고 공연히 소동을 일삼을 필요는 없다.

융복합의 주장은 좀 다르다. 이 주장은 산업계의 요구를 반영하고 있지 않나 생각된다. 가령 '디지털 컨버전스digital convergence'

---

[4] Edward O. Wilson, *Consilience: The Unity of Knowledge*, New York: Alfred A. Knopf, 1998; 에드워드 윌슨, 장대익·최재천 역, 《통섭: 지식의 대통합》, 사이언스북스, 2005.

같은 개념에서 '컨버전스'는 '융복합'으로 번역될 수 있을 터이다. IT 산업계의 이런 요청이 학문 분야에 침투되어 공학에서부터 시작해 급기야 인문학이나 사회과학에까지 파급된 것으로 보인다.

흔히 스티브 잡스가 공학과 인문학을 접속시켜 새로운 디자인과 기능을 내장한 기기를 세상에 선보였다고 말하곤 하는데 이에는 심각한 오해가 있는 듯하다. 그런 것을 '인문학'이라고 할 수는 없다. 그런데 한국에서는 스티브 잡스의 영향으로 인문학과 공학의 결합을 힘줘 강조하며, 대학도 이런 요청이 산업적으로 실현되는 방향으로 개편되어야 한다고 소리 높여 주장하는 사람까지 나오게 되었다. 이런 주장은 급기야 인문대학의 학과를 통폐합하여 '문화콘텐츠학과'를 만드는 유행을 낳기도 했다. 물론 여기에는 실용적으로 별 도움도 안 되고 이익도 없는 인문대학의 학과들을 축소하거나 없애버리고 싶어 하는 대학자본 측의 요구도 작용하고 있는 것으로 보인다.

하지만 문화콘텐츠학은 인문학이 아니다. 그것은 오히려 경영대학 같은 데 있어야 할 학문 분야가 아닌가 한다(혹은 다학제적으로 작동하는 독립적인 단과대학을 구상해볼 수도 있을 듯하다). 문화콘텐츠학이 과연 학문으로서의 독자성이 있는지도 의심스럽지만 분명한 것은 그것이 인문학의 진흥을 돕기보다는 그 폐절廢絶에 기여하고 있다는 사실이다. 이렇게 본다면 문화콘텐츠학을 염두에 두고 학문의 융복합을 운위하는 것은 어불성설이라 할 것이다.

최근에는 '디지털 인문학'이라는 용어도 쓰이고 있다. 영어로 하면 '디지털 휴머니티즈Digital Humanities'다. 미국이나 영국, 프랑스, 독일 같은 나라에서 10년 전 쯤부터 학회도 만들고 각종 프로젝트도 활발히 하는 것으로 알고 있다. 그 영향을 받아 한국에서도 몇 년 전부터 디지털 인문학을 거론하는 분들이 나타나기 시작했다.[5]

디지털 인문학은 데이터의 총체적 디지털화를 기반으로 인문학의 외연을 확대하고자 하는 의도를 보여준다. 어차피 디지털 시대니 인문학 자료를 총체적으로 디지털화하고, 그것을 적절히 활용해 이런저런 필요한 연구를 하면서 기존의 연구를 보완하는 것은 좋은 일이라 할 것이다. 하지만 디지털 인문학이 기존의 인문학을 대체할 수는 없다. 인문학의 디지털적 수행에는 장점만 있는 것이 아니라 큰 위험과 반대급부가 따른다는 사실을 명심하지 않으면 안 된다. 그러니 너무 과대포장하거나 낙관적 태도로 일관하는 것은 학문적이지 않다고 생각된다.

더군다나 북미나 유럽의 학문 상황과 달리 한국에서 디지털 인문학을 주창하는 사람들은 '문화콘텐츠학'과의 연계를 강하게 의식하고 있다는 문제점을 보인다. 그렇다면 이는 결국 돈과 자본의 문제로 귀결되며, 일종의 '사업'으로서의 성격을 갖는 것이지 순수학문이라고 하기는 어렵다. 인문학이나 사회과학은 기본적으로

---

[5] 한국에서 출간된 디지털 인문학에 대한 최초의 개론서는 임영상·김바로, 《디지털 인문학 입문》, 한국외국어대학교 지식출판원, 2016이 아닌가 한다.

기초학문에 속하며 그 점에서 기술학이나 경영학이나 법학과 같은 응용학문과는 구별된다. 문화콘텐츠학이 인문학이 아니라고 한 것도 이런 맥락에서다. 디지털 인문학이 인문학을 보완하는 역할을 정당하게 수행하려면 이런 성찰과 자기 한계에 대한 냉철한 자각이 필요할 줄 안다. 그렇지 않고 문화콘텐츠학처럼 자본과 문화산업의 요구에 부응하는 쪽으로 갈 경우 인문학의 외연 확장과 진흥에 기여하기는커녕 인문학의 왜소화와 형해화形骸化를 초래할 것으로 우려된다.

여기서 디지털 인문학을 거론한 것은 그것이 학문의 융복합을 강하게 제기하고 있기 때문이다. 목하 '융복합'이라는 말은 대단히 유행하고 있다. 그리하여 지식 융복합, 산업 융복합, 기술 융복합, 교육 융복합, 디자인 융복합 등이 제창되고 있다. 심지어 지식 융복합학회라는 학회도 존재한다. 가히 '융복합 시대'라고 할 만하다. 융복합이 디지털 문명과 밀접히 관련되어 있다는 것, 따라서 융복합 시대라는 말이 디지털 시대라는 말의 변주에 가깝다는 것은 췌언을 요하지 않는다.

지금까지 살펴보았듯이 학문의 통섭 내지 융복합은 자연과학 쪽에서 제기되거나, 기술과 자본 쪽에서 제기되거나, 디지털 인문학 쪽에서 제기되었다. 그런데 여기 흥미로운 사실이 하나 있다. 학문의 통섭 혹은 융복합을 주장하는 사람치고 실제 자기가 종사하는 분야에서 학문의 통섭 내지 융복합을 열심히 학문 연구를 통해 실천하는 사람은 아주 드물거나 없는 것으로 보인다는 사실이다. 학문은 입으로 하는 것이 아니다. 학자는 실제의 연구, 업적을 통해 말하지 않으면 안 되며, 업적 뒤에 가만히 숨는 것이 좋다. 기술·산업·사업과 달리 학문의 융복합은 쉽게 말할 수 있는 일이 아니다. '통섭'이나 '융복합'이라는 용어는 시류와 관련되어 있는데다 앞서 지적한 문제가 내재해 있으므로 나는 이 말 대신 '통합'이라는 말을 사용하고자 한다.

학문에 왜 통합이 필요한가? 산업 발전에 부응하기 위해서인가? 국가의 이익을 위해서인가? 학문이 도태되거나 무시되고 있으니 경제적·실용적 유용성을 확보하기 위해서인가? 디지털 시대의 현실과 요구에 부응하기 위해서인가? 이런 시각은 모두 대개 학문 외부의 사정이나 요구를 주로 고려하고 있다는 공통점이 있다. 이는 '외부적 시각'이라 이름 할 수 있을 것이다. 이와 달리 나는 '내부적 시각'에서 이 문제에 접근해보고자 한다. 내부적 시각은 학문 내부의 사정과 요구에서 출발한다는 점에서 외부적 시각과 구별된다. 물론 내부적 시각이라 해서 학문 바깥의 상황을 도외시하는 것은 아니다.

근대 학문은 기본적으로 학문 영역의 분리와 구획 위에 정초되었다. 한국의 근대 학문은 근대 학문의 원류라고 할 유럽보다 이런 면모가 훨씬 강하다. 그리하여 '분과 학문체제'를 강고하게 구축하고 완성했다. 분과 학문체제는 '경계'를 설정하고, 대체로 주어진 경계 안에서 학문행위를 하게 되어 있다. 경계는 일단 정해지면 관습화 되고 내면화 되어 경계 밖으로 나가고자 하는 사람도 드물거니와 그런 엄두를 내기도 어렵다. 이런 체제는 인식론적으로 심각한 문제를 초래한다.

세계나 현실이나 정보는 복합적이다. 인간이나 인간의 삶도 복합적이며 텍스트 자체도 복합적이다. 말하자면 모든 연구 대상 자체가 복합적이다. 복합적인 것을 온전하게, 다시 말해 전체적으로 이해하고 해석하기 위해서는 복합적 사고와 접근이 불가결하다. 이리 생각해보면 대상을 분과 학문적으로만 연구하는 것이 한계가 있음이 자명해진다. 게다가 세상은 갈수록 점점 복잡해지고 있다. 학문이 이런 세계 상황에 능동적으로 대처하기 위해서는 근대 이래의 분과 학문체제를 수정해나가지 않으면 안 된다.[6]

그러면 분과 학문 체제를 엎어버리고 통합적 학문체제를 새로 구축하는 것이 좋을까? 말은 시원하지만, 분과 학문체제를 일거에 부정하는 것은 현실적이지도 않을뿐더러 생산적이지도 못하다고 나는 생각한다. 분과 학문에도 장점이 있다(물론 이 장점은 단점과 동면의 양면처럼 맞붙어 있지만). 특화된 방법론과 단단하고 깊은 전문성이 그것이다. 이는 결코 만만히 볼 수 없는 점이다.

이리 본다면 분과 학문의 장점은 살리되 그 단점을 보완하는 방향으로 연구체제를 정비·수정해나가는 한편, 연구 풍토와 문화를 바꾸어나가는 노력을 지속적으로 기울여 나가는 것이 필요하다.

---

[6] 근대 이래 한국 학문이 견지해온 분과 학문적 프레임에 대한 비판은 박희병, 〈통합인문학으로서의 한국학〉, 한영우·박희병·전상인·미야지마 히로시·고석규, 《21세기 한국학, 어떻게 할 것인가》, 푸른역사, 2005 참조.

분과 학문에서 단단하고 높은 경지를 확보하지 않은 연구자가 통합적 주제를 다루거나 연구의 월경越境을 할 경우 학문적 수준을 확보하지 못할 가능성이 높다. 연래의 나의 열력閱歷으로 보건대 그러하다. 그러니 잠정적으로는 각자 분과 학문에 속한 채로 통합적 학문에 필요한 문제의식을 키우고 기초 소양을 다지면서 공부의 내공을 쌓아나가는 단계를 거치는 것이 필요하지 않은가 한다.

　모두가 미켈란젤로나 레오나르도 다빈치가 될 수는 없으며, 그럴 필요도 없다. 모든 학자에게 통합 연구를 하라 하고 그 연구 결과를 제출하라고 다그친다면 외려 얼치기 학자만 잔뜩 양산될 가능성이 높다. 한 분야에서 높은 경지에 이르는 일은 지극히 어려운 일이다. 통합 연구에서 학문적 권위와 높은 수준을 인정받기 위해서는 특정한 분야에서 훌륭한 성취를 내지 않고서는 불가능하다고 여겨진다. 물론 한 분야의 대가가 꼭 여러 분야를 횡단하면서 학문적으로 훌륭한 성취를 보여주리라는 보장은 없다. 하지만 필요조건은 될 터이다.

　나는 요 근래 18세기의 문인화가 능호관 이인상(1710~1760)의 서화를 집중적으로 연구해왔다. 이분은 일반적으로 조선시대 최고의 문인화가로만 알려져 있지만 실은 문학가로서도 문제적이며, 사상사적으로도 문제적인 인물이다. 그간 미술사를 연구하는 분들은 주로 이분의 그림만 들여다보며 연구를 해왔다. 그렇다 보니 이분의 문학, 사상, 글씨 쓰기(서예)가 이분의 그림과 어떤 내적 연관이 있는지, 그리고 문학, 사상, 예술 이 3자를 통해 총체적으로 확인되는 이분의 존재 방식과 정신적 특질은 무엇인지는 제대로 탐구되지 않았다. 요컨대 이인상이라는 인간의 삶과 그 정신적 외화外化가 단지 피상적으로만 이해되어온 것이다.

그간 한국 학계에서 문학 연구, 사상사 연구, 예술사 연구는 제각각 수행되었다. 근대 이래의 한국 학문에서 이 세 영역의 통합적 작업은 나의 연구가 처음이 아닌가 한다. 학문적 평가야 별도의 일이지만, 적어도 이 작업을 통해 나는 한국학 연구, 혹은 인문학 연구에서 통합적 접근이 비록 힘은 들지만 진실에 좀 더 다가가고 사태를 종합적으로 이해하는 데 큰 도움이 된다는 사실을 확인할 수 있었다. 이를 통해 인간에 대한, 사회역사적 시공간 속에서 영위되는 인간의 유한한 삶과 그 운명에 대한, 인간의 이념과 정신에 대한, 그리고 '나'와 타자의 관계에 대한, 나아가 세계 내 존재로서의 '나'의 존재 양상에 대한 좀 더 심원하고 반성적인 통찰에 이를 수 있었다고 생각한다.

나의 이 접근법은 '통합인문학'으로 개념화될 수 있다. 통합인문학은, 분과 학문의 경계를 넘어 인문학을 통합적으로 연구하는 학문으로 정의될 수 있다. 나는 한국학의 영역에서 통합인문학을 수행한 셈이지만, 인문학은 범위가 넓으니 그 다른 영역에서도 여러 가지 주제로 통합인문학을 수행할 수 있지 않을까 한다. 그 규모도 필요에 따라 아주 크게 할 수도 있고, 중간 정도의 규모로 할 수도 있을 것이며, 작은 규모로 진행할 수도 있을 터이다. 이런 연구를 미루어 확대하면 종국에는 인문학, 사회과학, 자연과학의 경계를 허무는 연구도 가능하리라 생각한다. 중요한 것은 규모가 아니라 연구 자세와 접근법과 문제의식, 즉 연구의 '인식론적 기초'를 새롭게 정립하는 일일 것이다.

통합인문학이라는 용어가 중요한 것은 아니다. 중요한 것은 이 방법론으로 빼어난 학적 성과를 풍부하게 만들어내는 일이다. 이런 의미 있는 성과가 축적되면 이 개념은 학계에서 새로운 연구 프레임으로 자리 잡게 될 터이다.

통합인문학은 인간, 인간의 정신적 외화外化의 여러 양식들, 텍스트에 대한 전일적全一的 성찰과 해석을 그 구경究竟의 과제로 삼는다. 이는 인공지능을 이용한 정보 처리, 지식의 가공 및 생산과는 다른 차원의 지적 작업이다. 또한 디지털 실증주의와는 그 지적 전망과 지향을 달리하는 작업이다. 통합인문학은 결코 환원될 수 없는 인간의 정신과 삶의 복잡성, 그리고 그 속에서 길어 올려지는 '가치'를 문제 삼기 때문이다.

연구 주체의 내적 성찰

《장자》〈천지〉편에 보면 이런 대목이 있다. 자공子貢이 어떤 늙은 농부를 만났는데, 그는 독에다 물을 길어 나르며 힘들게 농사를 짓고 있었다. 자공이 도르래를 써서 물을 길면 힘이 덜 들고 공효는 훨씬 큰데 왜 그리 안 하는지 묻자, 노인은 이리 대답했다.

나는 우리 선생님께 들은 말이 있소. 기계를 가지게 되면 반드시 기계를 쓰게 됩니다. 기계를 쓰면 기계에 의지하는 마음이 생기게 된다오. 기계에 의지하는 마음이 흉중에 있으면 자연 본래의 천성이 망가져버린다오. 자연 본래의 천성이 망가지면 정신이 안정되지 못하게 되지요. 정신이 안정되지 못한 자에게는 도가 깃들지 않소. 내가 두레박을 모르는 게 아니라 이런 점에서 부끄럽게 여겨 쓰지 않을 뿐이오.[7]

《장자》에 무수히 등장하는 우언의 하나다. 이 우언은 기계와 인간의 마음, 기계와 인간 정신 간의 관련에 대한 깊은 통찰을 담고 있다. 기계를 사용하면 할수록 기계의 마음(원문은 '機心')이랄까, 기계에 의지하는 마음이랄까, 기계를 편히 여기는 마음 같은 것이 생기게 되고, 급기야 그것은 인간의 정신이나 인간성을 바꾸게 된다는 취지의 말이다.

오늘날 우리가 이 노인처럼 살 수는 없다. 하지만 이 노인의 말에는 불편한 일말의 진실이 내장되어 있으며 그래서 우리에게 큰 울림을 준다. 테크놀로지의 발전과 그것이 낳고 있는 사회적 변화에 주목하는 학자들 중에는 테크놀로지에 기반을 둔 전연 새로운 인문학을 구상해야 한다는 주장을 펼치기도 한다. 이 노인과는 정반대 입장이다. 그런가 하면 앞에서 살폈듯 자본이나 문화산업의

---

[7] "吾聞之吾師. 有機械者必有機事, 有機事者必有機心. 機心存於胸中, 則純白不備. 純白不備, 則神生不定. 神生不定者, 道之所不載也. 吾非不知, 羞而不爲也."

요구에 부응해 인문학을 실용학이나 도구적 학문으로 변경하려는 지속적인 시도들도 현실에서 발견된다.

이런 현실을 직시하면서 나는 여기서 연구 '주체'의 문제를 조금 생각해보고 싶다. 말하자면 이런 물음이다: 학자는 기술 질주技術疾走의 시대, 디지털 만능의 시대에 어떤 마음과 자기의식을 재정립하는 것이 필요한가?

그런데 학자에도 여러 성격, 여러 종류의 사람이 있으니 모든 사람이 수긍할 수 있는 일반적 준칙을 마련하는 것은 불가능하다. 그러니 좀 진지한 학자라면 그럭저럭 공감할 최소·최저 수준의 사유를 전개해보기로 한다.

먼저, 인간 노동의 문제다. 인공지능의 발전은 장차 다수의 인간을 노동에서 밀어내버리는 작용을 하리라 예상된다. 이것이 인간의 노동으로부터의 해방이 될지 인권의 하나로 간주될 수 있는 노동권의 박탈이 될지는 좀 더 지켜봐야 하겠지만, 마르크스가 말한 '인간의 사회적 소외'가 IT 기술의 발달로 '인간의 노동(혹은 일)으로부터의 소외'로 그 양상이 바뀔 가능성이 크다는 것이 나의 전망이다. 자본에 의해 전 사회적으로 진행될 노동(일)으로부터의 소외, 노동(일)으로부터의 유리가 학문 일반에 미칠 파급력은 가늠하기 쉽지 않다. 학문행위는 정신적 작업으로서 일반적인 사회적 노동과는 성격을 달리한다. 그럼에도 그것은 전 사회적으로 수행되는 노동과 전연 무관한 것은 아니며, 자기 외부 노동과 연계를 갖는다. 그러므로 만일 인간의 노동으로부터의 소외 상황을 학문 주체가 제대로 전유專有하지 않고 전도되거나 오도된 방식으로 전유할 경우 학문의 성격이나 정위定位에 심각한 문제가 초래될 수 있다.

　그뿐만이 아니다. 노동은 유·적類的 존재Gattungswesen[8]인 인간이 자신을 가치적으로 실현하는 데 빠뜨릴 수 없는 것이다. 그러므로 학문 주체에서 '노동의 감수성'(혹은 '노동과 관련된 감수성')이 약화되거나 소거될 경우 학문의 인간적 기반이 취약해지게 된다는 근본적인 문제가 발생한다. 디지털 시대의 연구 주체가, 기계를 사용하다 보면 기계의 마음이 된다고 한 앞에 든 노인의 지적처럼, AI의 마음을 닮아가거나 아류 AI처럼 되지 않으려면 이 점에 각별히 유의해야 하지 않을까 한다.

　노동의 감수성에 대한 문제는 자연에 대한 감수성, 흙의 감수성의 문제와도 연결된다. 편의와 편리는 반드시 반대급부가 있다. 가령 0과 1의 연산에 의해 수행되는 디지털 체계는 놀라운 속도와 효율을 보여주지만 그 대가로 인간의 환원될 수 없는 어떤 소중한 경험과 기억과 가치들, 인간의 복잡하고 미묘한 감정들, 인간 삶에 본래적인 어떤 그늘과 그림자들, 여백과 소중한 우연들은 빠져나가버리며 그 속에 포섭되지 않는다. 이것을 잃어버리는 것은 인간이 자신의 고유한 일부를 잃어버림을 의미한다. 즉, 자기상실이다.

　IT 기술의 발전은 자연에 대한 인간의 감수성을 한층 더 얇고 둔감하게 만들 것이라 생각한다. 그럴 경우 인간은 기계지능과 좀

---

[8] 이 용어는 마르크스가 그의 초기 저작인《경제학철학수고經濟學哲學手稿》에서 쓴 말이다.

더 닮게 될 터이다. 이런 점을 고려한다면 학문, 특히 인문학의 연구 주체는 흙과 자연과의 정신적·물질적 접촉면을 의식적으로 넓히려는 노력을 경주하지 않으면 안 된다. 이런 노력이 방기될 경우 인문학이라는 이름으로 수행되는 연구가 미래에 AI에 의해 수행될 지적 작업과 그리 유의미한 차이를 갖기 어렵게 될지도 모른다. 만일 효율성이나 수리적 정확성만 갖고 본다면 기계지능의 지적 작업 성과가 오히려 탁월할 수 있지 않겠는가.

고증학은 청나라 때 고도로 발전했다. 그래서 동아시아 사상사를 연구하는 학자들은 흔히 '건가乾嘉 고증학'의 수준을 높이 평가한다.[9] 그렇기는 하나 고증학자는 평생 자료의 수집과 정리, 경전을 위시한 텍스트의 훈고 주석을 자신의 학문적 과업으로 삼았다. 늘 자료에 파묻혀 사니 새로운 자료를 찾아내기도 하고, 이전에 밝히지 못한 사실을 새로 밝히기도 하고, 이전에 잘못 밝힌 사실을 바로잡기도 하는 등의 성과를 많이 거두기는 했으나 그럼에도 인간과 세상을 향한 새로운 지적 전망이나 새롭고 심원한 사유를 제시하지는 못했다. 그러니 고증학이라는 것은 실증주의와 통하는 데가 적지 않다. 새로운 사유와 세계관의 모색에 큰 힘을 쏟은 홍대용과 최한기가 고증학을 비판하고 일절 수용하지 않은 것은 그러므로 이해가 되고도 남는다.

---

[9] 대진戴震을 필두로 하는 '건가乾嘉 고증학'에 대해서는 吳根友·孫邦金 외, 《戴震乾嘉學術與中國文化(上·中·下)》, 福州: 福建教育出版社, 2015 참조.

디지털 아카이브digital archive가 광범하게 구축되고 디지털 마이닝digital mining으로 자료들의 관계망을 신속하고도 높은 수준으로 파악할 수 있게 된 지금 상황은 신新고증학이 성행할 수 있는 좋은 물질적 기초를 갖추고 있는 듯하다. 하지만 고증학의 주체는 사회에 대한 책임의식이나 공동체에 대한 윤리의식이 아주 희박했다. 그들이 보인 사유의 결핍은 이와 무관하지 않다. 이는 지식인으로서는 직무유기에 해당한다. 박학적 지식에 대한 자부, 정밀한 훈고에서 느끼는 자긍심과 만족감이 초래한 결과다. 그래서 나는 그들이 엄청난 정보와 지식을 소유하고 있었지만 '지성'의 차원에서는 바보들이었다고 생각한다. 역설적이지만 자료 더미가 바보를 낳은 것이다.

앞서 나는 디지털 실증주의를 비판하며 그 문제점을 지적한 바 있다. 디지털 시대의 연구 주체는 고증이나 실증에 매몰되지 말고 (매몰되기 쉽지만!) 사유의 끈을 놓지 않는 비판적 주체로서 자신을 부단히 정립해나가야 하리라 생각한다. 그래야 기술에 대한 즉자적即自的(an sich)이거나 물신적物神的 태도를 지양하고 서사적敍事的 거리를 확보하면서 대자적對自的(für sich) 태도를 취할 수 있게 될 것이다.

이는 종국에 세계 상황에 대한 연구 주체의 냉철한 조망을 가능하게 하는 출발점이 될 것이며, 학문외적인 일체의 간섭과 개입에서 벗어나 자본에 예속된 주체로서가 아니라 '자유로우며' '독립적인' 정신을 지닌 주체로서 학문 본연의 과업을 수행케 하는 토대가 될 것이다.

맺음말

필자는 이 글에서 디지털 문명시대에 학문이 직면한 문제가 무엇인가, 이러한 문제는 어디서 기인하며 어떻게 극복되어야 하는가를 논의했다. 오늘날 '학문'이라는 말은 그 규정이 간단하지 않다. 아카데미즘과 저널리즘의 경계는 점점 모호해지고 있으며, 논리나 사유가 단단하지 못한 대중적인 글쓰기가 학문이라는 이름으로 통용되기도 한다. 그리고 이런 종류의 글쓰기 투식이 학문적인 영역에 침투해 들어와 학문의 질적 저하를 초래하는 현상이 관찰되기도 한다.

필자는 대중적인 글쓰기의 가치를 부정하지 않는다. 그렇기는 하나 그것과 기본적으로 구별되는 순수 학문행위의 본연성과 의의를 적극적으로 옹호한다. 순수 학문행위는 철저함을 추구하고 근원적이라는 점에서 대중적인 지식 유통과 근본적으로 다르다. 그러므로 순수학문이 자신의 과업을 제대로 수행할 때 대중적 글쓰기의 콘텐츠가 충실하고 풍부해질 수 있다. 필자는 바로 이 '순수학문'을 염두에 두고 논의를 전개했다.

필자는 이 글에서 현재 나타나고 있는, 그리고 미래에 더욱더 심각해질 것으로 예상되는 디지털 실증주의의 문제점을 지적한 바 있다. 하지만 이러한 지적이 인터넷 검색이라든가 정보통신 기술의 다양한 학문적 활용 그 자체에 대한 비판으로 받아들여지지 않기를 바란다. 필자는 오히려 디지털 시대에 비로소 가능해진 이런 기술적 진보의 이점을 당연히 적극적으로 잘 활용해야 한다고 생각하고 있다.[10] 다만 이러한 활용에 부수되는 문제점에 대한 자각이 없어서는 안 된다는 점을 지적하고 싶었을 뿐이다.

필자는 디지털 문명이 진전되면 될수록 '통합인문학'이 더욱더 필요해지리라 전망한다. 통합인문학은 디지털적 기반 위에서 좀 더 확장적으로 추구될 수 있다. 이 경우 디지털 기술은 목적이 아니라 수단일 뿐이다. 즉 '도구'로서만 의미를 갖는다.[11] 통합인문학은 다른 지적 영역과 달리 AI나 기계가 수행할 수 없으며, 고도로 훈련된, 그리하여 비판적 지성과 높은 창의성과 사유력을 갖춘

---

[10] 가령 북미, 유럽, 일본, 대만, 중국 등에서는 '역사지리정보체계HGIS(Historical Geographic Information System)'에 대한 이론적 및 실제적 연구가 상당히 진척되어 있다. 한국은 역사자료와 문헌이 풍부하므로 역사지리 정보체계의 구축과 응용이 학문 발전에 큰 도움이 되리라 생각한다. 각종 디지털 아카이브의 구축 작업 역시 요망된다. 또한 분야별로 온톨로지ontology를 설계하면 방대한 데이터 내부의 관계망과 의미망 파악이 가능해져 디지털 시대 이전에는 생각할 수 없었던 새로운 미시적 혹은 거시적 사실의 발견이나 연구의 새로운 의제 설정이 가능하다. 요컨대 지식과 정보의 디지털화는 긴요한 일이다.

[11] 이 점과 관련해, 토마 피케티의 《21세기 자본》이 빅데이터의 활용에 힘입고 있다는 지적에 유의할 만하다. Jo Guldi, David Armitage, *The History Manifesto*, Cambridge: Cambridge University Press, 2014; 조 굴디·데이비드 아미티지, 안두환 역, 《역사학 선언》, 한울, 2018의 제4장 '빅 퀘스천, 빅 데이터' 참조. 《능호관 이인상 서화평석》, 돌베개, 2018은 필자가 주창해온 통합인문학의 한 결실인데, 이 연구 역시 최근 10여 년간 한국과 중국에서 구축된 고전자료의 빅데이터가 없었다면 아마 불가능했을 것이다.

인간만이 제대로 수행할 수 있다. 디지털 시대 학문행위의 요체는
바로 이에 있지 않다고 생각한다.

Science

디지털인문학의 탄생과 인문학의 전환

송인재

學問

人間

디지털인문학의 탄생과
인문학의 전환

인문학과 컴퓨팅

2008년 말의 일이다. 한 학술지에 논문을 투고했는데 다음날 학회 관계자로부터 전화가 걸려왔다. 관계자는 의아해하는 말투로 "투고 논문을 왜 우편으로 보냈느냐?"고 물었다. 나는 "논문 모집 공고에 '인쇄본 3부를 발송'하라고 안내되어 있어서 보냈다"고 답했다. 관계자는 계면쩍은 듯 "그랬냐?"고 답한 뒤 "안 보내도 된다"고 말했다. 통화는 이렇게 짧게 끝났다.

통화를 마친 후 나는 괜한 수고를 했다는 생각이 들어 약간 허탈했다. 학술지 논문 투고가 세 번째였는데 이메일로 논문 파일을 보내고 인쇄본도 보내라는 공고는 처음이었다. 나는 심사를 받아야 하는 입장에서 학회의 지침에 고분고분 따랐을 뿐이었다. 그런데 전화를 받고 보니 그 지침은 이미 폐기된 지침이었다. 관계자도 변경된 사항을 체크하지 않은 채 논문 모집 공고에 미처 반영하지 않았던 사실을 확인했던 것이다. 그날의 짧고 어색한 대화는 학술지 발행 방식이 바뀌고 미처 정착하지 못해 벌어진 해프닝이 었다.

10여 년이 지난 지금, 투고자가 논문을 인쇄본으로 발송하고 편집부가 심사자에게 인쇄된 논문과 심사서를 발송하고 심사의견을 회신 받는 모습은 이미 지나간 풍경이 되었다. 그사이 이메일로 논문 심사 절차를 진행하는 것이 보편적인 방식이 되었다. 최근에는 학술지 등급을 관리하는 국가기관의 방침에 따라 온라인 투고 시스템이 보급되고 있다. 온라인 심사는 시작한 지 몇 년 되지 않았고 방식도 낯설어서 온라인 심사가 정착되기에는 아직 난관이 적지 않다. 일례로 투고자와 심사자가 모두 회원 가입을 해야 심사 절차가 진행된다. 심사자 중 한 명이라도 회원에 가입하지 않으면 다른 심사자도 심사를 할 수 없는 시스템이다. 이에 따르는 불편함에 불만과 배척의 목소리가 여기저기서 터져나오고 있다. 하는 수 없이 몇몇 학회는 이메일 심사와 온라인 심사를 병행하기도 한다. 그럼에도 불구하고 국가기관에서 구축한 온라인 투고 시스템을 사용하는 학술지는 계속 증가하고 있다. 게다가 최근에는 심사를 위한 논문은커녕 편집을 마친 논문도 인쇄하지 않고 전자 저널로만 발행되는 학술지도 늘고 있다. 이처럼 정보를 공유하고 전달하는 인터넷의 발달, 지식을 서술하고 보관하는 컴퓨터 소프트웨어의 발달은 지식의 생산과 유통 구조에 큰 변화를 가져왔다. 큰 틀에서 보면 인문학도 이러한 변화를 따라왔다.

그런데 일견 인문학은 과학기술과는 동떨어져 보이고 더 나아가 인문학 연구자에게 어색함과 저항감을 유발한다. 그래서 인문학은 상대적으로 과학기술 변화를 수용하는 속도가 느리다. 조교 시절에 같은 연구소 선배 조교로부터 타이핑 소리 때문에 연구에 집중하기가 어렵다고 키보드를 살살 다루어달라는 부탁을 받은 적이 있다. 그분은 "선배 세대는 손으로 반드시 필기를 해야 공부 내용과 생각이 정리된다"며 세대 차이가 있다는 말도 덧붙였다.

필기구로 연구노트를 작성할 때에 비하면 강하게 두들기는 키보드 소리는 훨씬 크기 때문에 이해 못 할 일은 아니다. 최근에는 종이와 펜을 대체한 온라인 기반 노트가 수첩과 메모지, 노트의 역할을 하고 있다. 그렇다고 해도 습득한 지식과 자신의 생각을 손으로 정리하는 전통적인 방식 역시 완전히 사라지지는 않을 것이다.

또 다른 일화도 있다. 한 프로젝트 연구팀의 연구원이 연구보조원이 타이핑을 해주지 않는다고 푸념한 적이 있었다. 2000년대 초반의 일이었다. 90년대 중반까지도 대학 과제물을 리포트 용지에 손으로 써서 제출했으니 충분히 있을 수 있는 일이었다. 지금은 노트북, 태블릿PC, 스마트폰 등 개인용 디지털 기기가 넘쳐나고 가격도 다양해서 접근하기가 쉽지만 그때만 해도 개인용 컴퓨터의 보급률은 높지 않았다. 그래서 컴퓨터를 사용하려면 학교의 PC실, 동아리방, 학생회실, PC방 등 컴퓨터가 있는 곳을 찾아야 했다. 학생회실 컴퓨터 앞에 앉아 타자연습기를 켜놓고 연습이나 게임을 하는 모습도 쉽게 목격되는 풍경이었다. 젊은 세대도 이러한 상황이었으니 타이핑이 아직 익숙하지 않은 중년 인문학 연구자가 타이핑의 번거로움을 호소하고, 입력 대행을 기대하는 것은 그때는 아주 이해 못 할 일은 아니었다.

불과 20여 년 사이에 논문을 쓰고 출판하는 방식은 이처럼 빠르게 바뀌었다.

워드프로세서로 작성한 논문을 작성했더라도 예전처럼 파일을 저장용량도 적은 플로피디스켓에 저장해서 제출하는 사람은 없다. 물론 처음 들었던 일화처럼 인적 사항을 지우고 '친절히' 인쇄해서 심사 받을 논문을 제출하지도 않는다. 어색해서 적응이 필요하고 습득 속도도 더뎠지만 컴퓨터와 인터넷 통신망을 사용한 논문의 집필과 출판 시스템은 결국 주류적인 방식으로 자리 잡아 왔다. 게다가 디지털 기술이 발달한 시대에 전산 입력 방식은 전통적인 방식과 더이상 양립하지 않고 전자가 후자를 포섭하는 양상을 보이고 있다. 예를 들면, 필기와 터치가 가능한 모니터에 전용 펜으로 필기한 내용을 PDF 파일로 저장할 수 있는데, 이런 기능이 그런 추세를 보여주는 것이다.

이처럼 컴퓨터 기술은 인문학 지식, 담론을 생산하고 저장, 유통하는 방식의 절대적 토대이자 수단이 되고 있다. 죽간, 비단 등을 대체하며 기록의 저장소가 된 종이의 역할을 스크린이 하고 있다. 지식의 신속한 보급과 근대인의 공통감각 형성에 기여한 인쇄술의 역할은 워드프로세서가 이어받았다. 전 세계를 실시간으로 연결해주는 통신망 발달은 지식 보급의 속도와 폭을 전례 없이 향상시켰다. 이에 붓글씨와 서향으로 사람 냄새를 풍기던 인문학도 컴퓨터와 친숙해지지 않으면 안 되게 되었다.

디지털인문학, 새로운 영역의 탄생

과학기술의 발달은 지식의 기록, 보존, 유통 방식을 변화시키는데만 멈추지 않고 있다. 앞의 사례들에서는 과학기술이 글을 읽고 완성하는 과정보다는 완성된 글을 표현하고 저장, 유통하는 과정에만 작동했다. 그런데 전자출판과 필기가 종이출판과 노트필기를 대신하는 동안 과학기술은 정보 처리라는 본연의 기능을 발휘해서 지식 생산 영역에도 발을 들여놓았다. 이러한 추세는 컴퓨터가 처리하는 정보가 인문학 영역의 정보가 되고 정보를 다루는 주체가 인문학자가 되면서 점차 강화되었다.

과거에도 컴퓨터 프로그래밍을 할 수 있고 컴퓨터 조립을 할 수 있는 인문학 전공자가 있었다. 그러나 그때 인문학과 컴퓨터는 별개의 영역이었고, 컴퓨터도 인문학자에게는 옵션 또는 취미 정도였다. 하지만 최근의 변화는 둘을 결합시켜 하나의 영역으로 만들고 있다. 이러한 변화는 워드프로세서와 온라인 시스템이 인문학 집필, 유통체계에 도입될 때 그러했듯 초창기부터 반감을 사고 있다.

왜 그런가? 컴퓨터가 인문학 정보를 처리한다는 것은 인문학 지식을 컴퓨터가 읽고 해석한다는 것을 의미한다. 그런데 독해와 해석은 인간 고유의 영역으로 여겨져왔다. 그래서 인문학자들은 컴퓨터가 단순한 입력도구가 아니라 읽기를 대신한다는 것을 쉽사리 받아들이기 힘든 것이다. 그럼에도 정보기술과 인문학의 결합은 멈추지 않고 있고 그 흐름에 동참하는 사람이 늘고 있다.

이상의 현상들은 다음과 같은 질문을 던진다. 정말로 컴퓨터가 인문학자의 역할을 하는 것은 어불성설일까? 반대로 컴퓨터는 인문학 지식 생산에 관여할 수 있을까? 현실에서 정보기술과 인문학을 결합시켜왔던 사람들은 그 안에서 어떤 의미와 가능성을 보았기에 그 시도를 지속하고 있는 것일까? 그 해답을 당장 정할 수는 없다. 다만 지금까지 정보기술과 인문학을 결합하려는 시도와 문제의식, 성과, 그에 대한 비평 등을 관찰할 때 그 실마리를 찾을 수 있을 것이다.

컴퓨터가 인문학 지식의 기록, 보존, 유통을 넘어 생산 과정에 관여하도록 하고 그 가능성에 대한 신념을 더한 추세는 '디지털인문학'이라는 이름을 내걸고 형성되었다. 여기서 디지털인문학은 단순히 디지털 기술을 활용한 인문학 또는 디지털(또는 디지털 시대)에 대한 인문학을 의미하지 않는다. 그보다 강렬하게 기존의 분과체계를 뛰어넘는 독립된 학문 영역을 의미한다. 컴퓨터는 인문학 연구의 뉴미디어로 인식되었고 그러한 지향은 세계 대학기구 구성에도 영향을 주었다. 1994년 조지 메이슨대학은 '역사와 뉴미디어센터Center for History and New Media'를 설립해 역사 연구를 새로운 매체와 결합시키려 했다. 영국의 킹스 칼리지 런던에는 디지털인문학과가 있다. 이곳의 원래 명칭은 인문학 컴퓨팅 센터였다. 캘리포니아대학 디지털인문학센터, 하버드대학 인문학 2.0 등도 모두 학문 영역을 넘어서는 디지털인문학을 주된 영역으로 삼고 있다. 동아시아에서는 대만대학 디지털인문학연구센터가 선도적으로 디지털인문학을 대학의 연구소 명칭에 사용했다. 국립정치대학, 중앙연구원 등에서 디지털인문학을 내세운 실험실, 연구소 등을 설립해서 중국, 대만 관련 분야 인문학에서 디지털인문학의 저변을 넓히고 있다. 중국에서는 우한대학, 난징대학 등에 디지털인문학센터가 설립되어 디지털인문학 관련 사업과 연구를 추진하고 있다.

이뿐만이 아니다. 디지털인문학 학회가 이미 세계 각국에 조직되어 디지털인문학 조직 연합ADHO(The Alliance of Digital Humanities Organizations)이 결성되었다. 회원국(지역)은 미국, 유럽, 남아프리카, 오스트레일리아, 프랑스, 대만, 일본 등으로 세계 각지에 분포되어 있다. 그리고 서양(DH, DIGITAL HUMANITIES), 대만(DADH, International Conference of Digital Archiveand Digital Humani ties), 일본(JADH, Conference of Japanese Association for Digital Humaniti es) 등 디지털인문학 국제학술회의가 연합회 또는 소속 조직 주관으로 정기적으로 개최된다. 여기서 디지털인문학자들은 자신들의 성과를 공유하고 방향 설정을 협의한다.

그렇다면 이들이 표방하는 디지털인문학이란 무엇인가? 정의는 그렇게 복잡하지 않다. 정보기술Information Technology을 활용한 인문학이다. 여기서 정보기술의 비중은 단순한 조력자나 도구에 그치지 않는다. 인문학에서 기존에 사용하지 않은 방법을 활용하고 새로운 방식으로 자료를 분석해서 차별화된 결과를 도출하는 것이 구체적 과정이다. 즉, 디지털인문학은 디지털 기술과 인문학 연구를 적극적으로 결합한 혁신적 인문학이라 할 수 있다. 2009년 공표된 〈디지털인문학 선언The Digital Humanities Manifesto 2.0〉[1]은 디지털인문학의 방법과 지향을 압축적으로 제시하고 있다. 선언문에서는 디지털인문학이 "데이터베이스 검색, 코퍼스 언어학 및 하이퍼카드 등을 이용한 양적 연구"의 1단계를 거쳐 "질적·해석적·경험적·감성적·생성적 연구가 주를 이루며 복잡성, 매체적 특성, 역사적 배경, 분석적 깊이, 비평 및 해석 등을 중시하는 인문학 연구를 지원하는 디지털 도구를 연구에 적용"하는 2단계로 향하고 있다고 말한다. 1단계에서 거론된 데이터베이스, 코퍼스, 하이퍼카드 등은 인문학에 도입하는 기술적 기반이다. 2단계에서는 디지털 도구의 적용을 심화시켜 해석과 비평 등 인문학 고유의 가치를 실현시킬 것을 지향한다. 이러한 언급에는 디지털 기술이 인문학 연구를 구현하는 데 적극적 역할을 할 수 있다는 주장을 담고 있다.

　이러한 선언과 관련해서는 여전히 대립적인 견해가 존재한다. 긍정하는 입장에서는 디지털인문학은 "인문학이 풀어야 할 업보"이며 인문학은 디지털 기술과 공생할 방법을 찾아야 한다고 말하

---

[1] https://www.digitalmanifesto.net/manifestos/17

거나,[2] 인문학의 지평을 새로운 차원으로 승화시키고 인문학의 위기를 극복할 수 있는 계기가 될 수 있다고 말한다.[3] 부정하는 입장에서는 디지털인문학으로의 변신은 "'인간성의 탐구studia humanitatis'라는 인문학의 본래 목적에 부합하는지, 그리고 그것이 과연 미래의 지식 지형에 대한 진지한 고민의 결과라 할 수 있는지"에 의심을 갖고, "'본디 것'인 인문학의 기준에서 볼 때 디지털인문학은 다분히 인문학의 부차적인 작업"이라고 비판한다.[4]

디지털인문학을 긍정하는 입장에서는 공생의 방법, 인문학 위기 극복의 계기를 성과를 통해 증명해야 할 것이다. 선언에서는 디지털인문학이 인문학 본연의 기능을 수행하는 데 적극적 역할을 할 수 있다고 주장한다. 이 주장은 성과가 검증할 수 있다. 디지털인문학의 성과가 기존 인문학과 다를 바 없거나 열등하다면 디지털인문학, 정확히 말하면 디지털 방법은 부차적이고 도구적인 것에 머무를 수밖에 없다. 반면 디지털인문학이 방법의 생소함을 뛰어넘어 새로운 통찰과 해석의 계기가 된다면 부정적 견해는 직관적 반발에 그칠 수 있다.

다른 한편으로 디지털인문학은 지나치게 세분화되고 폐쇄적인 학문 지형을 혁신할 것을 지향한다. 따라서 디지털인문학 연구는

---

[2] 〈디지털은 인문학이 풀어야 할 업보〉, 《한국일보》 2016년 3월 23일 23면.

[3] 김일환·이도길, 〈빅데이터 시대의 디지털인문학〉, 《민족문화연구》 71호, 고려대학교 민족문화연구원, 2016, 355, 378쪽.

[4] 박치완·김기홍, 〈디지털인문학, 인문학의 창발적 변화인가?〉, 《현대유럽철학연구》 제38집, 2015.

'학제 간interdisciplinarity/초학제적transdisciplinarity/다학제적 multidisciplinarity' 연구다.[5] 크게는 자연과학과 인문학의 융합이 큰 틀을 형성하고 여기서는 인문학과 사회과학, 문사철 간의 구분도 무의미해진다. 디지털인문학 학회나 발표 논문을 보면 대학의 출신 학과나 소속 학과는 그렇게 중요하지 않다. 다양한 전공자가 협업한 결과가 다수 발표되고 있음은 물론이다.

디지털인문학에서의 협업 모델에 대해 대만 디지털인문학계에서는 Q.M.T.A.(질문, 방법론, 기술, 적용) 협력을 제시한다. 이때 질문과 적용 단계는 인문학자가, 방법론과 기술에서는 자연과학자가 핵심적인 역할을 하면서 인문학과 자연과학의 협업이 이루어지는 구도가 형성된다. 〈그림 1〉에 따르면 데이터베이스를 설계하고 운용할 때 자연어 처리를 다루는 컴퓨터과학 분야에서 방법론(M)과 기술(T)을, 인문사회과학자가 질문(Q)과 적용(A)을 담당한다. 이러한 구도에서 디지털인문학 연구는 DB 구축의 기반 위에서 인문학과 자연과학의 협업을 통해서 이루어진다.

경험에 따르면, 대만 디지털인문학 관련 학회에서는 컴퓨터공학자, 통계학자가 중국소설, 대만, 중국사상사, 문헌학을 소재로 발표를 하는 것을 어렵지 않게 접할 수 있다. 이는 디지털인문학이 아니면 상상하기 어려운 일일 것이다. 물론 대만에서도 디지털인문

---

[5] 홍정욱 옮김, 〈디지털인문학 선언문 2.0〉, 김현·김바로·임영상, 《디지털인문학 입문》, HUEBOOKs, 2016, 473쪽.

학은 아직까지 공감이 그리 넓게 형성되어 있지는 않다. 그리고 서로 다른 전공자가 대화하는 것이 쉽지도 않았다. 일례로 대만대학에서 역사자료 데이터베이스를 구축할 때 정보기술 전공자는 역사학자가 무엇을 원하는지 이해하기 어려웠고 인문학자는 데이터베이스와 관련해서 자신이 무엇을 모르는지도 모르는 경우가 많았다고 한다. 그러나 협업이 진행되면서 소통이 원활해지고 대화를 통해 수정을 거듭한 끝에 연구에 유용한 데이터베이스를 구축했으며 데이터베이스 사용자도 많다. 학문 영역을 뛰어넘는 디

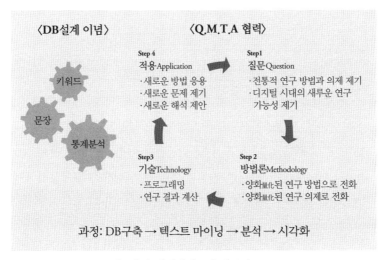

〈그림 1〉 디지털인문학 연구의 구도

* 출처: 邱偉雲, 〈從關鍵詞到關鍵詞義: 數據庫方法的運用和改進〉; 鄭文惠, 〈從研究型數據庫到數位人文學: 觀念史研究的新方法與新範式〉, 2014년 4월 한림과학원 개념소통 포럼 발표자료.

지털인문학을 실천하는 데 현실의 벽은 높다. 그렇지만 기존 사례들은 지속적이고 진정성 있는 노력을 통해 뛰어넘을 수 있음을 보여주고 있다.

디지털인문학을 통해 과학기술은 인문학의 외곽에서 연구를 보조하고 성과를 기록, 보관, 표현하는 역할을 넘어서서 인문학의 변화를 추동하고 있다. 현재 이런 변화는 인문학 고유의 분석 대상에 과학기술이 개입하면서 시도되고 있다. 다음에서는 이러한 개입이 구체적으로 어떻게 이루어지는지를 살펴보겠다.

디지털인문학의 회로

그간 한국에서 인문학과 정보기술의 만남의 사례로 쉽게 접하고 떠올리는 것은 아마 자료 전산화일 것이다. 타이핑이나 스캐닝으로 제작한 CD나 웹사이트로 이용할 수 있는 자료들이 많기 때문이다. 고문서, 《조선왕조실록》, 사전, 근현대 신문잡지 자료 등 찾아 읽을 수 있는 자료의 종류도 다양하다. 전산화된 자료가 공개되었을 초기에 '기계를 믿지 않거나 입력의 정확성을 신뢰하지 않는' 이들은 그 자료들을 활용한 서술을 신뢰하려 들지 않기도 했다.

그러나 자료의 정확성은 지속적인 검증을 통해 수정할 수 있는 일이었고 본질적인 문제는 다른 곳에 있었다. 전산화 이후 변한 것은 서가에 꽂혀서 서향을 풍기는 문집을 서버와 모니터가 대신했다는 것뿐이다. 정보기술의 발달과 예산 지원으로 방대한 양의 자료를 전산화할 수 있었디. 하지만 정보를 활용하고 분석할 수 있는 방법이 빈곤하고 그저 필요한 자료를 찾아서 읽기만 한다면 데이터베이스 사용 효율은 구축한 자료의 양과 예산, 시간에 비하면 상대적으로 낮을 수밖에 없다. 연구자는 시간과 발품의 수고를 절약하고 동시에 장시간 모니터를 바라보아 눈, 경추, 허리 등의 질환을 얻는 부작용도 감수해야 한다.

이러한 문제는 한국만의 문제가 아니다. 전자도서관을 구축한 모든 국가, 기관의 고민이었다. 데이터베이스 구축을 홍보하기만 한다고 활용이 활발해지지 않는다. 연구자가 연구에 유익하고 공감할 수 있어야 하고 여기에는 자료를 찾아서 독해하는 기존의 방법과 차별화된 서비스가 제공되어야 한다. 디지털인문학은 이처럼 단순한 자료 전산화를 넘어선 전산화된 자료를 연구자가 유익하게 활용할 수 있는 방안을 마련하려는 데서 방향이 모색된다.

● 데이터베이스 구축과 거시분석

디지털인문학이 인문학 연구에 줄 수 있는 이점은 대량의 자료에서 연구자가 파악하고자 하는 특정한 정보를 신속하게 찾아준다는 사실이다. 이러한 검색 결과는 1~2년이 아닌 수십 년 그리고 백 년 내외에 걸친 자료의 추이를 보다 신속하게 파악할 수 있게 하는 실마리가 된다. 그 장점을 보여준 선구적 사례는 중국의 사상가 진관타오와 류칭펑이 구축한《중국근현대사상·문학사 전문 데이터베이스(1830~1930)》와 이를 활용한 연구다.[6] 이들은 '이성·공공영역·권리·개인·사회·민족국가·민주·경제·과학·혁명'의 10가지로 선정하고 관련된 하부 키워드 92개를 선정해서 검색, 분석했다. 여기서 근대적 정치 개념이 중국에 유입되고 변천, 정착되는 과정을 규명한다.

진관타오·류칭펑은 개별 개념에 대한 미시적 분석을 종합해서,

〈그림 2〉《중국근현대사상·문학사 전문데이터베이스(1830~1930)》

6 金觀濤·劉青峰,《觀念史研究: 中國現代重要政治術語的形成》, 香港: 中文大學出版社, 2008; 진관타오·류칭펑, 양일모·송인재·한지은·강중기·이상돈 옮김,《중국 근현대사를 새로 쓰는 관념사란 무엇인가》1·2, 서울: 푸른역사, 2010.

서양 정치용어가 중국에 수용되어 중국적 관념을 형성하는 과정을 '선택적 수용→학습→재구성'이라는 거시적인 틀로 제시했다. 더 나아가 중국의 혁명 이데올로기가 재구성에 이르는 과정을 거치면서 서구의 계몽을 온전히 학습하지 않고 도덕주의·이상주의 경향을 띠어 서구의 계몽과 거리가 멀어지게 되었다고 주장한다. 진관타오와 류칭펑의 연구는 중국의 근대화 과정을 기물→제도→문화의 근대화로 파악하던 기존의 관점과 차별화된 시각을 제시했다. 그리고 그 근거는 백 년에 걸친 근대 역사자료 원문이었다. 그리고 분석 방법은 키워드 검색을 통한 빈도와 해당 예문 분석이었다. 즉, 진관타오와 류칭펑은 거시적 시각에 미시적 분석을 결합해서 중국근현대사상사 백 년을 조망하는 결과를 도출했다. 이 결과는 10년 동안 데이터베이스 구축과 분석을 병행한 끝에 나온 것이다. 만약 데이터베이스를 활용하고 동일한 자료를 전통적인 방식으로 읽었더라면 같은 기간에 연구 결과가 나올 수 있었을까? 답은 긍정적이지 않을 것이다.

데이터베이스는 개방적이고 중립적인 자료다. 연구할 수 있는 대상과 주제는 연구자의 관심에 따라 다양해질 가능성이 많다. 또한 데이터베이스에서는 필자, 문헌, 기사, 연도 등 메타데이터 정보에 기록되어 있어서 해당 자료에 따른 분석도 가능하다. 예를 들면,《신청년》이 발행되는 기간 동안 논점이 변화한 양상을 키워드 검색과 분석을 통해 비교적 수월하게 파악할 수 있다.[7] 〈그림 3〉이 《신청년》 각 호에서 가장 많이 언급된 용어를 정리한 표다. 이에 따르면 《신청년》은 1, 2권에서는 국가, 정부, 청년에 대한 언급이 많았다. 3~5권에는 문학, 노라,[8] 중국, 사회, 우리, 그들 등 본격적인 신문화운동이 진행될 때의 주된 화제가 키워드로 등장한

數	一	二	三	四	五	六	七	八	九	十	十一
國家	•										
政府	•										
青年		•									
娜拉				•							
文學			•	•							
中國			•	•	•		•				
社會			•	•		•	•	•	•	•	
我				•	•	•				•	•
他						•	•	•			
注義						•		•	•		
資本									•	•	
階級									•	•	
革命									•	•	•
産									•	•	•

〈그림 3〉《신청년》의 키워드 변천

[7] 金觀濤·梁穎誼·姚育松·劉昭麟, 〈統計偏離値分析於人文研究上的應用-以《新靑年》爲例〉, 《第四屆數位典藏與數位人文國際硏討會論文集》, 臺北: 國立臺灣大學數位典藏硏究發展中心, 2012年 11月 29~30日.
[8] 입센의 희곡 《인형의 집》의 주인공이다. 이 무렵 입센의 희곡이 중국에 소개된 상황과 관련이 있다.

다. 6권 이후에는 사회, 우리, 그들 등이 이전과 중첩되다가 후기로 갈수록 주의, 자본, 계급, 혁명 등 사회주의와 관련된 용어가 다수 출현한다. 이러한 키워드 추출 결과는 《신청년》이 출간된 전 기간 동안 《신청년》의 성격 변화를 파악하는 실마리가 된다. 키워드가 각 권에서 《신청년》의 주된 관심사라는 가설을 세울 수 있고, 구체적인 사례 분석을 통해 가설을 검증하고 키워드 검색 결과를 파악하게 된다. 이를 통해 《신청년》의 성격이 변화한 추이를 대략적으로 파악할 수 있다.

특정한 용어와 합성어를 이루는 양상을 파악하는 연어 분석도 거시적 추이를 파악하는 방법이다. 중국 근대사상사에서 새롭게 등장한 이념과 사상을 표현하는 용어로 '~ism'을 번역한 '주의'가 등장했음에 착안하는 것도 하나의 방법이다.[9] 데이터베이스에서 '주의主義'를 검색하면 1830~1930년에 약 1,680가지 '~주의'가 검출된다. 이 중 등장 빈도 상위 20위에 랭크된 용어는 제국주의, 사회주의, 자본주의, 국가주의, 공산주의, 민족주의, 정부주의, 민주주의, 개인주의, 마르크스주의, 군국주의, 자유주의, 삼민주의, 민치주의, 자연주의, 레닌주의, 세계주의, 유실唯實주의, 인도주의, 국민주의다. 이들의 연도별 빈도 추이는 〈그림 4〉로 나타난다.

---

[9] 詹筌亦, 王乃昕, 「「主義」的數位人文研究」, 項潔 等 主編 《數位人文在歷史學研究的應用》, 台灣大學出版中心, 2011.

〈그림 4〉에 따르면 1903년에는 민족주의, 1921년에는 사회주의, 1922년 이후에는 제국주의의 출현 빈도가 두드러져서 당시 중국인들의 관심 주제를 보여준다. 검색을 통해 확보한 필자, 기사, 잡지 등 메타데이터 정보는 빈도 통계가 도출된 내막을 파악할 실마리가 된다. 이러한 자료들을 분석함으로써 '주의'로 표현된 근대 중국인의 사상과 거시적 추이를 파악할 수 있다.

이상의 사례에서 보듯, 디지털인문학은 백 년을 아우르는 방대한 문헌에서 짧은 시간 안에 전통적인 독해 방식보다 월등히 빠른 속도로 분석에 필요한 키워드 검색자료를 검출할 수 있는 빅데이터의 이점을 활용한다. 자료 독해의 물리적 제한성을 뛰어넘는 분석의 토대를 제시한다는 점에서 디지털인문학의 연구 방법은 근

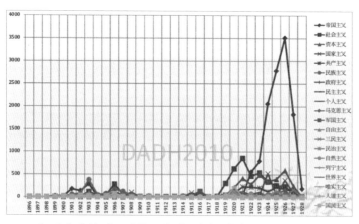

〈그림 4〉 출현 빈도 상위 20에 랭크된 '주의'의 연도별 사용빈도

대 전환기 주요 개념의 형성과 변천 정착의 추이를 규명하는 연구에 유용한 방법이다. 아울러 데이터베이스에 수록된 언어 정보를 처리하는 방법에 따라 다양한 결과를 도출하게 된다.

● 언어, 이미지 정보의 가공과 분석

인문학 연구에서 컴퓨터 소프트웨어의 도움을 받는 또 다른 방법은 컴퓨터가 텍스트를 읽을 수 있도록 텍스트에 언어학 정보를 주석하는 것이다. 한국어 자료의 경우 단어마다 형태소 정보를 나타내는 태그를 부여해서 코퍼스를 구축한다. 예를 들면, "맹호는 천리 광야에 놀 것이요 대붕은 만리 구천에 날 것이라"라는 문장에 형태소 태그를 부여하면 다음과 같은 형태가 된다.

맹호/NNG+는/JX 천/NR+리/NNB 광야/NNG+에/JKB 놀/VV+ㄹ/ETM 것/NNB+이/VCP+요/EM 대붕/NNG+은/JX 만/NR+리/NNB 구천/NNG+에/JKB 나/VV+ㄹ/ETM 것/NNB+이/VCP+라/EM+./SF

중국어 자료의 경우 'Markus'라는 소프트웨어를 사용해서 고유명사 정보를 표기한다. 중국어 텍스트를 Markus로 태깅하면 〈그림 5〉처럼 표기된다.

이와 같은 작업은 자동으로 진행된다. 자동 태깅 도구는 다량의 언어를 학습시킴으로써 제작할 수 있다. 태그를 부여한 텍스트는 분석 도구가 신속하게 자료를 분석해서 연구자가 방대한 자료에 접근해서 읽고 해석할 수 있도록 돕는다.

한국어 코퍼스로는 고려대학교 민족문화연구원에서 구축한 신문코퍼스 《물결 21》을 예로 들 수 있다. 《물결 21》은 2000년 이후 《동아일보》, 《중앙일보》, 《조선일보》, 《한겨레신문》 기사 원문 총 5억 9,200만 자로 구성된다. 《동아일보》의 경우 2000년 이전의 기사 원문도 추가되어 자료가 확충되었다. 코퍼스에 수록된 언어 정보는 다양한 분석 기능을 통해 여러 가지 정보 추출이 가능하다. 《물결 21》 코퍼스 분석 도구의 기능은 단어의 연도별 빈도, 공기어 정보, 용례 검색 등이다. 이 중 공기어共起語(co-occurrence words)는 단어 간의 연관계를 보여준다는 점에서 트렌드 변화를 파악하는 데 유용하다. 몇 가지 예로, 공기어 변화는 교통 관련된 뉴스에만 사용

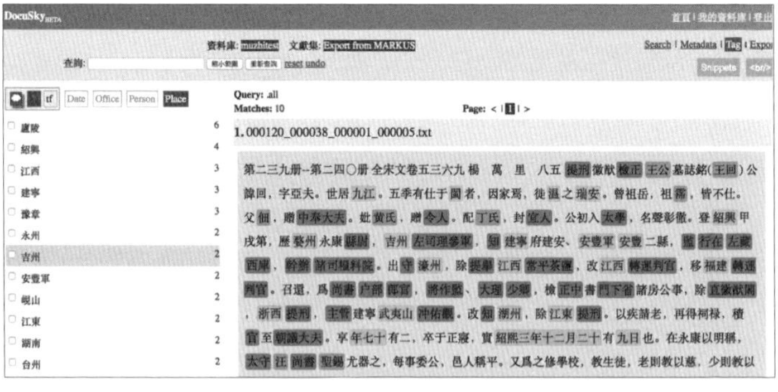

〈그림 5〉 중국어 텍스트 Markus 태깅 예시

되던 소통이라는 용어가 정치 영역 관련 용어가 되고,[10] 동일한 의미인 천막과 텐트가 한 쪽은 건축물이나 시위, 사회운동 관련 용어가 되고 다른 한 쪽은 레저 관련된 용어가 되어감을 보여준다.[11]

한국 근대잡지 원문으로 구성된 코퍼스에서도 공기어 분석을 통해서 거시적 흐름을 파악할 수 있다. 예를 들어, 19세기 말부터 1940년대까지 발행된 잡지 코퍼스에서 '문화'의 코퍼스를 추출하면 문화가 19세기 말 20세기 초까지는 전통적인 문치교화文治敎化의 의미를 가지고 있다가 10년대에는 정치, 경제와 분리되는 정신적 범주를 의미하는 용어로 사용되었음을 보게 된다. 그리고 20년대에는 '인류의 전반적인 생활양식'이라는 의미를 획득하며 동서문화를 비교하는 논설 속에서 신문화운동의 흔적을 보여준다. 1926년 이후에는 문화가 생활, 주거, 영화 등 일상의 맥락에 놓이게 됨을 알 수 있다.[12] 이처럼 형태소 태깅에 기반한 코퍼스를 분석하면 특정한 단수/복수 키워드의 네트워크와 변화 양상을 분석도구를 거쳐 단어 간의 네트워크 관계와 그 변화 양상을 비교적 신속하게 파악할 수 있다.

태깅을 통한 분석 대상은 텍스트에 국한되지 않고 이미지로까지 확대된다. 중국 우한대학 디지인문학센터에서 수행한 〈문화유

---

[10] 김일환·이도길, 〈빅데이터 시대의 디지털인문학〉, 375~377쪽.

[11] Ilhwan Kim, Do-gil Lee, "Macroscopic trends in Korean based on Newspaper Big data", 第九屆數位典藏與數位人文國際研討會 발표 슬라이드, 2018.

[12] 宋寅在, 〈近代韓國「文化」槪念的軌跡〉, 《第九屆數位典藏與數位人文國際研討會論文集》, 2018.

산 디지털화 보호의 이론과 방법〉이 그 사례를 보여준다.[13] 이 프로젝트의 주된 작업은 통일된 분류체계하에 생성된 문자 태그를 돈황 벽화에 부여하는 것이다. 그림에 표현된 인물, 사물, 풍경 등은 태그가 부여됨으로써 문자로 파악되고 의미를 지닌 지식으로 변환된다. 이를 기반으로 연구자는 돈황 벽화를 지식으로 취급해서 검색과 연관관계 분석을 할 수 있다. 이런 시도는 의미색인 이론, 이미지 정보조직 이론, 디지털인문학 연구의 혁신에 기여하는 사례로 주목받고 있다.

단어와 이미지 태깅 기술을 매개로 정보기술은 인문학 자료 독해와 분석의 영역에 진입했다. 분석이 전제되지 않는 단순한 원문 전산화는 연구자에게 자료 분석과 재가공의 과제를 남겨준다. 따라서 분석의 방향이 서지 않았고 분석할 방법이 없다면 아무리 많은 양의 자료가 전산화되어 있더라도 쉽게 접근할 엄두를 못 내거나 필요성을 느끼기 어려울 것이다. 따라서 분석을 전제로 한 자료의 데이터 변환은 연구용 시스템 개발과 결합해서 아무리 방대한 자료라도 연구자의 접근을 보다 용이하게 해준다.

또한 이러한 유형의 데이터에 접근하는 방식은 축자 읽기에 기반한 기존의 방식과는 다른 방식의 읽기 방식을 수반한다. 이를 대표하는 것이 프랑스 문학자 프랑코 모레티Franco Moretti가 제시

---

[13] 王曉光, 〈文化遺產圖像深度語義标引方法設計與實現〉, 《"藝術・思想・科學—山水書法硏究的新視角"學術硏討會》, 中國美術學院 中國思想史與書畫硏究中心, 2018.

한 '원거리 읽기Distant Reading'다. 원거리 읽기는 개별 텍스트에 대한 천착 대신 텍스트의 양적 분석으로 문학 텍스트에 접근하는 방식이다. 모레티의 방식에 대한 논란도 있고 디지털인문학 내부에서도 원거리 읽기를 보완하는 방안을 제시하는 경우도 있다. 하지만 이러한 방안 제시는 인문학 텍스트가 컴퓨터로 분석할 정보로 변환하는 환경에서 추동되었음은 분명하다. 그리고 디지털인문학은 이러한 변화의 길에 서 있음을 이론과 실제의 측면에서 보여주고 있다.

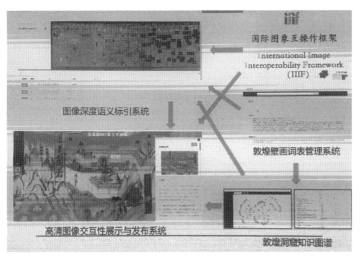

〈그림 6〉 돈황 벽화 딥시멘틱 색인 작업도

디지털을 발판 삼아 도약하는 인문학

바야흐로 빅데이터 시대다. 웹이 인류가 생각을 실시간으로 표현, 교류하고, 인류의 생활을 기록하며, 정보를 저장하는 핵심 공간이 되었다. 이에 따라 웹 공간에 남겨진 자료는 인류의 현재를 분석하는 주요 근거가 되었다. 우리는 사람들이 다수 언급한 키워드를 근거로 트렌드 변화를 보여주거나 키워드 간의 관계를 토대로 사회적 관계망이나 의식의 관계망을 시각화한 자료를 토대로 한 보도를 어렵지 않게 접할 수 있다. 빅데이터로 수집된 인류의 다양한 생활 형태는 기업의 경영전략을 수립하는 자료가 되기도 하고 보건의료에서도 활용되고 있다.

디지털인문학은 현대 정보기술의 자장 안에 지난 시대에 축적된 역사적 자료를 집적해서 포섭하고 해석하는 작업이다. 전통시대에 지식을 집적하는 방식은 《사고전서》나 전집류, 백과전서 등 방대한 종합지식 저장고를 제작하는 것이었다. 방대한 지식에 접근하기 위해서 목록학도 이에 따라 발달했다. 그러나 집적한 지식을 이해하는 방식은 연구자의 개별적인 탐색과 세부적 독해에 의존했다. 짧은 기간에 자료 전체를 조망하는 분석은 엄두도 내지 못했다. 정보처리 기술의 발달은 이미 생산된 자료들에 대한 종합적 장악이라는 지향에 한걸음 다가서게 했다. 그 방법의 기본은 컴퓨터의 문법에 기존 자료들을 각색하는 것이다. 이에 연구자는 컴퓨터의 도움을 받아 빅데이터라는 방대한 자료를 근거로 장기적 시야의 연구를 모색할 수 있게 되었다.

〈디지털인문학 선언 2.0〉 공표 5년 뒤인 2014년 서양의 역사학자 조 굴디Jo Guldi와 데이비드 아미티지David Armitage가《역사학 선언》을 발표했다. 이 선언은 인터넷에 공개되었고 인터넷의 파급력을 기반으로 빠르게 퍼져나갔다. 선언 발표 이후 관련 보도와 서평 등이 150편 이상 발표되었고, 이 선언은 일본어, 이탈리아어, 스페인어, 터키어, 중국어, 한국어 등으로 번역되었다. 선언의 주창자들은 지나치게 미시적인 것에 치우쳐 있는 역사학의 최근 경향을 '단기주의의 유령'이라 지칭하고 거시적 시야를 회복해서 역사와 미래에 대한 통찰을 강화해야 한다고 주장한다.

여기서 선언의 공표자들은 디지털인문학이 역사학의 거시적 시야와 통찰력을 회복하는 데 중요한 역할을 할 것이라 지적한다. 빅데이터, 디지털 자원, 디지털 문서, 정보 저장의 발전이 역사학자에게 아주 다른 환경을 제공하며 역사학자가 더 넓은 공적 토론에 참여할 가능성을 준다고 주장했다. 그리고 디지털화한 역사 연구와 분석, 시각화, 데이터 처리가 역사학자에게 좋은 기회가 될 수 있다고 주장한다. 방법적으로는 디지털 자료를 접하면서 역사학자는 '원거리 읽기'의 방법을 찾고 데이터 속에서 더 큰 모델을 찾아야 한다고 주장한다. 그리고 역사학자의 역량은 이런 방법을 통해 깊이 있는 연구 방향과 주제를 발견하고 대량의 자료정보 속에서 어떤 자료에 주목해야 하는지를 아는 데 있다고 제시한다.

디지털인문학은 단순히 기술 발전을 과시하는 수단이거나 기술에 흥미를 가진 인문학자의 '취미'나 인문학에 흥미 있는 자연과학자의 '한눈팔기'가 아니다. 더군다나 인문학 본연의 취지와는 거리가 먼 도구적인 것이나 부차적인 것이 아니다. 컴퓨터는 인간의 기억력, 정보 장악력의 한계를 보완해준다. 과거 인문학은 오랜 학습과 경험을 토대로 개인적, 집단적 통찰력을 형성했다. 여기에는 축적된 지식과 인간의 직관·감성이 결합되었다. 그러나 인간의 기억력은 한계가 있고 직관은 왜곡되기 쉽다. 지식 자체가 완전히 객관적일 수 없다는 논의는 제쳐두고, 최신 정보기술은 이러한 한계가 낳는 문제를 해결할 수 있다.

이미 10년 넘게 디지털 아카이브 구축과 디지털인문학에 투신해온 동아시아의 연구자들, 선언의 형태로 역사학의 장기적 통찰력 회복을 주장한 서양의 역사학자들은 바로 이 점에 공감하고 있다. 디지딜인문학은 오랜 기간 인류가 남긴 흔적을 예선보다 쉽게 장악하는 것을 가능케 한다. 이에 새로운 연구 방법을 제공하고 새로운 연구 의제를 제시하며 새로운 연구 결과를 도출하는 통로가 된다. 이를 통해 기존의 인문학이 설명하지 못한 것을 설명하고, 잘못된 견해를 수정하고, 문제의식을 확장할 수 있다. 그렇다면 디지털인문학은 인문학에 새로운 돌파구를 제공하고 역사와 시대를 통찰하는 힘을 제공하는 강력한 근거가 아닐까. 이를 부차적인 것, 인문학의 본령에서 벗어난 것이라고 보기에는 어려울 것이다. 오히려 새로운 무기를 장착한 새로운 세대의 인문학, 새로운 세대의 인문학자의 탄생이 예견된다.

동아시아, 특히 대만의 디지털인문학은 상당히 축적된 아카이브와 분석 시스템, 그리고 그 활용 경험을 토대로 디지털인문학으로의 손쉬운 접근 환경을 구축하고 있다.[14] 대만대학 디지털인문학연구센터는 오래전부터 각종 아카이브를 분석할 수 있는 도구를 제공해서 자료 활용의 편리성을 강화했다. 중앙연구원 디지털문화센터는 디지털인문학 연구 플랫폼을 공개해서 중국 고전 텍스트를 키워드, 네트워크 분석과 시각화 방법으로 읽을 수 있도록 해놓았다. 분석의 범위는 특정한 데이터베이스나 일부 텍스트가 아니라 사용자가 자유롭게 선택할 수 있다. 이종 텍스트 간의 자유로운 분석은 기존에 보지 못했던 고전지식 간의 연관이나 계보를 보여줄 가능성을 열어놓았다. 또한 대만대학 디지털인문학연구센터는 최근 '다큐스카이'라는 개인형 데이터베이스 구축 솔루션을 구축, 제공하고 있다. 연구자가 이 솔루션을 활용한다면 연구자는 기존에 구축된 데이터베이스를 사용하는 한계를 넘어 본인이 연구하려는 주제에 부합하는 자료를 직접 데이터베이스로 구축하고 분석할 수 있다.

디지털인문학의 발달은 디지털 기반 정보를 읽고 디지털의 방법으로 자신이 생산한 지식을 표현하는 능력의 형성을 요구하고 있다. 대만 디지털인문학계에서 구축한 사용자 친화적 인프라는 인문학자가 그러한 요구에 한층 더 쉽게 접근할 수 있게 해준다.

---

[14] 송인재, 〈대만 디지털인문학의 발자취와 진화〉, 《역사학보》 제240집, 2018.

과거의 컴퓨터 기술 발달은 인문학자에게 타이핑 기술과 워드프로세서 활용 능력을 요구했다. 최근의 기술 발달은 새로운 환경의 자료 읽기, 해석, 표현 능력을 갖출 것을 요구한다. 워드프로세서 문서 작성과 온라인 시스템 논문 심사, 전자출판 등이 더이상 생소한 것이 아니게 되었듯 디지털인문학이 형성한 새로운 학문 환경도 자연스럽게 느껴지는 시대가 오고 있다. 그 시대에 본격적으로 진입하면 새로운 인문학을 수식하는 디지털도 사족이 될 것이다.

Science

역사학 이후의 역사학

이경구

學問

人間

역사학 이후의 역사학

'나무위키'의 궁예

최근에 개인적인 문화 취미와 관련한 정보를 찾아보기 위해 '나무위키'라는 인터넷 사전 사이트를 자주 검색해보곤 한다. 이곳을 들르게 된 계기는, 이미 이곳을 애용하고 있던 집 아이들(중·고생) 때문이었다. 거기엔 내가 즐기는 영화, 만화, 드라마와 같은 특정 장르물에 대한 썩 괜찮은 정리와 자잘하지만 쏠쏠한 정보들이 즐비했다. 사전이 이렇게 재밌을 수도 있다니! 그러던 어느 때였을까 우연히 '궁예' 항목을 찾아보게 되었다.

궁예에 대한 '나무위키'의 설명은, 그 사이트가 특정한 장르나 젊은 세대의 최신 트렌드에서나 강점을 가졌을 것이라는 내 선입견과는 다르게, 의외로 탄탄했다. 역사상의 궁예에 대한 설명 다음에는 다양한 학설까지 겸비해서 소개하였다. 잠깐 목차를 소개한다.

대강 보면 1장에서 6장까지는 궁예에 대한 사전적 설명이다. 7장에서 10장까지는 궁예에 대한 논란, 후대의 평가, 설화 등이다. 대개의 백과사전이 어느 정도 합의된 사실을 소개하거나 주류 학설의 소개에 그치는 점잖음을 유지하는데, 이곳은 뜨거운 논쟁, 다양한 시각, 후일담까지 거침없이 올라와 있다. 이 정도만 해도 훌륭했다. 아, 물론 '나무위키'는 《한국민족문화대백과사전》처럼 공인 기관이 편찬한 사전이 아니므로, 한국사에서 매우 기본적이거나 혹은 응당 소개해야 할 정보까지 굳이 올리진 않는다. 간단히 말해 요즘 문화에 등장했거나 관심을 끌게 된 한국사의 사건, 인물에 대해 집중적으로 털고(?) 있었고, 궁예는 그중 하나였던 셈이다.

내가 놀랐던 대목은 학설과 논쟁 이후의 단계였다. 위 목차로는 제11장에 해당한다. 궁예를 유명케 한 드라마 〈태조 왕건〉, 영화, 게임, 소설에 걸쳐 현재의 대중문화에 나타난 궁예에 대한 해설과 심지어 유행어까지 가지런하게 정리되어 있었다. '나무위키'의 궁예는 실존했던 궁예, 사실史實로서의 궁예, 미디어로 재현된 궁예로 3단계 변신을 하고 있는 셈이다. 변신을 거듭할수록 궁예에 대한 과거 형상은 줄어들고 재현이 커지는 형국이랄까.

실증이라는 역사의 무게를 중시하거나 사전의 공정·규범성을 믿어 의심치 않았던 세대라면, 드라마의 궁예(김영철 분)가 '관심법'을 쓰는 유명한 장면[1]부터 시작하는 11장 부분이 어색할지도 모르겠다. 게다가 영화, 게임, 소설 등에서 묘사된 궁예들이라니.

---

[1] 2000~2002년에 방영한 〈태조 왕건〉에서 유독 궁예가 최근 10대 청소년에게 잘 알려지게 된 것은 궁예가 관심법을 쓰면서 "누구인가? 지금 누가 기침 소리를 내었어"라는 대사를 뱉으며 신하를 때려죽이는 장면의 유행 때문이다. 이에 대해 '나무위키'에는 "요즈음에는 상단의 대사가 재조명된 영향으로 태조 왕건에서 배우 김영철이 연기한 버전이 특히 부각되고 있는 중이다"라는 설명을 달았다.

그쯤 되면 어색함을 넘어 썩 달갑지 않은 인상일 수도 있겠다. 그런데 궁예가 예나 지금이나 한국사에서 만나보기 힘든 독특한 캐릭터로서, 비극 혹은 희극적으로 변주되었던 사실을 우리들은 알고 있었다. 그렇다면 11장에서 만난 궁예 이미지에 대한 불편함은 무엇일까. 궁예에 대한 변주가 '마이너'한 영역에 머물지 않고, '메이저'한 사전의 반열에 오른 사실이 아닐까. 아마 '꼰대'스러운 분이라면 "그깟 것들은 보지 말라"고 할 수도 있겠다. 마치 조선시대에 '정사正史와 혼동할 수 있으니' 소설《삼국지연의》를 보지 말라고 했던 것처럼.

그렇지만 '나무위키'에 궁예가 그렇게 자세히 소개된 것은 새로운 세대가 궁예에 대한 특정한 대중적 이미지, 즉 드라마에서 관심법으로 무장하고 인상적인 대사를 남발하는 궁예를 다시 유행으로 소비하면서였다. 그들이 궁예에 관심을 갖자, 궁예의 실제 모습 그리고 해석으로서의 궁예까지 덩달아 소개된 것이 '나무위키'의 수순이었다. 그런데 그 같은 역사에 대한 소비와 재현은 종종 되풀이되는 일이었고, 대중매체가 다변화하는 현재로 올수록 우리가 일상적으로 경험하는 일이 되어버렸다.[2] 따라서 궁예에 대한 지금 청소년들의 새로운 소비 자체가 21세기의 현상 가운데 하나로 미래의 어느 시점에선가 역사화될 것임은 자명하다. 과거에 소

---

[2] 2015년 이후 한국에서 독립운동, 의병들을 다룬 영화(〈암살〉, 〈밀정〉 등), 드라마(〈미스터 선샤인〉)가 그들에 대한 기억을 소환하는 일 등이다.

설 《삼국지연의》를 탐독했던 세대와 금지했던 세대의 태도 자체가 지금 우리에게 중요한 역사 소재가 되듯 말이다. 우리가 자명하다고 느끼는 역사학의 개념도 마침내 역사가 된다면, 지금의 징후에 대해 '보지 말라'가 아니라 '보면서 무엇이 달라지고 있는지'를 생각하지 않을 수 없다.

실증과 해석, 그다음에는?

역사학은 문명의 발생부터 19세기 혹은 20세기 초반까지 기록 자체, 왕조 혹은 종족·민족·국가·문명 따위의 정당성을 설파하는 이념, 혹은 개인이나 계층의 도덕윤리를 함양하는 교양이자 철학이었다. 기록에 머물거나 이념, 윤리, 철학과 결합하였던 역사의 오랜 모습은 랑케Ranke로 대표되는 근대 역사학이 대체했다. 근대 역사학을 선언한 랑케의 글은 너무나 유명하다.

사람들은 과거를 심판하고 다가올 세월에 쓸모있도록 당대의 사람들을 가르치는 임무를 역사 서술에 부여했다. 지금 내어놓는 이 책은 그렇게 고귀한 직분을 떠맡지 않는다. 그것은 다만 일어났던 일들이 실제로 어떠했는지 보여줄 따름이다.

'심판하고 가르치는 고귀한 임무'를 지닌 역사에서 '과거가 본래 어떠했는가'를 비추는 과학으로서의 역사가 제창되었다. 역사는 전문화된 학문으로 독립했고, 잘 훈련된 역사학자들이 양성되었다. 랑케가 제시한 '진실을 드러낸다'는 목표를 향해 역사학자들은 '순수한 사료에 대한 비판적 연구, 비당파적 견해, 객관적 서술'을 동력 삼아 과거 재현의 여정에 올랐다.[3] 앞에서 예를 들었던 궁예와 관련해 본다면, 근대 초기의 역사학자들은 궁예 제1버전을 낙관한 것이다.

실증과 객관성으로 무장한 역사학은 곧 과거에 대한 현재의 개입과 역사가의 시선을 강조하는 상대주의적 관점에 의해 의심받았다. 많은 역사학 저술에서, 랑케의 테제에 뒤이어 크로체Croce의 '모든 역사는 현재의 역사다'라는 명제를 안티테제로 등장시키는 설명은 이젠 일정한 설명틀이 되었다. 그리고 역사학을 받쳐온 실증과 해석이란 두 기둥은 마침내 E. H. 카Carr의 '역사는 과거와 현재의 대화'라는 유명한 언급에서 진Syn 테제로 정합되었다. '과거와 현재의 대화'라는 말은 역사에 대한 대표적 정리로 수십 년간 애용되며 이젠 상식이 되었다.

그렇지만 카의 저서 《역사란 무엇인가》가 지닌 함의를 더 곱씹을 필요가 있다. 그의 저서가 현대 역사학의 고전이 된 이유 중의 하나는 과거의 기록이 사료가 되고, 현재의 역사가를 통해 재생산되고, 대중들이 이해하는 모든 과정들에 개입하며 적절한 황금률

---

[3] 랑케에 대해서는 박근갑, 《역사》, 소화, 2016. 47~50쪽 참조.

을 훌륭하게 제공했기 때문이었다. 책을 통해 역사 구축의 메커니즘을 인지하게 된 독자는 역사상像을 주입받는 객체가 아니라, 역사를 비판하고 음미하는 주체가 된다. 인지하는 존재는 개입하는 존재인 것이다.

이 점은 그 책의 초고와 효과를 보아도 잘 알 수 있다. 잘 알려져 있다시피 책의 초고는 BBC방송 강연이었다. 그리고 독자를 향한 그의 특별한 배려(?)는 한국에서 특별한 성과를 거두었다. 1980년대 폭압적인 군부독재 시절 이 책은 대학 신입생에게, 고등학교 때까지의 주입된 역사에 대한 신화를 깨고, 역사를 권력 보위에 이용하는 정권의 논리를 허물며, 현실에 대한 비판을 촉발하는 첫 번째 열쇠로 작용했기 때문이다.

또 하나의 함의는 이 책이 실증과 과학으로 기준을 단일화해버린 역사학의 폐쇄성을 다시 개방했다는 점이다. 물론 카가 여러 학문을 오가는 개방성을 선보인 것은 아니었다. 그는 이성과 진보를 낙관하며 구조주의와 거대 담론에 치중했다. 또 그 같은 조류에 대한 반발로 다양한 탈근대의 역사학이 출현했다. 그러나 초점은, 카에 반발했건 아니건, 다양한 현대의 역사학 조류들이 카가 제기했던 인식론의 자장을 벗어날 수는 없었다는 점이다. 마침내 역사가 철학, 문학, 사회학, 정치학 등과 연대하고 특정한 장르적 성격을 갖는 일은 지금은 자연스럽다. 실증에서 벗어나 기록에서 역사의 소비까지 현재의 관점이 개입하고 복수의 역사관이 경쟁하는 지금에도 '과거와 현재의 대화'를 내걸었던 카 스타일의 역사학은 여전히 주류다. 앞 장과 관련해 본다면 궁예 제2버전에 해당한다고 할까.

이제는 어지간히 상식이 되어버린 이상과 같은 정리는 현대의 '역사학의 역사'가 거둔 성과다. 그렇지만 궁예 제3버전은 이상의 정리로는 설명하기 어려운 새로운 양상을 보여준다. 역사 설명이 다양한 형식의 표현과 결합하며, 뒤에 숨어 있던 대중의 기호가 노골적으로 드러난 형국이기 때문이다. 기존의 역사학에서는 포착되지 않았던 현상들은 앞으로도 가속화할 것이다. 앞서 말했듯이 이 글은 그 현상에 대해서 긍정과 부정을 단정하지 않는다. 대신 '왜 생겨났고', '앞으로 어떻게 될 것인지'라는 관점을 유지하며 세 가지 조짐에 주목해본다.

첫째, 소비에 머물렀던 대중의 기호가 전면에 떠오른다는 점. 역사상像에 대한 독점적 생산 외에 참여하는 대중이 다양해지고, 교육과 출판이라는 단선적 유통 외에 다각적인 교류가 생겨나고 있다. 내용 또한 문자 외의 기호로도 활발히 표현되고 있다. 전통적인 역사학의 구성 요소들은 이제까지 실증과 해석의 문제에 집중했지만 앞으로는 역사의 유통과 소비라는 과정까지 화두를 넓혀야 할 듯하다. 바야흐로 역사학 생태계 전반을 고민하지 않을 수 없게 되었다.

둘째, 역사 생태계의 변화에는 디지털 기술의 도래가 있었다. 사료의 전산화, 인터넷 환경, 유튜브의 창작과 시청, 집단지성의 대두 등은, 물론 역사학에만 국한하는 문제는 아니지만, 역사학에도 심대한 파장을 일으켰다. 기록, 연구, 출판에서 오랜 세월 굳건했던 문자의 정체성은 이제 데이터로 근본적으로 재구축되었다. 이 변화는 역사학의 방법론에 어떤 의미를 지닐 것인가.

셋째, 디지털 또는 기술혁명으로 인한 변화는 역사학의 방법론은 물론, 역사학이 자명한 목적으로 여겼던 인간 혹은 그에 준하는 근본적 전제들을 흔들고 있다. 지금까지 인간 혹은 인간들에 초점을 맞추었던 역사학은 앞으로는 인간 너머의 것들을 고려하지 않을 수 없게 되었다. 생태적 관점을 적극 수용하거나 자연 속의 인간사회에 초점을 맞춘 연구들이 그것이다. 그 반대편에서는 개인의 미시 세계를 디자인하는 일도 가능해졌다. 더 크게 넓혀지고, 더 작게 좁혀지는 것이다.

이 같은 변화의 실상을 조금 더 들여다보자.

역사학 생태계의 변화

2018년 말 현재 1,000만의 관객을 넘긴 한국 영화 15편 가운데, 조선시대 혹은 근현대 시대물로 간주할 수 있는 영화는 한국 영화사에서 최고 흥행을 기록한 〈명량〉(2014)을 필두로, 〈국제시장〉(2014), 〈암살〉(2015), 〈광해, 왕이 된 남자〉(2012), 〈택시운전사〉

(2017), 〈변호인〉(2013), 〈왕의 남자〉(2005) 등 7편이다.[4] 50퍼센트에 육박하는 수치이다. 한국에서 역사, 정확히는 한국사는 대중의 특별한 선택지였다. 아마 식민지 경험과 역사를 통한 보상 심리가 작동하고, 빠르고 비교적 성공적이었던 근대화·민주화의 여정이 반영된 문화 현상일 것이다. 게다가 〈왕의 남자〉를 제외한 영화들이 모두 최근작이라는 점에서 '특별함'의 발화성은 더 강화될 듯하다. 대중의 역사 소비의 왕성함은, '인문학의 위기'로 대표되는 학계의 진단과는 무언가 달라지고 있는 시장의 양상을 보여준다.

영화보다 더 직접적인 보기는 많다. 저술을 예로 들면 한국사 관련 저술가는 교수·연구자 외에 학원 강사, 일반 저술가, 만화가, 기타 전문가 등으로 이미 다양화되었다. 사실事實에 대한 실증이라는 부담을 상대적으로 덜 갖고, 대중의 기호를 잘 포착하며, 표현과 문체 또한 자유분방한 그들의 조건에서 나온 저작들은 역사학자들의 딱딱하고 고리타분한 전통적 저작보다 훨씬 잘 팔린다. 방송 등에서 한국사 관련 예능이나 강좌가 꾸준히 지속하고 형식이 다양하게 변하는 것도 대중의 기호가 창출해내는 시장성에 기댄 것이다.

이 변화를 주요한 변곡점으로 주목하지 않을 수도 있다. 20세기 이후 대중문화가 보편화하기 시작할 때부터 역사는 늘 주요 소재

---

[4] 영화진흥위원회http://www.kobis.or.kr.; 〈국제시장〉, 〈택시운전사〉, 〈변호인〉 등을 현대의 역사 영화로 분류한 것은 필자의 주관적 판단이다.

의 하나였고, 20세기 후반을 대표하는 TV의 드라마, 예능에서도 그 기능은 변함없었다. 하지만 최근 현상의 아래에는 한두 매체의 출현이나 다양한 프로그램 정도로는 담기 어려운 지점들이 있다. 단적인 예로 이제까지 소수의 역사학자들만이 몇몇 기관, 도서관 등에서 접했던 사료가 번역되어 인터넷을 통해 제공되고 있다. 누구든 시공·언어에 제한을 받지 않고 접근하고 가공할 수 있게 되었다. 전산화가 불러온 '사료史料의 민주화'라고나 할까. 그것은 참여·생산·유통의 민주화이기도 하고 쌍방향의 순환이 가능한 복잡한 생태계의 출현이기도 하다.

사실 변화는 역사학자보다는 역사 교사, 역사 관련 저술가, 공공기관 종사자, 역사에 관심 있는 시민들이 이미 감지하고 있었다. 다만 역사학계 내에서의 담론으로는 최근에 비로소 부상하였다. 아마 한국의 역사학계가 한국사 교과서의 이데올로기 시비로 인한 이념 논쟁에 떠밀리고, 2014~2016년에는 국정교과서 반대 활동을 전개하느라 제반 이슈를 돌아보지 못했던 것도 한 요인이 아닐까 한다. 새로운 생태계를 건강하게 유지하는 고민에 대해서는 최근의 학술대회를 소개하는 게 더 효과적일 듯하다.

2018년 10월 제61회 전국역사학대회의 공동주제는 '역사 소비시대 대중과 역사학'이었다. 공동주제의 발표문 제목을 소개하면 '역사 소비시대, 대중역사에서 시민역사로'(기조발제)를 비롯해 '역사학의 대중화 어떻게 볼 것인가', '역사 경관의 소비와 기억의 굴절', '역사 소비와 역사 교육', ''사이비 역사학'의 평범성banality에 대하여', '공공역사'와 역사박물관'이다. 부별 발표의 주제 역시 '대중'과 '소비'를 핵심어로 삼아 기획되었다. 지면상 발표들을 일일이 소개할 수는 없고 취지, 분석, 대안 순으로 개괄해본다.[5]

이 주제는 1990년 이후 활발해진 이른바 '역사 대중화'를 내걸고 연구 성과를 시민과 공유했던 흐름과는 달리, 대중들이 역사학자와 역사 연구에 견인당하지 않고 스스로 선택하여 소비하고 심지어 입맛에 맞게 가공하게 된 최근의 추세를 반영해 설정되었다. 그 원인으로는 디지털 환경의 대두로 인한 역사 정보의 접근성 용이, 비전문의 영역에 있던 시민·대중 일부의 전문성과 참여 증대, 서적 외에 인터넷 등을 통한 다양한 미디어의 항시적 기능, 대학과 학회 외에 다양한 역사 관련 기관 및 자발적 모임의 형성 등이 지적되었다. 현상과 원인에 대한 진단은 대부분 공유히는 것들이다. 발표의 초점은 그 이면의 역기능에도 맞추어졌다. 역사가 상품과 예능으로 전락하여 공공성을 호도하는 역기능을 수행하거나, 대중 스스로 확증편향에 빠져 역사를 편식하거나, 대중의 기호를 조작하고 오도하는 정치·사회적 유혹 혹은 유사역사학의 영역이 덩달아 커지는 현상 등이다. 새로운 생태계는 넓어지고 있지만 오염과 오도誤導의 가능성 또한 커지고 있다.

따라서 새로운 생태계를 건강하게 이끌기 위한 모색과 준비가

---

[5] 이하 두 단락은 제61회 전국역사학대회 제1일(2018년 10월 19일)의 공동주제 발표를 요약한 것이다. 발표 내용은 발표자료집, 3~86쪽 참조.

필요하다. 전문성과 대중성을 잇는 '역사 공론장' 혹은 '시민 역사'의 공간을 넓히는 작업이 일차적이다. 대학에서는 전문 역사학자 양성 외에 역사 작가와 역사 강사를 양성하는 트랙을 준비하며, 새 수요자들의 이해와 요구——인터넷 공간과 이미지·영상 등의 정보 전달 형식——에 어울리는 교육·전시·행정 등을 준비, 진행해야 한다. 아마 이 정도까지는 기존 역사학 패러다임의 부분적 개선일 것이다.

필자는 한 가지를 더 추가하고 싶다. 소통의 단위였던 문자 자체가 극복되는 양상을 좀 더 심각히 고민해야 한다는 점이다. 고등학생들을 가르치는 교사의 역사학대회 발표문에는 지금 세대의 달라진 감수성에 대한 고민이 역력하다. 간단히 말해 "요즘 학생들의 인터넷 검색엔진은 '네이버'나 '다음'이 아니라 '유튜브'이다. 젊은 층일수록 텍스트와 사진 위주의 검색 결과를 외면하고, 필요한 지식과 정보를 동영상을 통해 얻는다"[6]는 것이다.

교사의 고민은 간단히 말해 '동영상으로 소통하는 세대에게 어떻게 가르칠 것인가'이다. 유튜브의 등장은 실로 파격적이다. 인류가 기존에 축적한 많은 영상자료를 빨아들였을 뿐만 아니라 개인의 해석을 올려 누구든지 소통 가능하게 했다. 유튜브 방식과 가능성을 염두에 둔다면 앞으로는 생산–유통–소비의 다변화 정도가 아니라 생산–유통–소비의 경계 자체가 무의미해지는 현상

---

[6] 오정현, 〈역사 소비와 역사 교육〉, 제61회 전국역사학대회 자료집, 2018, 62쪽.

이 진행될 것이다. 따라서 고민은 역사 소비자의 능동성, 특히 정보 감수성을 키우는 문제가 무엇보다 중요해진다. 고교 교사의 제안이다.

수요자가 동영상 중심의 정보 탐색에 익숙해 있다면 교사는 이를 적극 활용해야 할 필요가 있는 것이다. 역사 교육의 언어는 한 가지가 아니다. 사진 한 장, 영상 한 컷이 사료보다 더 깨우침을 줄 수도 있다. 역사 소비물(역사 만화, 역사 대중서, 역사 영화 등 지칭—필자)을 활용하면 오류를 가르치지 않을까 두려워 말고 역사 소비를 공식적인 역사 교육의 틀 안으로 끌어들이자.……역사적 사실은 불변하는 것이고 언젠가부터 인터넷의 지식백과가 모두 가르치고 있다는 것이다.……"무엇을 가르칠 것인가", "어떻게 가르칠 것인가" 보다는 "무엇을 할 수 있도록 가르칠 것인가"가 역사 수업의 담론이어야 한다.[7]

디지털 시대와 역사학 방법론

20세기 후반부터 많은 나라에서 역사 정보는 디지털 전환의 일차 대상이었고, 역사학자들은 전산화된 사료를 통해 디지털 시대의 도래를 체감했다. 한국 역시 19세기까지의 기록 상당분과 20

---

[7] 오정현, 위 글, 62~63쪽.

세기의 기록 일부분을 전산화했고, 국사편찬위원회의 '한국역사 정보 통합시스템(http://www.koreanhistory.or.kr)'과 '한국사 데이터 베이스(http://db.history.go.kr)', 한국고전번역원의 '한국 고전종합 DB(http://db.itkc.or.kr)' 등의 수준 높은 역사자료 데이터베이스를 갖추게 되었다. 편리해진 검색과 열람 덕택에 발품을 크게 덜게 된 역사학자들의 환호가 뒤따랐음은 물론이다.

그러나 전산자료 이용과 역사학에 대한 자극은 전혀 다른 차원 이다. 역사자료 빅데이터를 단순한 검색 정도로 이용하는 수준을 넘어서는 작업으로 우선 주목할 만한 흐름은 이른바 '역사문화콘 텐츠' 분야였다. 몇몇 대학에서 (역)사학과가 인근 전공과 결합한 '(역사)문화콘텐츠학과'로 탈바꿈하거나, 역사문화 콘텐츠의 구축 이나 디지털아카이브 구축이 디지털인문학의 주류로 정착된 일 들이 대표적이다. 그렇지만 역사문화 콘텐츠로의 진행은 응용·융 합 차원에서의 확장이거나 문화산업 인력의 양성 등에서는 의미 가 있지만 역사학 연구와 방법론을 전망하는 데에는 그다지 시사 적이지 않다.

역사학의 연구 방법론과 관련해서는 한국 근현대의 역사자료 빅데이터를 다양한 분석 도구로 통계 처리한 연구들이다. 허수, 이 재연, 송인재, 김일환 등의 작업이 주목된다.[8] 이들은 빅데이터의 어휘, 인물, 작품 등에 대한 네트워크 분석을 통해 중층적 의미망,

---

[8] 허수, 이재연, 송인재, 김일환 등의 연구에 대해서는 참고논저 참조.

인식의 변화 등을 탐구하였다. 이제까지 부분적으로나 건드렸던 언어, 사고, 문화의 관습, 의식 등에 대한 거시 변화를 꽤 입체적으로 밝혀낸 것이다. 아마 과거의 당사자들도 미처 알아채지 못했을 무의식의 관계망이 드러난 것은 역사 연구의 새로운 도구를 확보하는 일이기도 하다. 최근 한국의 역사학계에서도 이른바 '디지털 역사학'의 세계적 동향에 깊은 관심을 기울이기 시작했다.[9]

빅데이터를 활용한 역사학은 소재와 방법론에서 한계를 가늠하기 어려운 가능성을 지니고 있다. 빅데이터는 문자에만 그치지 않고 이미지, 영상 등으로 확장된다. 방법론에서도 이미 어휘통계학을 왕성하게 활용해왔던 어학과 사회과학, 나아가 과학 분야까지 협업이 시작되었다. 그런데 더 주목할 점은 이제 시작한 빅데이터를 활용한 연구들이 진화하는 속도와 혁신성이다.

먼저 속도이다. 빅데이터 역사자료의 출현을 세계의 일반인에게 알린 상징적인 사건은 구글Google에서 2010년에 '엔그램뷰어 Ngram Viewer'를 제공하면서였다. 구글은 2004년부터 전 세계의 책을 디지털화하겠다는 '구글 북스 라이브러리 프로젝트'를 진행하여 수천만 권의 책을 스캔했다. 그리고 이 중에서 1800년부터 2012년까지 출판된 책 800만 권을 추려내 엔그램뷰어를 통해 단어의 사용 빈도를 그래프로 구현했다. 바야흐로 빅데이터 인문

---

[9] 2018년 12월에 간행된 《역사학보》 240호는 세계 디지털역사학을 특집으로 기획하였다. 특집 논문은 참고논저 참조.

학의 '진격'이 선언되었다. 빅데이터를 활용한 인문학의 가능성은 국내에는 동명의 책으로도 알려지기 시작했다.[10] 비록 아직은 19~20세기의 영미권 책이라는 한계는 있지만, 자신이 관심 있는 단어의 추이를 인간이 소화할 수 없는 방대한 자료에서 정리해서 일목요연하게 본다는 매력은 충분했다.

그러나 빅데이터 인문학의 심오한 인문학적 성과로의 진격은 주춤거릴 수밖에 없었다. 단어가 지닌 복잡한 맥락에 대한 판단이 차단된다는 근본적인 한계 때문이었다. 그런데 최근에는 흥미로운 시도들이 나오고 있다. 2018년 구글은 'Talk to Books'라는 프로그램을 선보이기 시작했다. 이것은 자신들이 구축한 막대한 자료 중에 일정한 질문에 적합한 자료를 선별해서 찾아주는 서비스이다. 인간만이 가능하다고 여겼던 일정한 질문에 따른 텍스트에 대한 선별이 시작된 것이다. 물론 아직은 초보적인 판단에 불과하다. 하지만 엔그램뷰어가 나오고 10년이 되지 않은 시점에서 기계적 검색을 넘어서기 시작했다는 점이 중요하다.

혁신성과 관련해서 주목할 만한 작업은 이른바 '베네치아 타임머신 프로젝트'이다.[11] 이 작업은 베니스의 고문서 아카이브가 소

---

[10] 구글 엔그램뷰어의 탄생과 이를 활용한 빅데이터 인문학의 가능성에 대해서는 에레즈 에이든·장바티스트 미셸(2015) 참조.

[11] 이하 베네치아 타임머신 프로젝트에 대해서는 Alison Abbot, "The 'time machine' reconstructing ancient Venice's social networks", https://www.nature.com/news/the-time-machine-reconstructing-ancient-venice-s-social-networks-1.22741, 2017. 및 이재연, 〈디지털 시대에서 디지털 인문학 시대로〉,《역사학보》240, 2018 참조.

장한 1,000년 이상 축적된, 현재 베니스 국립기록보관소의 80킬로미터에 이르는 서가를 가득 채운 엄청난 자료를 디지털화하고, 베니스의 생활상을 시각적으로 재현하는 작업이다.

2012년 공식적으로 시작한 프로젝트는 로봇 팔이 달린 첨단 고속 스캐너를 통한 텍스트 변환, 기계학습을 활용한 필사본 문자의 인식과 동일문자 연계 시스템 등 인문학과 공학의 놀라운 협업 성과를 보여주었다. 그들은 더 경이로운 구상을 하고 있다. 컴퓨터 단층 촬영을 기반으로 한 스캐닝 기술을 적용하여 책을 펼치지 않고도 스캔이 가능한 3D스캐너를 개발하고 있다. 또 텍스트의 구조를 분석하고 유사하게 보이는 그래픽 모양의 연계를 형성하는 알고리즘을 나날이 진화시키고 있다. 디지털 자료가 축적될수록 시간과 공간을 망라하는 방대한 관계망이 구축되는 것이다. 이 작업의 샘플은 유튜브의 짤막한 동영상 2편으로 생생히 볼 수 있다.[12]

베네치아 타임머신 프로젝트의 가장 놀라운 점은 역사 연구의 오랜 관행 자체를 혁신한다는 점이다. 그들이 현재 중세 베네치아의 사회관계망의 재현을 목표로 한다. 앞으로는 당연히 베네치아에 만족하지 않을 것이다. 유럽 전체의 자료를 통합할 경우는 어떤가. 그들의 구상이다.

---

[12] Venice 4D – Rialto district 950–Now (2016. 8. 19.); A virtual time machine for Venice (2017. 6. 14.).

이 프로젝트가 성공하면, 유럽의 문화 및 상업의 역사적 중심지에 대한 유사한 타임머신을 연결하는 보다 야심찬 프로젝트를 위한 길이 열리고 유럽 대륙에서 수세기에 걸쳐 사회적 관계망, 교역 및 지식이 어떻게 발전했는지를 전례 없이 상세하게 밝혀낼 것이다.

상세하고 방대한 과거의 재현은 과거에는 불가능의 영역이었다. 그래서 우리는 역사에 대한 상대적 인식을 맴돌았고 마침내 '과거와 현재의 대화'라는 명제를 황금률로 간직해왔다. 그런데 이제 다시 "과거를 그대로 구현하겠다"던 랑케의 염원이 복귀하는 느낌이다.

더 크게; 생태환경사와 빅히스토리

최근 역사 연구에서 인간과 자연의 관계 자체를 연구 목적으로 삼는 환경생태역사학이 떠오르고 있다. 한국에서는 2015년에 한국생태환경사학회(Korean Society of Ecological and Environmental History, KSEEH)가 발족하였고, 인상적인 저작[13]과 학술지 《생태환경과 역사》를 발간하고 있다. 이들의 문제의식은 창간사에 잘 드러나 있다.

---

[13] 김동진, 《조선의 생태환경사》, 푸른역사, 2017 참조.

사람들은 오랫동안 "우리는 어디에서 왔고, 어디로 갈 것인가?"라고 물었다. 역사학은 오랫동안 이에 대한 답을 찾는 중심 학문이었고, 적극 응답하였다.……지난 두 세기 동안 진행된 역사와 역사학의 양상은 이를 명확히 보여준다. 서구에서 재발견된 인간 중심의 세계관, 이성에 근거한 물질세계의 탐구는 지구를 하나의 세계로 변모시켰고, 세계는 지난 20세기를 통해 근대적 발전을 성취하고자 노력하였다.[14]

근대와 근대, 나아가 탈근대를 표방한 역사 서술들도 역사의 주체이자 목적은 인간을 벗어나지 않았고, '더 나은 사회의 조건'을 위한 여정을 의심하지 않았다. 기후, 지리, 동식물, 산림, 광물, 농경, 하천, 바다 등 자연환경을 다룬다 해도 어디까지나 배경, 조건 혹은 인간의 행위 대상에 머물렀다. 환경생태역사학은 이러한 역사학의 오랜 전제에 대해 질문을 던지며 출발하였다. 이것은 생태학의 관점을 수용한 것이다. 선언문은 계속된다.

지난 20세기에 물질과 생명, 인간에 대한 이해는 더욱 정제되고 통일된 새로운 여정에 올랐다. 사람들이 인식하는 공간은 세계에서 지구를 넘어 지구별이라는 인식에 도달하였다. 이에 21세기의 역사학은 지구별에서 살아가는 생명체의 일원으로서 인간을 자각하고, 이를 설명해야 하는 과제에 직면하였다.……21세기 세계는 더욱 강고하게 연결되고

---

[14] 한국생태환경사연구소, 〈창간사〉, 《생태환경과 역사》 창간호, 2015 참조.

있으며, 분리된 별개의 것으로 나뉘어 인식하고 탐구되던 물질·생명·인간의 문제들을 서로 연결 지어 통일적으로 이해하려 시도하는 가운데 새로운 인식 지평의 문을 열 수 있게 되었다. 21세기의 학문은 나누어진 조각을 넘어 서로 연결된 복잡성의 학문으로 발전하였고, 이는 20세기 역사학과 생태환경사의 한계를 극복할 수 있는 대안이 되었다.

생태학은 자연에 대한 태도를 인간의 편리나 발전을 위해 개선하거나 관리하는 환경 정도로 여기는 차원을 넘어, 인간을 자연의 한 존재로서 간주하고 자연과의 공존과 조화를 모색하는 사상이다. 인간의 중심성을 의심하고, 외물로 간주되어왔던 존재의 주체성을 승인한다는 점에서 사고의 근본적인 전환이기도 하다. 그들의 목적은 무엇일까.

인류가 직면한 문제를 생태환경의 시각에서 성찰하고, 대안을 모색하는 집단지성의 실험실로 만들고자 한다. 이를 통해 인류의 오랜 질문에 오랫동안 성실하게 화답해온 역사학계의 전통을 잇고, 궁극적으로는 새로운 답을 찾게 될 것이다.

이제 만 3년에 접어든 환경생태역사학에 대한 평가는 아직 이르다. 그러나 역사학의 오랜 전통을 생태환경을 포괄한 넓은 시야로 확장하고 결국 타자에 대한 인간의 정체성을 되묻는 점에서 인문학의 핵심 질문이 건재하다고 할 수 있다. 자연과의 공존을 통해 더욱 나은 인간다움을 만들어가는 과정을 구상하므로 역사학의 온건한 진화일 수도 있고 온 인류가 직면하고 발 벗고 있는 문제에 역사학이 동참하고 지혜를 보탠다는 점에서도 썩 윤리적이다. '궁극적으로 새로운 답'을 찾아 나선 그들의 여정에 성원을 보내지 않을 수 없는 이유다.

생태환경사가 인간에만 초점을 두었던 오랜 시선에 균열을 내고 역사학의 개념 자체를 허물었다는 점은 시사적이다. 인간은 애초에 자연과 1대 1로 만나는 게 아니라 거대한 시공간 속에 미소微小한 존재였음을 새삼 일깨웠기 때문이다. 그렇다면 좀 더 적극적인 사고 전환도 가능하다. 본격적으로 자연의 관점에서 인간을 보는 '빅히스토리'와 같은 연구이다.

빅히스토리는 우주와 지구, 생명과 인간을 과학과 인문학으로 나누지 않고 한 구조 아래 묶어 설명한다. 최근 다수의 책들이 모두 '빅히스토리'라는 이름으로 발간되는 현상도 흥미롭다.[15] 이들은 대략 135억 년 전으로 추산되는 '빅뱅'에서 시작해 별, 원소, 태양계와 지구, 생명, 인류의 학습, 농경, 근대혁명이라는 우주와 인간계에서 새로운 단계를 열어주었던 문턱threshold들을 과학과 인문학을 종횡으로 엮으며 설명한다. 자칫 낯설어 보이기조차 한 이 설명은 자연사와 인간사를 결합한 것 이상의 의미를 지닌다. 서로

---

[15] 국내에서는 신시아 브라운(2009)이 출간된 이래, '빅히스토리'를 제창했던 데이비드 크리스천·밥 베인(2013)을 비롯한 다수의 책들이 최근 1~2년 사이에 출간되었다.

를 경원하거나 혹은 무관심했던 과학과 인문학을 통합한 사유를 촉구하고 가교를 놓았기 때문이다. 가교가 더 놓일수록 전공의 벽 안에 머물렀던 연구와 교육 혹은 사유 자체의 변화가 예상된다.

더 작게; 기억의 기록과 재현

디지털 환경의 대두는 앞으로 우리의 일상은 물론 사회 전체에 깊고 광범위한 변화를 야기할 것이다. 역사학으로 좁힌다면 이제까지 당연시되었던 역사학의 기반, 즉 '기억'과 '기록'의 성질부터 바꾸어버린다는 점을 들 수 있다.

인류는 기억하기 위해 기록했고, 기록을 통해 역사를 탄생시켰다. 그때의 기록이라고 해봐야 소수 기록자의 것이었고, 그에 기반을 두고 재구성한 역사라야 아무리 해도 불완전함을 벗어날 수 없었다. 그래서 잘 분리되어 있었고 서로 간섭할 일도 없었다. 그런데 앞으로는 이 경계가 디지털로 인해 희미해진다. 디지털은 분량과 시간의 제약에 놓였던 과거의 기록을 '빅'하고 '롱'한 것으로 탈바꿈시키고, 현재의 기억부터는 낱낱이 흔적으로 남겨놓는다. 지금은 20세기까지의 자료에 대한 최초의 전산화된 데이터를 빅데이터라 부르며 경이로워하지만, 앞으로 수십 년 후에는 (현재 구축해놓은 빅데이터)×(현대인의 빅데이터)가 역사자료가 된다. 경험해보지 못한 엄청난 데이터는 계속해서 갱신될 것이다.

빅데이터에 대한 현재의 활용이 초보적인 어휘 통계의 수준이라면 미래의 누군가는 현재의 나에 대해 영상과 디지털 흔적 등을 추적할 수 있을 것이다. 인간 하나하나에 대해 축적된 디지털 자료를 인공지능이 읽어낸다면 '실존했던 사람에 대한 구체적 재구성'이 가능해질 수 있다. '미시 부분까지 재현한 개인 전기傳記'가 실현되는 것이다. 이것은, 역사학의 거시 담론과 구조주의에 반발해 탄생한 일상사와 미시사와는 궤를 달리한다. 두 장르는 일상과 개인을 소재 삼아 복원시킨 리얼리티를 결국 역사적 담론으로 환원하는 것이므로, 궁극적으로 기존 역사학의 목적을 비켜나가지 않았다. 하지만 개인 자체를 기억하고 재현하는 미시 전기는 영원히 생생하게 기억되는 문을 열게 될 것이다.

데이터가 축적될수록 기억과 기록의 간극이 좁혀지고, 과거가 굳이 역사를 빌리지 않고도 그것 자체로 재현된다는 사실은 삶과 생명에 대한 전통적 개념까지 흔들 것이다. 이제까지 인간이 소멸하면 그에 대한 기억은 육체의 죽음과 관련한 장례 등의 행위, 제사와 같은 종교적 추념 그리고 역사화를 통한 기억이 전부였다. 그러나 개인의 기억을 정보로 바꾸어놓으면 전산화된 그는, 전산 시스템이 존재하는 한, 불멸이 된다. 이쯤 되면 전망이 아니라 상상을 펴야 할 듯하다. 그때의 역사는 무엇이 될 것인가.

역사가는 빅데이터를 통해 인간 사회 전반을 통찰하는 망원경과 개인 하나하나를 탐구하는 현미경을 얻게 되는 것일까. 인공지능과 역사는 지구 차원의 방대한 정보를 협업하여 분석하기도

하고, 한 사람에 대해 태아부터 무덤까지 실존시키는 미시 역사를 쓰게 되는 것일까. 개인적으로는 얼마 전에 보았던 미국 HBO사에서 제작한 〈West World〉라는 드라마를 떠올리지 않을 수 없다. 그 드라마에서 과학자들은 개개인의 기억을 데이터로 만들어 인조인간에게 부여한다. 인조인간은 기억을 통해 개성을 갖고 비로소 인간이 된(것처럼 느낀)다. 거대 역사에서 미시 역사가 종횡으로 오갈 수 있다면, 전통적인 의미의 역사학자뿐만 아니라, 수요자의 요구에 맞춘 디자인된 '역사들'을 가공하는 엔지니어들이 나올지도 모르겠다.

참고문헌

Alison Abbot, "The time machine reconstructing ancient Venice's social networks", https://www.nature.com/news/the-time-machine-reconstructing-ancient-venice-s-social-networks-1.22741, 2017.

권윤경, 〈새로운 문필공화국을 향하여; 18세기 프랑스사 연구와 디지털인문학의 사례들〉, 《역사학보》 240, 2018.

김동진, 《조선의 생태환경사》, 푸른역사, 2017.

김일환·강진웅·이도길, 〈《동아일보》 키워드를 통해 본 분단체제 정체성과 이념 갈등〉, *Journal of Korean Culture* 37, 2017.

김일환·장만호, 〈일제강점기 신문 독자투고시의 시어 사용 양상〉, 《우리문학연구》 58, 2018.

데이비드 크리스천·밥 베인, 조지형 역, 《빅히스토리》, 해나무, 2013.

문수현, 〈독일어권의 디지털 역사학 현황〉, 《역사학보》 240, 2018.

박근갑, 《역사》, 소화, 2016.

박은재, 〈영국의 디지털역사학의 발전과 현황〉, 《역사학보》 240, 2018.

송인재, 〈동아시아 개념사와 디지털인문학의 만남〉, 《개념과 소통》 18, 2016.

_____, 〈《개벽》의 '문화' 관련 기사를 통해 본 천도교의 문화관〉, 《시대와 철학》 28, 2017.

_____, 〈대만 디지털인문학의 발자취와 진화〉, 《역사학보》 240, 2018.

신시아 브라운, 이근영 역, 《빅히스토리》, 프레시안북, 2009.

에레즈 에이든·장바티스트 미셸, 김재중 역, 《빅데이터 인문학; 진격의 서막》, 사계절, 2015.

이재연, 〈작가, 매체, 네트워크—1920년대 소설계의 거시적 조망을 위한 시론〉, 《사이》17, 2014.

＿＿＿, 〈키워드와 네트워크—토픽 모델링으로 본 《개벽》의 주제 지도 분석〉, 《상허학보》46, 2016.

＿＿＿, 〈디지털 시대에서 디지털 인문학 시대로〉, 《역사학보》240, 2018.

이주영, 〈미국에서의 디지털 역사학 발전 과정과 최근의 경향〉, 《역사학보》240, 2018.

전국역사학대회 협의회, 《역사 소비시대, 대중과 역사학》, 제61회 전국역사학대회 자료집, 2018.

한국생태환경사연구소, 〈창간사〉, 《생태환경과 역사》 창간호, 2015.

허수, 〈네트워크 분석을 통해 본 1980년대 '민중'〉, 《개념과 소통》18, 2016.

＿＿＿, 〈어휘 연결망을 통해 본 '제국'의 의미〉, 《대동문화연구》87, 2014.

＿＿＿, 〈언어 네트워크 연구를 통해 본 고교 한국사 교과서의 역사인식〉, 《인문논총》75, 2018.

Science

인간의 자기 이해는
어떻게 추구되어야 하나?

장회익

學問

人間

인간의 자기 이해는 어떻게 추구되어야 하나?[1]

글머리에

인간의 중요한 특성 가운데 하나는 사물에 대한 이해를 추구하는 성향이다. 그리고 이해 추구의 대상 안에는 당연히 인간 자신에 대한 이해도 포함된다. 여기서 인간의 자기 이해를 문제 삼는 것은 그것이 그만큼 더 어려운 과제이면서 또 그만큼 더 중요한 과제이기 때문이다.

인간의 자기 이해가 어렵다는 것은 이해 자체의 본질적 성격에 기인한다. 이해라는 것은 이해의 기반이 될 어떤 바탕틀을 전제하고 대상으로부터의 정보를 이 기반에 비추어 앎의 공간 안에 적절히 자리매김할 때에 가능한 것인데, 이 바탕틀 자체 속에 이미 자신에 대한 기존 이해가 깔려있는 것이므로, 설혹 자신에 대한 이해

---

[1] 이 글의 일부 내용은 장회익(2017)에 발표된 내용과 중복되나, 이를 위해 별도의 인용 표시 등은 하지 않는다.

를 수정할 새 정보들이 들어오더라도 이를 도외시하거나 심지어 반발하게 될 가능성이 매우 크다. 결국 자신에 대한 이해를 증진시키기 위해서는 이러한 이해의 기준 곧 자신이 기존에 지닌 자신에 대한 이해를 수정해야 할 것인데, 이러한 이해의 틀은 대부분 자신도 모르게 무의식 속에서 작동하는 것이므로 이를 찾아내어 수정하기가 매우 어렵다. 이것이 바로 남의 눈에 든 티는 보이지만 자기 눈에 든 들보는 보지 못한다는 말이 함축하는 의미이다.

그러면서도 우리가 만일 자신의 삶을 의미 있게 영위하기 위해서는 우선 '나'라는 존재가 무엇인가에 대한 이해가 그 바탕에 놓여야 한다. 자신이 무엇인지 모르면서 오직 자기 내부에서 지시하는 방향으로만 움직이는 것은 자기도 모르게 주어진 어떤 지침에 따라 수동적으로 살아가는 행위 이상이 되기 어렵다. 더구나 자기에게 기왕에 주어진 그 무엇이 온당한 것이 아닐 경우, 그의 삶은 주체적 가치를 지니지 못할 뿐 아니라 올바른 가치에 역행하는 것일 수 있다. 바로 그렇기에 우리의 삶 속에는 수많은 다툼이 있고 이것이 자칫 서로를 해쳐 공멸하는 상황에 처할 수도 있게 된다.

현대인은 수많은 학문과 문화 전통 속에 지적인 풍요를 누리고 있으면서도, 국가 간 적대관계를 해소하지 못하고 부단한 분쟁 속에 자멸의 위기를 조성하고 있으며, 자신들의 생존 토대인 생태계를 파괴하여 상상을 초월하는 생태적 재앙을 불러일으키고 있다. 이러한 모든 것의 원인은 여러 가지겠지만 그 가운데서도 자신들이 어떤 존재인가에 대한 바른 이해의 결여가 가장 크다고 할 수 있다.

그렇다면 인간의 자기 이해를 위해 우리가 취해야 할 가장 적절한 방식은 무엇인가? 이를 위해 이 글에서는 '온전한 앎'의 추구가 요구되고 있음을 밝히려 한다. 그러기 위해 우리는 이른바 온전한 앎이 무엇이며, 그것이 어떻게 인간의 자기 이해에 기여하는지를 살펴야 한다.

온전한 앎이란 무엇인가?

최근에 필자가 몇몇 글에서 '온전한 앎'이라는 용어를 사용한 바 있으나 이것이 지닌 다소 특별한 의미가 널리 알려져 있지 않기에, 여기서는 이 말의 의미부터 간단히 규정하고 이에 맞추어 논의를 진행하기로 한다. 이를 다소 추상적으로 정의해보자면 이것은 "모든 앎을 서로 간의 관계를 통해 완결시킨 하나의 정합적 체계"라고 말할 수 있다. 사실 학문이라는 것이 앎의 정합적 체계에 해당하므로, 이것은 모든 학문을 서로 간의 관계를 통해 연결시킨 학문의 통합적 구조라고도 할 수 있다. 이것을 유기적으로 완결된 융합학문이라고도 할 수 있고 또는 간단히 '통합학문'이라고도 할 수 있다.

이러한 앎이 아직 완성된 것은 아니기에 이것의 구체적 모습이 어떠한 것일지에 대해서는 말하기가 어렵다. 하지만 비유를 통해 이것이 어떠한 성격을 가질 것인지에 대해 대략 가늠해볼 수는 있다. 우리가 만일 지구상의 각 지점들의 위치를 나타내는 지도를 마련하려 한다면 이는 한 장의 평면 위에 만족스럽게 그려낼 수 없다. 한 평면상에 그린 이른바 세계지도는 상대적 위치를 나타내기에 매우 부적절하다. 오직 우리가 이를 실제 지구의 모양을 닮은 하나의 구면 위에 나타낼 때, 각 지점들의 상대적 위치를 제대로 나타내게 되고 이를 우리는 '온전한 지도'라 부를 수 있다. 이제 개별 학문 안에 담긴 지식을 개별 지도 위에 나타낸 위치 정보에 해당한다고 보면, '온전한 앎'이라고 하는 것은 지도들을 평면적으로 연결한 초대형 평면지도가 아니라 '온전한 지도' 곧 지구의地球儀 위에 표시된 세계지도에 해당하는 것이어야 한다.

이를 위해서는 지구의 참 모습이 구형이라고 하는 것을 알아야 하듯이 앎의 참 모습이 어떠한 기하학적 구조를 지니는지를 알아야 한다. 우리 조상들이 지구상에서 수백만 년(지구는 수십억 년 되었지만 인류가 등장한 것은 한참 후)을 살아오면서도 정작 지구가 둥근 모습을 지녔다는 것을 알아내는 일이 쉽지 않았듯이, 수많은 앎의 홍수 속에 살아가는 우리는 아직 우리 앎의 참 모습이 어떤 기하학적 구조를 지니는지에 대해 어떤 단서도 지니지 못하고 있다. 사실 우리는 아직도 지구가 둥근 모습을 지녔다는 것을 우리 눈으로 직접 확인할 수는 없다. 우주선을 타고 외계로 나갔던 우주인 몇몇만이 이를 직접 확인했고, 우리 모두는 인공위성이 촬영해온 영상을 통해서만 이를 보고 있을 뿐이다. 하지만 우리는 무척 이른 시기부터 지구가 둥글다는 가설을 세웠고, 여러 증거들을 통해 이를 검증했으며, 이에 맞추어 '온전한 지도'를 만들어 이를 들고 지구상의 모든 지역으로 항해할 수 있었다.

마찬가지로 우리는 앎의 기하학적 구조를 육안으로 직접 볼 수는 없으나 이에 대한 가설을 설정할 수는 있으며, 이를 검증해나가면서 잠정적으로나마 '앎의 온전한 지도' 곧 '온전한 앎'을 그려볼 수는 있을 것이다. 이제 이런 구체적 가설을 세우기 전에 이것이 지닐 것으로 예상되는 몇 가지 특성을 생각해보자.

첫째로 이것이 정합적 체계를 이루기 위해서는 그 안에 논리적 부정합, 곧 단절이 있어서는 안 된다는 점이며, 이러한 단절이 없는 위상학적 구조로 우리는 원이나 구와 같이 처음과 끝이 연결되는 구조를 생각해볼 수 있다. 이는 곧 지구상의 모든 위치가 반드시 이웃을 지녀야 하며 그렇기 위해 구형球形이라고 하는 기하학적 구조를 지니게 됨과 흡사하다. 그리고 둘째로는 온전한 앎은 '앎'을 담는 체계이기에 이것은 앎이 지닌 본질적 성격, 즉 앎의 객체와 주체를 함께 반영해야 한다는 점이다. 앎을 말할 때에는 반드시 앎의 대상이 있고 이를 알아내는 주체가 있게 마련인데, 성격상 대비되는, 그러면서도 서로 밀접한 관련을 맺는 이 두 가지 양상을 함께 담아내면서 이 둘 사이의 관계가 적절히 반영될 필요가 있다.

그렇다면 이 두 가지 특성들을 되도록 간결한 기하학적 구조 속에서 충실히 반영해낼 구체적 모형은 무엇일까? 이를 생각해본 끝에 필자는 최근 '뫼비우스의 띠' 모형을 제안한 바 있다.[2] 뫼비우스의 띠는 우선 전체적으로 하나의 원형을 이룸으로써 전체를 정합적 관계로 연결하는 것이 가능하다. 그리고 이것은 표면과 이면을 지님으로써 객체와 주체를 나타내기에 적절하며 또 표면과 이면이 서로 교체되는 관계를 가짐으로써 이들의 기능적 역할 사이의 전환관계를 상징적으로 표현할 수도 있다. 물론 앎이 지니고 있는 많은 복잡한 양상들을 비교적 단순한 이러한 띠 하나 속에 담아낸다는 것은 그 자체로 불가능한 것이겠지만, 많은 지엽적 내용들을 잘라내고 그 큰 줄기들의 논리적 관계를 살펴나가는 데에는 이 정도의 모형도 도움이 될 것으로 보인다.

이제 이 모형의 개략적인 모습을 도식으로 나타내보면 〈그림 1〉과 같다.

〈그림 1〉 안에는 우리가 생각할 수 있는 앎의 주요 구성 요소들이 뫼비우스의 띠 형태로 배열되어 있다. 이 각 요소들은 띠 형태로 서로 맞물려 있기에 그 시작과 끝이 따로 없지만, 논의의 편의상 그 한 요소인 '자연의 기본원리'를 출발점으로 택해 이들 사이의 관계를 살펴보기로 하자.

우리가 이제 '자연의 기본원리'를 알았다고 할 때, 우리는 이를 통해 우주의 기원을 비롯한 우주의 주요 존재 양상을 찾아낼 수

2　장회익, 〈'뫼비우스의 띠'로 엮인 주체와 객체〉, 이정전 외, 《인간 문명과 자연 세계》, 민음사, 2014, 63~101쪽; 장회익, 〈'온전한 앎'의 틀에서 본 생명과 문화〉, 최무영 외, 《정보혁명》, 휴머니스트, 2017, 47~98쪽.

있다. 그리고 우주의 이러한 존재 양상 가운데 하나로 이른바 '생명'이라 불리는 주목할 만한 어떤 현상이 출현할 수 있음을 알게 되며, 다시 그 가운데 나타날 수 있는 주요 존재자인 '인간'의 위치를 확인할 수 있다. 그런데 이 '인간'이 지닌 매우 놀라운 성격은 이것이 물질적 구성을 지닌 '객체'인 동시에 정신 혹은 마음을 지닌 '주체'이기도 하다는 점이다. 실제로 이 둘이 서로 어떻게 관련되는가하는 문제는 이른바 '몸/마음 문제body/mind problem'라 하여 오랫동안 철학적 논란의 초점이 되어왔다. 그러다가 근래에 이르러 두뇌의 생리적 기능에 관한 이해가 깊어지면서 몸과 마음은 서로 분리된 두 개의 실체가 아니라 하나의 실체가 나타내는 두 측면이라는 관점이 힘을 얻고 있다. 여기서는 긴 논의를 되풀이하지 않고 "이들이 둘이 아닌 하나이면서, 두 측면 곧 밖과 안을 지녔다"고 하는 '일원이측면론一元二側面論'의 관점을 받아들이기

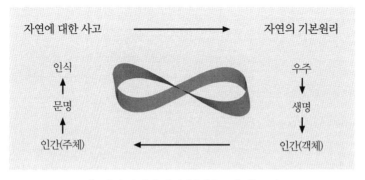

〈그림 1〉 온전한 앎의 '뫼비우스의 띠' 모형

로 한다.

몸과 마음이 지닌 바로 이러한 성격이 표면과 이면의 양 속성을 지닌 '뫼비우스의 띠' 모형을 요구하는 한 이유이기도 하다. 자연의 기본원리에서 우주와 생명 그리고 인간의 몸에 이르기까지의 객체적 양상들이 '뫼비우스의 띠'의 표면층에 자리 잡고 있다고 할 때, 인간에 이르러 그 이면에 있던 주체가 드러나면서 주체로서의 활동이 현격해지는데, 이는 곧 뫼비우스의 띠가 바로 이 지점에서 뒤집혀 이면이 표층으로 노출되는 구조에 해당된다. 이렇게 하여 '나' 그리고 나의 의식적 활동으로서의 '삶'이라고 하는 주체적 양상들이 새로운 표면층에 자리 잡고 가시화된다. 이러한 인간의 주체적 활동에 의해 조성되는 모든 결과물이 바로 우리가 통칭해 '문명'이라 부르는 것의 내용을 형성한다.

한편 이 문명이 이루어내는 중요한 한 요소가 '앎' 곧 사물의 인식 활동이 이루어낸 체계적 지식이다. 특히 이러한 앎이 '자연에 대한 사고' 곧 자연에 대한 포괄적 이해를 추구할 때 얻어진 결과가 바로 '자연의 기본원리'이며, 이렇게 하여 우리는 최초의 출발점으로 삼았던 '자연의 기본원리'로 되돌아오게 된다. 이렇게 하여 주체의 측면에 해당하는 인간의 의식적 사고 활동이 객체의 측면에 해당하는 '자연의 기본원리'에 연결됨으로써 '뫼비우스의 띠'의 원형구조가 완결된다.

이처럼 우리가 지닌 주된 앎의 내용들이 이러한 '뫼비우스의 띠' 위에 자리를 잡게 되면 이들 사이의 논리적 연관관계가 명료

해지며, 따라서 어느 하나의 진리성은 다른 모든 것의 진리성에 맞물려 서로가 서로를 입증해주는 정합적 진리체계를 이루게 된다. 물론 이러한 체계의 얼개가 구성되었다고 하여 이것이 곧 절대 진리를 형성하는 것은 아니다. 이 안에 담길 하나하나의 세부 사항들은 계속해서 탐색되고 검증되어야 할 것들이며 그런 의미에서 뫼비우스의 띠는 돌고 돌면서 자체 안에 담을 내용을 더욱 풍요롭고 정교하게 다듬어나가야 할 것이다. 이는 같은 지구의 위에 담긴 지도라 하더라도 지리적 지식이 증진됨에 따라 그 내용이 풍요로워지는 것과 같은 이치이다. 그러나 다소 성근 내용을 지닌 앎이라 하더라도 이것이 일단 뫼비우스의 띠 안에서 바른 위치에 자리 잡은 것이라면 그렇지 못한 앎들에 비해 그 신뢰성이 크게 향상될 것이며, 따라서 우리는 이러한 앎을 여타의 앎과 구분하여 '온전한 앎'이라 규정하는 것이다.

이제 이 글의 나머지 부분에서는 이 '뫼비우스의 띠'를 구성하는 이들 각 요소들과 이들 사이의 연결 과정에 대해 좀 더 자세히 추적함으로써 우리가 현재 생각할 수 있는 '온전한 앎'의 모습이 어떠한가를 살펴보고, 특히 이를 통해서 인간의 자기 이해를 어떻게 성취할 수 있는지를 생각해보기로 한다.

자연의 기본원리

현대 과학에서 통용되고 있는 자연의 기본원리는 크게 두 가지 부류로 구성되어 있다. 그 하나가 '존재의 원리'라 할 수 있는 동역학이고, 다른 하나가 '변화의 원리'라 할 수 있는 열역학이다. 동역학에서는 "우주 안의 물체들이 놓일 수 있는 가능한 상태(미시 상태)들이 무엇인가?" 하는 것을 다루고 있으며, 열역학에서는 "이러한 미시 상태들이 어떻게 분류되어 관측 가능한 형상(거시 상태)들을 이루며, 이것이 또 어떻게 다른 형상들로 변화해나가는가?" 하는 점을 다룬다.

이 말의 뜻을 좀 더 쉽게 파악하기 위해 미시 상태와 거시 상태에 대한 약간의 설명이 요청된다. 이제 하나의 물리적 실체, 예를 들어 물 1kg(H_2O 분자 3×1025개)을 대상으로 삼았다고 생각해보자. 이것은 고체 형상(얼음)으로 있을 수도 있고 액체 형상(물)으로 있을 수도 있고 기체 형상(수증기)으로 있을 수도 있다. 이처럼 현상적으로 구분되는 각각의 형상들을 이것의 거시 상태라 한다. 그러나 이 대상이 같은 거시 상태에 있다 하더라도 미시적으로 보면 구성 분자들의 배열이나 움직임의 차이에서 오는 서로 다른 물리적 상태에 있을 수 있다. 이처럼 이론적으로 서로 구분되는 개별 물리적 상태를 이 대상의 미시 상태라 한다. 여기서 주의해야 할 점은 미시 상태란 "개별 분자의 상태"를 지칭하는 것이 아니라 여전히 "대상 전체의 상태"를 말한다는 점이다. 예컨대 현상적으로 구분되지 않지만 개별 분자들의 배열 및 움직임에서는 차이가 있는 경우 이를 '대상 전체'의 서로 다른 미시 상태에 해당한다.

윷놀이에 비유한다면, 도, 개, 걸, 윷, 모로 구분되는 윷 괘가 거시 상태에 해당하며 이들을 이루는 서로 다른 배열 하나하나가 미시 상태에 해당한다. 그러므로 거시 상태인 '모'와 '윷'에는 미시 상태가 하나씩 속하며, '도'와 '걸'에는 각각 서로 다른 미시 상태 4개씩, 그리고 '개'에는 서로 다른 미시 상태 6개가 속한다. 그러니까 물의 거시 상태들인 얼음, 물, 수증기가 바로 도, 개, 걸, 윷 모 등에 해당하는 셈이며, 이 경우 거시 상태인 얼음, 물, 수증기에 각각 속하게 될 미시 상태들의 수가 얼마냐 하는 것 또한 원칙적으로는 동역학을 통해 산출될 수 있다. 실제 계산은 그리 간단한 문제가 아니지만, 얼음의 경우에 가장 적고, 그다음이 물이며, 수증기의 경우에 가장 많다는 점은 쉽게 예상할 수 있다. 얼음이 되기 위해서는 물 분자들이 특별한 방식의 배열을 이루어야 하지만, 물의 경우에는 이러한 제약이 거의 없이 가까이 모이기만 하면 되고, 수증기의 경우에는 물 분자들이 제멋대로 흩어져도 되기 때문이다.[3]

이러한 상태 개념을 활용하여 자연을 서술하기 위해서는 (내부) 에너지energy(U)와 엔트로피entropy(S)라는 두 가지 기본 개념이 더 요청된다. 에너지 개념은 미시 상태와 거시 상태에 모두 적용되는

---

[3] 미시 상태와 거시 상태에 대한 좀 더 자세한 설명은 장회익, 《생명을 어떻게 이해할까?》, 한울, 2014 참고.

것인 반면, 엔트로피 개념은 오직 거시 상태에만 적용되는 것으로 거시 상태가 지닌 형상이 얼마나 정교한 짜임새를 가지느냐 하는 것과 관련을 가진다. 즉 이것이 정교한 짜임새를 가질수록 엔트로피 값이 작으며 정교하지 못할수록 그 값이 크다. 좀 더 엄격히 말하면 한 거시 상태가 지닌 엔트로피는 그 거시 상태에 속하는 미시 상태의 수가 얼마나 많은가 하는 정도를 나타내는데, 이 값이 클수록 덜 정교한 형상을 지니게 되며 또 우연히 생겨나기가 그만큼 더 쉬워진다. 반면, 이 값이 작을수록 그 형상이 더 정교해지며 따라서 우연히 생겨나기도 그만큼 더 어렵다. 이것이 바로 윷놀이에서 '모'나 '윷'이 나올 확률보다 '도'나 '걸'이 나올 확률이 더 크고, 다시 이들보다 '개'가 나올 확률이 더 커지는 상황에 해당하는 일이다.

이러한 개념들을 받아들이고 나면, 이를 통해 '변화의 원리'에 해당하는 열역학의 법칙들을 쉽게 이해할 수 있다. 이제 다수 입자로 구성된 하나의 고립된 물리적 대상계를 생각해보자. 이것이 고립되었다는 것은 이 대상과 외부 사이의 물질 및 에너지 출입이 금지되었다는 뜻이며, 이때 대상 자체가 어떻게 변하더라도 이것이 지닌 에너지의 총량이 일정하다는 것이 '열역학 제1법칙'이다. 다음에는 대상 내부의 에너지 이동 등 어떤 내적 교란이 발생할 때, 이것의 거시 상태 곧 이것이 지닌 형상이 어떻게 바뀔 것인지를 생각해보자. 이런 교란으로 인해 이 대상은 (처음의 거시 상태에 속하는) 한 미시 상태에서 (다른 거시 상태에 속하는) 다른 한 미시 상태로 바뀔 것인데, 이 경우 바뀐 미시 상태가 우연히도 소수의 미시 상태로 구성된 무리(정교한 거시 상태)에 속하게 될 가능성보다는 다수의 미시 상태로 구성된 무리(덜 정교한 거시 상태)에 속하게 될 가능성이 더 클 것이다. 이는 곧 대상의 형상인 거시 상태에 변화가 있을 수 있으나, 이는 덜 정교한 거시 상태 쪽으로 변할 가능성이 더 크다는 것으로, 이를 열역학 제2법칙이라 부른다. 이 두 가지 법칙이 바로 고립된 물리계에 적용되는 변화의 원리이며, 그 수학적 표현이 〈그림 2〉에 간략히 요약되어 있다.

에너지(U)의 총량은 변하지 않으며
엔트로피(S)의 총량은 늘어나는
쪽으로 변화가 일어난다

$$\Delta U = 0 \qquad \Delta S \geq 0$$

〈그림 2〉 변화의 원리: 고립 계

· 배경 계 (예, 주변의 공기)
 Uo: 배경의에너지 So: 배경의엔트로피
· 대상 계 (예, 그릇에 담긴 물)
 U: 대상의 에너지 S: 대상의 엔트로피

$$\Delta Uo + \Delta U = 0 \qquad \Delta So + \Delta S \geq 0$$

〈그림 3〉 고립 계 안의 배경과 대상

이번에는 고립된 물리계가 두 부분, 즉 관심의 대상이 되는 대상계(예, 그릇에 담긴 물)와 그것과 열적 접촉(에너지 교환 가능)을 지닌 배경계(예, 주변의 공기)로 구성되는 경우를 생각해보자. 이 경우에 변화의 원리를 적용하면, 〈그림 3〉에 요약한 바와 같이 에너지의 총량이 일정하며 엔트로피의 총량은 늘어나는 방향 곧 정교성의 총량이 줄어드는 방향으로 변한다는 말을 할 수 있다. 여기서 중요한 점은 대상계의 형상은 그 배경계와의 관계에 따라 정교성이 줄어드는 방향 뿐 아니라 늘어나는 방향으로도 변할 수 있다는 점이다. 즉, 배경계와 에너지를 주고받음으로써 배경계의 정교성을 일정량 낮추면 대상계의 정교성은 거의 그만큼 증가할 수도 있다는 이야기이다.

이러한 변화의 원리는 '자유에너지'라는 개념을 통해 좀 더 편리한 형태로 전환할 수 있다. 이제 고립된 전체 계를 우리의 관심 대상인 대상계와 이를 둘러싼 배경계로 나누어 생각하자. 이때 대상계의 에너지를 U, 그 엔트로피를 S로 표기하고, 이들을 통해 대상계의 자유에너지 F를 $F = U - TS$로 정의하자. 여기서 T는 배경계(에너지 Uo, 엔트로피 So)의 절대온도라 불리는 것인데 $1/T \equiv \Delta So / \Delta Uo$의 관계를 만족하는 양으로 정의된다.[4] 자유에너지와 절대온도의 이러한 정의에 따르면 자유에너지가 줄어든다는 것, 곧 $\Delta F = \Delta U - T\Delta S \leq 0$는 바로 열역학 제2법칙, 즉 $\Delta So + \Delta S \geq 0$와 대등한 것임을 쉽게 확인할 수 있다. 따라서 배경계와 열적 접촉을 가진 대상계의 경우 변화의 법칙은 〈그림 4〉에 나타낸 바와 같이 대상계의 가능한 변화는 오직 자유에너지가 줄어드는 방향으로만 일어난다는 말로 요약될 수 있다.

이 원리를 활용하면, 물은 왜 상온에서는 액체로 있고, 또 0℃ (절

---

[4] 일반적으로 엔트로피는 에너지가 커질수록 커지는 성격을 지니고 있으며, 1/T는 배경계의 엔트로피가 배경계의 단위에너지 증가에 따라 어떻게 증가하는가 하는 정도를 말해준다.

대온도 273oK) 이하가 되면 고체가 되는지를 설명할 수 있다. 물의 경우, 상온에서는 액체 형상의 자유에너지가 최소로 되며, 영하의 온도가 되면 고체 형상의 자유에너지가 최소로 되기 때문이다.

이로써 우리는 자연계에 정교성을 지닌 여러 형상들이 어떻게 발생하는지를 이해할 기본이론을 갖추었다. 즉, 어떤 대상계의 자유에너지를 몇몇 변수들의 함수로 표현해내기만 하면, 이 변수 공간에서 자유에너지 값이 가장 작아지는 위치를 확인할 수 있고, 대상계는 바로 이에 해당하는 형상을 이루게 됨을 알게 된다.

배경 온도: T
자유에너지: $F = U - T \cdot S$
대상의 변화는 자유에너지가 줄어드는 쪽으로 일어난다

$$\Delta F \leq 0$$

〈그림 4〉 변화의 원리 (배경 접촉 계)

우주의 존재 양상

이러한 자연의 기본원리를 바탕으로 우리는 이제 우주의 다양한 존재 양상을 살펴볼 수 있다. 현대 우주론에 따르면 우리 우주는 대략 138억 년 전에 빅뱅big bang이라고 하는 급격한 팽창과 함께 출현했다. 이 최초의 순간에는 공간 자체를 포함하여 모든 것이 하나의 점에 집결되어 있어서 그것의 온도는 사실상 무한대에 이르렀고, 따라서 당시 우주의 자유에너지는 엔트로피가 최대로 되는 지점에서 최소치를 가지게 되어 그 안에는 구분 가능한 어떤 것도 존재하지 않았다. 그런 점에서 이것은 온전한 혼돈이면서 또 완전한 대칭이라고 말할 수도 있다.[5]

이후 우주 공간이 시급히 팽창하면서 그 온도가 낮아지고, 이에 따라 자유에너지의 최소점은 점점 정교성이 큰 형상들에 대응하는 위치로 옮겨지면서 우주 안에는 점점 더 정교한 각종 현상들이 출현하게 되었다. 이는 혼돈 곧 대칭이 깨어지면서 질서가 나타나는 과정에 해당한다. 이리하여 극히 짧은 시간 이내에 최초의 대칭이 깨어지면서 몇몇 기본 입자들과 기본 상호작용들이 그 모습을 드러냈고, 대폭발 이후 불과 2~3분 이내에는 이미 양성자와 중성자 같은 핵지(양싱자와 숭성자)들이 나타나 수소, 그리고 헬륨 등 일부 가벼운 원소들의 원자핵들이 구성되었다. 그러나 이 단계에서는 아직도 온도가 너무 높아 이들 가벼운 원자핵들이 주위의 전자들을 끌어들여 우리가 오늘날 보고 있는 수소, 헬륨 등 중성 원자를 이룰 단계에 이르지는 못했다. 이를 위해서는 시간이 더 흘러 우주의 규모가 훨씬 커지고 따라서 온도가 충분히 낮아져야 하는데, 현재 이론적으로 추정하기로는 빅뱅 이후 대략 38만 년이

---

[5] 사실 최초의 지극히 짧은 시간과 그 무렵의 지극히 좁은 공간을 서술할 이론은 아직 없다. 오직 그 이후의 상황만을 이론적으로 서술할 뿐이다.

지난 시기에 이르러 이들 원자핵이 전자와 결합하여 수소 원자 등 가벼운 중성 원자들이 출현하게 되었다. 이러한 물질들은 물론 우주의 어느 한 부분에서만 출현하는 것이 아니라 우주의 전 공간에 걸쳐 거의 균일하게 퍼져 나타나게 된다.

그 후 수억 년의 시간이 더 지나면서 우주의 온도는 지속적으로 더 낮아졌고, 우주 공간에 떠돌던 수소 원자와 약간의 헬륨 원자들은 요동에 의해 약간의 불규칙한 공간 분포를 이루면서 상대적으로 밀도가 높았던 지역을 중심으로 중력에 의해 서서히 뭉치기 시작했다. 이처럼 공간에 떠다니던 수소 원자 등의 물질들이 중력에 의해 어느 한 곳에 모이기 시작하면서 그 크기가 점점 커지고 이로 인해 강한 압력을 받게 되는 중심 부분에서는 다시 온도가 크게 오르게 된다. 이렇게 되면 이들을 구성하는 핵자들이 서로 결합하여 무거운 핵을 만드는 핵융합 반응이 시작된다. 이렇게 핵자들이 모여 좀 더 무거운 핵을 구성할 경우, 만들어진 핵의 에너지는 처음 핵자들이 지녔던 에너지의 합보다 작으며, 그 에너지 차이는 빛에너지로 그리고 주변 입자들의 운동에너지로 전환된다. 그리하여 주변의 온도는 더 올라가고, 또 주변 입자들을 연쇄적으로 자극하여 전체적인 반응의 규모가 급격하게 커지게 되는데, 이러한 상황이 지속되는 현상을 일컬어 우리가 별이라 부른다.

이러한 별의 출현이 가지는 진정으로 중요한 의의는 이로 인해 수소와 헬륨 이외의 무거운 원소들이 우주 안에 존재하게 되었다는 점이다. 우리 태양 규모 또는 그보다 작은 별들은 수소 원자핵들을 결합하여 헬륨 원자핵을 합성해내는 과정에 있으며, 이렇게 하여 모여 있던 수소 원자핵들을 모두 소진하고 나면 더이상 핵융합 반응을 수행하지 않고 소멸되어버린다. 그러나 이보다 훨씬 큰 규모의 별들은 합성된 헬륨 원자핵들을 다시 결합하여 더 큰 원자핵들을 합성하는 작업을 계속하여 대략 철(Fe26)에서 아연(Zn30) 규모의 원자핵까지 합성하게 된다. 그러나 이 단계 이후 더이상의 자발적인 합성은 이루어지지 않는데, 이는 수소에서 철~아연에 이르는 원자핵들은 이를 구성하는 과정에서 에너지가 방출되지만 철~아연보다 더 무거운 원자핵들은 이를 구성하려면 오히려 에너지가 투입되어야 하는 상황이 되기 때문이다.

그럼에도 우리는 지구 안에 철이나 아연보다 무거운 원소들이 소량이나마 들어있음을 알고 있는데,[6] 이들이 형성된 것은 대규모 별들이 정상적인 핵융합 과정을 마치고 에너지가 소진되어 대규모의 붕괴에 이르는 이른바 초신성supernova 단계에서이다. 이 붕괴 과정에서는 중력의 효과로 짧은 기간 동안 엄청난 열과 빛을 한꺼번에 내뿜게 되는데, 이 과정에서 얼떨결에 엉켜붙어 이루어진 원자핵들이 바로 이런 무거운 원소들이다. 이 가운데 일부는 상대적으로 더 불안정하여 방사선을 내뿜으며 좀 더 가벼운 물질들로 전환되고 있으며, 이를 일러 우리는 방사능 물질이라 부른다.

초기 우주에서 대규모 별들이 수명을 마치고 초신성의 형태로

---

[6] 실제로 아연보다 무거운 원소들의 총량은 지구 전체 구성 비율에서 1퍼센트에도 미치지 못한다.

붕괴가 이루어지면 이를 구성했던 물질들이 주위 공간으로 흩어져 떠돌게 되며, 이들 가운데 일부는 새로운 별이 만들어지는 영역에 합류하여 새 별의 일부를 구성하기도 한다. 이러할 경우 그 별의 내부로 들어가기도 하지만 그 주위를 맴돌던 일부 물질들은 무거운 철과 같은 물질들을 중심으로 독자적 천체를 구성해 새 별의 주위를 배회하게 되는데, 이것이 바로 우리 지구와 같은 행성planet들이다. 그러니까 태양과 같은 별들의 주위에 회전하고 있는 지구와 같은 행성들은 오히려 중심에 있는 별들보다도 더 크고 오래된 별에서 만들어진 훨씬 정교한 존재들이며, 또 별들에 비해 온도가 낮고 구성 물질도 다양하여 더욱 정교한 현상들을 발생시킬 중요한 모체로도 기능하게 된다.

현재 알려진 바에 따르면, 우주 안에는 각각 수천 억 개의 별로 구성된 은하가 다시 수천 억 개 퍼져 있으며, 이 별들은 평균 1.6개의 행성을 거느리는 항성(별)–행성체계를 형성하고 있다. 그리고 각 항성–행성체계는 그 별의 크기와 나이, 행성의 크기와 구성 성분 그리고 별과 행성 사이의 거리 등에 따라 다양한 형태와 성격을 가질 것으로 예상된다. 그러면서도 이들은 또한 항성–행성의 구조를 가진다는 점에서 서로 간에 중요한 공통점을 가지게 되는데, 여기서는 이들이 지닌 이러한 보편적 존재 양상을 중심으로 살펴나가기로 한다.

여러 항성–행성체계 가운데서도 우리 태양–지구체계는 그 안에 우리가 존재한다는 의미에서 가장 중요하며 우리가 직접 접하고 있다는 점에서 가장 친근하다. 따라서 우리는 이들이 가진 보편적 존재 양상을 살피기 위해 우리 지구상에 나타난 현상들을 중심으로 살펴봄이 편리하다. 우리가 이제 지구상에서 접하고 있는 여러 형태의 대상들을 크게 두 가지로 구분한다면 하나는 비교적 낮은 정교성을 띤 것들이며 다른 하나는 이에 비해 월등히 높은 정교성을 띤 것들이다. 앞의 것의 사례로는 돌조각, 눈송이 등이 있으며, 뒤의 것의 사례로는 다람쥐, 민들레 등이 있다. 뒤의 것들을 우리는 흔히 살아있는 것이라 말하고, 앞의 것들을 살아있지 않은 것이라 말한다. 이런 것들 이외에도 자동차, 냉장고, 장난감과 같은 것들이 있지만 이들은 모두 사람의 손과 머리를 통해 만들어진 것이고 따라서 사람이라는 존재가 없었으면 나타나지 않았을 존재들이다. 그러므로 우리는 지구상의 모든 것을 이해하기 위해 우선 앞의 두 종류의 대상, 곧 정교성이 낮은 것들과 이에 비해 정교성이 월등히 높은 것들이 어떻게 하여 존재하게 되었는지를 알아볼 필요가 있다.

이미 이야기한 바와 같이 우주 안에서는 빅뱅이라 불리는 최초의 시점 이래, 우주의 온도가 낮아지면서 여러 형태의 물질적 대상들이 형성되어왔다. 그런데 이들은 모두 변화의 원리 특히 온도의 변화에 따른 자유에너지 최소화 효과에 의해 나타난 것들이다. 이렇게 일단 자유에너지 최소점에 도달한 대상들은, 더이상 자유에너지에 어떤 변화를 줄 영향이 나타나지 않는 한, 비교적 안정되어그 형상을 지속적으로 유지한다.

그러나 제한된 공간을 점유하는 물체들 가운데에는, 〈그림 5〉에 보인 바와 같이 주변의 요동으로 인해 우연히 자유에너지 최소점에서 벗어나, 상대적으로 자유에너지의 값이 더 큰 우물 형태의 준안정 상태로 뛰어오를 수도 있다. 이들은 대부분 또 다른 요동으로 인해 짧은 시간 안에 안정된 최소점으로 복귀하게 되지만, 경우에 따라서는 준안정 상태의 우물이 깊어 비교적 오랜 기간 준안정 상태에 묶여 있기도 한다. 이처럼 상대적으로 높은 자유에너지 값을 지니고 비교적 작은 공간 안에서 그 정교성을 준안정적으로 유지하게 되는 대상을 '국소 질서local order(LO)'라 부른다.

한편 같은 준안정 국소 질서라도 다른 것들과는 질적으로 달라 보일 만큼 높은 정교성을 가진 대상들이 있다. 다람쥐, 민들레 등이 그것이다. 이들 또한 유한한 공간을 점유하며 비교적 오랫동안 준안정 상태를 유지한다는 점에서 다른 국소 질서와 흡사하지만,

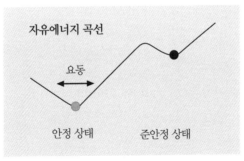

〈그림 5〉 준안정 상태에 놓인 대상

이들은 앞의 것들과는 비교도 할 수 없을 만큼 높은 수준의 정교성을 지닌다는 점에서, '살아있는 존재'라고 하는, 전혀 다른 범주의 대상으로 여겨지고 있다.

자체 촉매적 국소 질서와 이차 질서의 형성

여기서 우리의 주된 관심사는 '살아있는 존재'라 불리는 지극히 높은 정교성을 지닌 존재들이 어떻게 출현하게 되었으며 또 어떻게 유지되고 있는가 하는 점이다. 그런데 이를 이해하기 위해서는 하나의 중요한 새 개념 곧 '자체 촉매적 국소 질서auto-catalytic local order'라는 것을 생각할 필요가 있다. 이것은 자신이 '촉매' 역할을 하여 지신과 닮은 새 국소 질서가 생겨나는 데에 결정적인 기여를 하게 되는 국소 질서를 의미한다.[7] 그리고 자체 촉매적 기능을 지니지 않은 국소 질서들은 이것에 대비해 '단순 국소 질서'라 지칭하기로 한다.

일단 이런 성격을 지닌 자체 촉매적 국소 질서가 우연히 하나 만들어지고 나면—그리고 이것의 기대수명 안에 이런 국소 질서를 적어도 하나 이상 생성하는 데에 기여한다고 하면—이러한 국소

---

[7] 여기서 말하는 '자체 촉매적 기능'을 생물학계에서는 흔히 '자기복제 기능'이라고도 한다. 그러나 자기복제라고 할 때에는 그 작용체의 능동성이 강조되는데 비해, 자체 촉매라고 할 때는 그 전체 과정이 중시되면서 작용체의 역할은 수동적임이 암시되고 있다.

질서의 수는 기하급수적으로 증가하게 된다. 그러다가 이러한 것들을 생성할 소재가 모두 소진되든가 혹은 이들이 놓일 공간이 더 이상 남아 있지 않을 때 비로소 증가가 그치게 되는데, 그때부터는 대략 소멸되는 만큼만 국소 질서가 생겨나게 되어 이후 그 수는 대체로 큰 변화 없이 유지된다.

이 상황을 좀 더 실감나게 그려보기 위해, 자체 촉매적 국소 질서 중 한 종이 지구와 같은 규모의 행성 위에 나타났다고 생각해보자. 이 국소 질서의 크기가 우리가 흔히 보는 미생물 정도라 가정하고 이것의 평균수명이 대략 3.65일(100분의 1년)이라 생각하자. 그리고 이 수명 안에 평균 2회에 걸쳐 복제가 이루어지고, 주변의 여건으로 인해 개체 수가 대략 10만 개에 이르면 포화 상태가 되어 더이상 증가하지 않고 일정하게 유지된다고 가정해보자. 이럴 경우 포화에 이르기까지 대략 17세대(2^{17} = 131,072)를 거치게 되고, 시간은 대략 2개월 정도가 소요된다. 이는 곧 대략 2개월 정도가 지나면 이러한 국소 질서가 10만 개 정도로 불어나고 그 후에는 이 정도의 숫자가 지속된다는 의미이다.

물론 최초의 자체 촉매적 국소 질서가 하나 생겨나는 일은 쉽지 않다. 물질과 에너지의 흐름과 요동 등 여러 여건에 따라 다르겠지만, 예컨대 100만 년 정도의 시행착오 끝에 우연히 이러한 국소 질서 하나가 형성되리라고 상정해볼 수 있다. 그러나 일단 이러한 국소 질서가 하나 생성되고 나면, 위에서 본 바와 같이 2개월 이내에 이러한 것 10만 개 정도가 생겨날 것이고, 이후 생성과 소멸을

반복하면서 거의 무제한의 기간 동안 지속하게 된다.[8]

자체 촉매적 국소 질서가 가진 위력은 이러한 한 종류의 국소 질서를 다량으로 생성해낸다는 데에 그치지 않는다. 일단 한 종의 자체 촉매적 국소 질서가 발생하여 예컨대 10만 개 정도의 개체군이 형성되면 이는 새로운 변이가 일어날 수 있는 아주 좋은 토대가 된다. 즉 이들 가운데 하나에서 우연한 변이가 일어나 이보다 한층 높은 정교성을 지닌 새로운 형태의 자체 촉매적 국소 질서가 출현할 수 있는데, 이렇게 되면 변이된 새로운 종의 자체 촉매적 국소 질서가 나타나 본래의 종과 공존하면서 일종의 변화된 '생태계'를 형성하게 된다. 뿐만 아니라 서로 다른 종에 속한 자체 촉매적 국소 질서들끼리 결합함으로써 한층 높은 정교성을 지닌 복합적 형태의 자체 촉매적 국소 질서도 나타날 수 있다. 이러한 결합체 또한 변이의 일종으로 새로운 종을 이루어나가는 좋은 방식이된다. 시간이 지남에 따라 그리고 생태계가 복잡해짐에 따라 이런유형의 변이가 자주, 나아가 끊임없이 나타날 수 있으며, 그리하여점점 더 높은 질서를 지닌 다양한 종들이 출현하게 된다.

이러한 변이 과정의 효율성을 실감하기 위해 하나의 변이가 발생하는 데에 소요되는 시간이 얼마나 되는지를 추산해보자. 한 국소질서LO_1이 순전히 우연에 의해 발생하는 데 걸리는 시간을 T_1이

---

[8] 여기서 거의 무제한의 기간이라고 한 것은 개별 자체 촉매적 국소 질서의 수명에 대한 상대적 개념이며, 현실적으로는 바탕 질서의 여건 변화에 따라 유한한 기간 이후에는 자체 촉매적 기능을 상실하여 소멸될 수 있다.

라 하고, 이러한 LO_1 하나가 지속적으로 존재한다고 가정할 때 이 것이 변이를 일으켜 새로운 종의 국소 질서 LO_2가 우연에 의해 나타날 때까지 걸리는 시간을 T_2라 하자. 이렇게 할 때, LO_1이 처음 나타난 후 다시 LO_2가 출현할 때까지 실제로 요구되는 시간 T는 T_2/n 으로 표현된다. 여기에서 n은 기간 T_1 이후 임의의 시점에 존재할 것으로 기대되는 국소 질서 LO_1의 숫자이다(만일 기간 T_1 이후 모든 시점에서 LO_1이 한 개 존재할 것으로 기대된다면 n=1이다).

이제 애초의 국소 질서 LO_1이 자체 촉매적인 것이 아닐 경우와 자체 촉매적인 것일 경우, LO_2가 나타나기까지 실제 걸리는 시간 T가 어떻게 다른가를 살펴보자. 여기서 국소 질서 LO_1의 기대수명을 t 라 한다면, 이것이 자체 촉매적인 것이 아닐 경우에는, n은 t/T_1이 된다(즉 LO_1이 매 T_1마다 한 번 나타나지만, 이렇게 나타난 때부터 오직 기간 t만큼만 머물러 있게 된다). 이때 국소 질서 LO_1의 기대수명 t 는 이것이 우연에 의해 생성되는 데 요하는 시간 T_1에 비해 월등히 짧을 것으로 기대된다. 이런 국소 질서가 우연히 생겨나기는 매우 힘들지만(T_1이 매우 큼), 소멸되기는 훨씬 쉽기(t가 작음) 때문이다. 반면 LO_1이 자체 촉매적 국소 질서라면, 기하급수적 증가가 이루어지는 짧은 기간 이후 n의 값은 자체 촉매적 국소 질서의 평균 개체 수 N과 같게 된다.

이들의 차이를 수치적으로 가늠해보기 위해, T_1과 T_2가 둘 다 100만 년(10^6년)이고, LO_1의 수명 t 가 3.65일(10^{-2}년)이며, LO_1의 개체 수는 10만(N=105)에서 포화가 된다고 가정하자. 또한 LO_1을 자신의 수명이 다하기 전에 평균 두 개씩 복제된다고 하면, 앞에서 보았듯이 포화 개체 수에 이르기까지 대략 17세대 곧 2개월 정도가 소요된다. 그러면 LO_2가 나타나기 위해 필요한 전체 추정 시간 T는 LO_1이 자체 촉매적인 것이 아닐 경우, 100조 년(10^{14}년)이 되는 반면, LO_1이 자체 촉매적인 것일 경우에는 불과 10년 2개월밖에 안 된다. 100조 년이라는 시간은 우주가 출현한 이후 지금까지 지나온 전체 시간인 138억 년의 7,000배에 해당하는 시간이다. 그러니까 LO_1이 자체 촉매적 국소 질서가 아닐 경우 이러한 질서가 순수한 우연에 의해 나타나는 것은 우리 우주가 7,000번이나 되풀이되어야 한 번 나타날 정도의 기적인데, 자체 촉매적 국소 질서를 경유할 경우에는 이것이 불과 10년 만에 나타난다는 이야기이다.

이제 자체 촉매적 국소 질서가 출현하여 하나의 개체군을 이루고, 이것이 변이를 일으켜 다시 한 차원 높은 질서를 가진 새로운 개체군을 이루는 과정이 거듭 반복된다고 생각해보자. 위의 사례가 보여주듯이 자체 촉매적 국소 질서가 아니었으면 100조 년에 한 번 나타날까 말까 한 기적 같은 질서가 매 10년마다 나타나 축적되어나간다면, 예를 들어 40억 년 후에는 어떤 일이 벌어질 것인가? 이렇게 만들어진 것이 바로 우리가 '살아있는 존재'라 부르고 있는 대상들의 모습이다. 이것이 단순 국소 질서, 즉 자체 촉매적 기능 없이 오로지 단순한 우연에만 의존해 발생하는 국소 질서들의 모습과는 비교도 안 될 만큼 놀라운 수준의 정교성을 가지게 될 것임은 쉽게 짐작할 수 있다.

지금까지는 주로 국소 질서 자체만을 중심으로 생각했지만, 이러한 국소 질서들은 허공에 고립되어 존재하는 것이 아니다. 이들은 '바탕 질서' 곧 이를 가능케 하는 자유에너지와 배경 물질이 있기에 나타나는 현상들이다. 특히 이들이 단순 국소 질서에 그치느냐 혹은 자체 촉매적 국소 질서가 되느냐 하는 것은 이 바탕 질서를 구성하는 자유에너지와 배경 물질이 얼마나 풍요로우냐 하는 점과 밀접히 연관된다. 예를 들어 태양—지구계 안에는 자체 촉매적 국소 질서가 존재하지만, 대다수 다른 항성—행성계 안에는 자체 촉매적 국소 질서가 형성되지 않았을 것으로 예상할 수 있다.[9] 따라서 우리는 단순 국소 질서들만이 형성되어 있는 (바탕 질서 및 국소 질서) 체계를 '일차 질서'라 부르고, 단순 국소 질서들에 더하여 자체 촉매적 국소 질서들까지 형성되고 있는 (바탕 질서 및 국소 질서) 체계를 '이차 질서'라 부르기로 한다.

지금까지는 자체 촉매적 국소 질서라는 것이 존재하리라는 가정 아래 논의를 전개해왔지만 우리가 더욱 궁금한 것은 구체적으로 어떤 여건 아래 있는 어떤 국소 질서가 형성될 때 이것이 자체 촉매적 국소 질서로서의 기능을 할 수 있는가 하는 점이다. 이 점을 살피기 위해 이를 가능케 하는 아주 간단한 모형체계 하나를 생각해봄이 유용하다. 〈그림 6〉에 보인 것이 바로 그러한 모형체계이다.

---

[9] 태양계 안에서도 다른 태양—행성계, 예컨대 태양—화성계 안에는 자체 촉매적 국소 질서가 형성되지 않은 것으로 가늠된다.

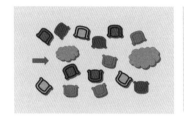

〈6a〉 자체 촉매적
국소 질서를 이룰 바탕 질서

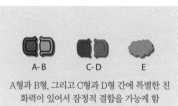

A형과 B형, 그리고 C형과 D형 간에 특별한 친
화력이 있어서 잠정적 결합을 가능케 함

〈6b〉 구성 성분들
사이의 공액관계

〈6c〉 자체 촉내적
국소 질서의 단위 구성체

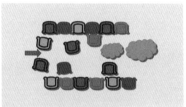

〈6d〉 성분 물질의
흐름 안에 놓임

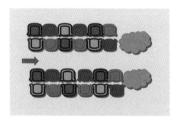

〈6e〉 자체 촉매 작업의 완료

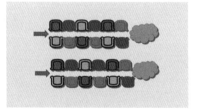

〈6f〉 다음 세대 자체 촉매 작업 개시

〈그림 6〉

〈그림 6a〉는 자체 촉매적 국소 질서를 이룰 소재로서의 바탕 질서를 표시한 것이다. 이 안에는 다섯 종류의 구성 성분들이 풍부하게 마련되어 넓은 공간 안에 흩어져 떠돌고 있다. 그리고 〈그림 6b〉에 보인 바와 같이 이들 구성 성분 가운데 A형과 B형 사이, 그리고 C형과 D형 사이에는 특별한 친화력이 있어서 잠정적인 결합을 가능케 하는 공액共軛관계가 형성된다. 이러한 바탕 질서 안에서 우연히 〈그림 6c〉에 보인 것과 같이 일정한 배열을 지닌 구조물 α와 그것과 공액 배열을 지닌 구조물 β가 형성되고 또 약간의 간단한 기능(예: α와 β 사이의 간격 조정)을 지닌 특별한 구조물 γ가 만들어져 이 전체가 높은 정교성을 지닌 하나의 국소 질서(준안정 단위 구성체) $\alpha \cdot \beta \cdot \gamma$를 이룬다고 생각하자. 만일 이러한 성격의 구성체가 형성되면 이는 〈그림 6d〉, 〈그림 6e〉, 〈그림 6f〉에 나타난 과정에 따라 자신과 닮은 또 하나의 구조물이 출현하는 데에 결정적 기능을 하게 된다. 〈그림 6d〉는 이 구성체가 〈그림 6a〉에 예시된 바탕 질서 안에 놓일 때, 〈그림 6b〉에 예시된 성분 요소들 간의 친화력으로 인해 잠정적인 결합들이 일어남을 보여주며, 이 과정은 결국 〈그림 6e〉에 보인 바와 같은 서로 닮은 두 개의 구성체가 형성되는 것으로 완료된다. 〈그림 6f〉는 구조물 γ에 의해 구조물 α와 β 사이의 간격을 넓힘으로써 다시 다음 세대를 위한 자체 촉매 작업을 개시하는 모습이다.

지금까지는 이러한 국소 질서들의 형성 가능성을 생각했지만, 이것의 유지 가능성에 대해서도 생각해볼 필요가 있다. 일반적으로 국소 질서가 가진 정교성이 크면 클수록 이것을 유지할 여건 또한 그만큼 어려워진다. 같은 구조를 가진 자체 촉매적 국소 질서라도 이것이 놓인 바탕 질서가 어느 정도 이상 달라지면 자체 촉매적 기능을 수행할 수가 없게 된다. 이는 단지 자체 촉매적 기능의 수행에만 해당하는 것이 아니다. 국소 질서의 존속 가능성 또한 이것이 놓인 바탕 여건에 결정적으로 의존한다. 그렇기에 하나의 자체 촉매적 국소 질서가 그 자체 촉매적 기능의 수행뿐 아니라 그 자신의 존속을 위해서도 주변과의 연계를 정교하게 이루어낼 내적 구조가 마련되어 있어야 한다. 그리고 다수의 그리고 다종의 자체 촉매적 국소 질서들이 이루어졌을 경우에는 이들 간의 상호작용 또한 그 기능과 존속에 결정적 영향을 미친다. 따라서 특히 이차 질서의 구성체계는 각종 국소 질서들과 바탕 질서가 합쳐져서 하나의 정교한 진행형 복합 질서체계를 이루게 된다.

그런데 여기서 우리가 생각해보아야 할 점은 이 진행형 복합 질서 안에 자유에너지가 어떻게 공급되고 축적되느냐 하는 점이다. 이 전체를 하나의 독자적 체계로 볼 때, 여기에 어떤 지속적 움직임이 발생한다는 것은 자유에너지가 끊임없이 소모되고 있음을 의미한다. 그리고 장기적으로 점점 더 정교한 체계로 진행해나간다는 것은 자유에너지가 그만큼 더 높은 상태로 바뀌어나간다는 의미이기도 하다. 그렇다면 이러한 자유에너지는 어떠한 방식으로 충당되는가? 그 해답은 이 전체 체계가 항성–행성계를 이루고 있을 때, 항성 쪽에서 전해지는 에너지 흐름에서 찾아볼 수 있다. 즉 상대적으로 뜨거운 항성에서 상대적으로 차가운 행성 부분으로 빛에너지가 전달될 때 이 빛의 일정 비율이 행성에서 활용될 자유에너지가 됨을 입증할 수 있다.[10] 이는 항성에서의 정교성이 줄어든 정도 이내의 범위에서 행성에서의 정교성이 증가하는 것이 열역학 제2법칙의 테두리 안에서 허용되기 때문이다. 그러나 이를 효과적으로 활용하기 위해서는 이렇게 만들어진 복합 질서 안에 이를 수용해낼 정교한 구조가 다시 형성되어야 한다. 그러므로 이차 질서 곧 하나의 복합 질서가 형성되고 유지된다고 하는 것은 그 안에 이러한 자유에너지 원천과 함께 이를 변형시키고 분배하여 각각의 부위에서 활용할 수 있게 하는 하나의 정교한 협동체계가 이루어지고 있음을 의미한다.

생명이란 무엇인가?

이제 우리는 생명이란 과연 무엇을 말하는지를 살펴볼 차례이다. 사실 생명이 무엇인지 모른다는 사람은 없겠지만, 아직까지도 '생명'을, 적어도 많은 사람들의 합의에 이를 정도로, 엄격히 정의하는 것조차 실패하고 있다.[11] 그 이유는 바로 우리가 '생명'이라

---

[10] 이에 관한 구체적 이론은 최근 발표된 논문 Zhang and Choi(2018)에 실려 있다.

[11] 장회익, 《생명을 어떻게 이해할까?》, 한울, 2014, Regis, E., *What is Life?*, Oxford University Press. Regis, 2008 참조.

여기면서 마음속에 품어온 관념 자체가 하나의 허상이어서, 실제 자연 속에서 이에 해당하는 실체를 발견할 수가 없기 때문이다.

그렇기에 우리는 오히려 그 반대 방향으로 접근해볼 필요가 있다. 즉 우리는 생명이 무엇인지를 안다고 미리 전제하는 대신, 자연 속에 구현될 수 있는 질서들을 먼저 살펴보고, 그 가운데 의미 있는 존재론적 실체를 확인하여 여기에 적절한 이름을 붙여보자는 것이다. 그렇게 하여 우리는 '이차 질서'라는 지극히 높은 정교성을 가진 존재를 발견하였고, 이제 여기에 우리의 일상 경험과 연결된 적절한 이름을 붙일 과제를 떠안게 되었다. 이렇게 찾아낸 내용이 지금까지 사람들이 '생명'이라 불러온 것과 깊은 관련을 가진다면, 우리는 비로소 생명이 과연 무엇인지를 알게 되었다고 말할 수 있다. 그러나 이렇게 발견된 실체가 기왕에 우리가 지녔던 생명 관념과 상당한 차이가 있다면, 이를 그냥 '생명'이라 부르는 것은 적절치 않다.

이러한 논의를 위해 앞에서 살펴본 이차 질서의 모습을 간략히 요약하면 〈그림 7〉에 나타낸 도식과 같다.

〈그림 7〉은 진행형 복합 질서로서의 이차 질서를 보여주고 있는데, 여기서 ΩI과 ΩII는 각각 초기(과거)의 바탕 질서와 현재의 바탕 질서를 나타내고, θ_1, θ_2…… 등은 초기(과거)의 자체 촉매적 국소 질서들, 그리고 θ_m, …… θ_n은 현존하는 자체 촉매적 국소 질서를 나타낸다. 그리고 $\{\theta_1\}$와 같이 이들을 괄호 $\{\ \}$ 속에 표시한 것은 이들이 일정한 개체군을 지니는 종species을 이룸을 나타낸다.

특히 〈그림 7〉의 아래쪽 작은 상자로 둘러싸인 내용은 현재 존속되고 있는 현존 질서를 나타내며, 더 큰 상자로 둘러싸인 전체 내용은 과거에 있었던(있어야만 했던) 존재들을 포함한 진행형 복합 질서를 나타내고 있다.

이제 이러한 복합적 구조를 가진 이차 질서에 대해 의미 있는 명칭을 부여하기 위해 이것이 지닌 존재론적 성격을 검토해볼 필요가 있다. 우선 이 안에는 존재론적 지위가 서로 다른 세 가지 종류의 존재자entity가 있음을 확인할 수 있다.

첫 번째 존재자는 하나하나의 개체로 본 자체 촉매적 국소 질서들(θ_1 등)이다. 이는 분명히 우리가 그간 '생명' 혹은 '생명체'라 불러온 것과 가장 가깝게 대응한다. 우리는 특별한 검토 없이 이들을 살아있다고 보아 생명체라 불렀으며, 이들이 공통적으로 가지고 있는 특성 곧 '살아있음'에 해당하는 내용을 '생명'이라 불러

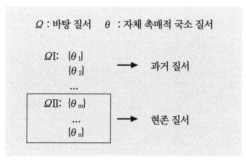

〈그림 7〉 진행형 복합 질서로의 이차 질서

왔다. 그러나 '생명'이라는 이름을 여기에만 국한해 적용하는 것은 매우 부적절하다. 그 첫째 이유는 이것이 실제로 사람들이 '생명'이라는 개념 안에 담고자 했던 내용들을 제대로 담아내지 못한다는 점이다. 예컨대 θ_1과 같은 초기의 자체 촉매적 국소 질서들은 통상 생명이라는 개념에 연관해 상정되는 질적 성격을 거의 보여주지 않는다. 그리고 둘째로는, 자체 촉매적 국소 질서의 개체들은 복합 질서의 한 성분이므로 이 복합 질서의 나머지 부분에 대한 존재론적 의존성이 매우 강하다는 점이다. 만일 한 개체가 이 복합 질서로부터 유리된다면 이는 거의 순간적으로 생명으로서의 정상적 활동이 정지된다. 따라서 이것에 생명이라는 칭호를 배타적으로 부여하기보다는 제한된 의미의 생명이라는 뜻에서 '낱생명'(혹은 '개체생명')이라 부름이 더 적합하다.

위에 언급한 이차 질서에서 살펴볼 두 번째 존재자는 바탕에 놓인 바탕 질서를 제외한 '자체 촉매적 국소 질서들만의 네트워크'이다. 근래에는 실제로 이 네트워크 자체를 생명이라 정의하는 학자들도 있다.[12] 이것을 생명에 대한 정의로 보는 것은 서로 분리될 수 없는 자체 촉매적 국소 질서들 사이의 관계를 잘 반영하면서도,

---

[12] 예를 들어 루이스 미라소와 모레노는 최근 생명의 정의를 다음과 같이 제시하고 있다. "생명은 자기 복제하는 자율적 행위자들의 복잡한 네트워크로서, 그 행위자들의 기본 짜임은 총체적 네트워크가 진화하는 열린 역사적 과정을 통해 생성되는 물질적 기록들의 지시를 받는다"(Ruiz-Mirazo, K. and Moreno, A., "The Need for a Universal Definition of Life in Twenty-first-century Biology", Terzis, G. and Arp, R. (eds.) *Information and Living systems*, MIT Press, 2001).

'물리학적' 성격의 바탕 질서와 '생물학적' 성격의 자체 촉매적 국소 질서를 개념적으로 구분하고 싶은 마음에서라고 보인다. 그러나 이 관점은 이 네트워크가 이를 가능케 하는 바탕 질서와 실체적으로 분리될 수 없다는 결정적 사실을 간과하고 있다. 엄격하게 말해 바탕 질서는 심지어 동물의 몸속을 포함해 네트워크 어디에나 함께하고 있는 것이어서 이를 개념적으로 제외할 경우 그 정의를 현실적으로 존재하는 실체에 대응시킬 수 없다. 더욱 중요한 사실은 바탕 질서와 자체 촉매적 국소 질서는 서로 간에 너무도 밀접히 연관되어 그 어느 한 쪽이 조금만 달라져도 복합 질서로서의 전체 체계는 유지될 수 없다는 점이다. 예를 들어 초기 지구의 바탕 질서 ΩI에는 현존 생명체들의 생존에 필수적인 산소가 거의 없었으며, 반대로 현존 바탕 질서 ΩII는 상당량의 산소를 포함하고 있어서 초기 생명체들은 이 안에서 생존할 수 없는 여건에 해당한다. 따라서 이런 밀접한 관련성을 지닌 상황에서 그 한 쪽을 제외하고 나머지만을 독자적 존재자로 규정하는 것은 그리 적절하지 않다.

반면 존재론적 의미가 분명한 또 하나의 존재자는 분리 불가능한 복합 질서로서의 이차 질서 전체를 하나의 실체로 보는 경우이다. 이것은 바탕 질서 안에 출현한 최초의 자체 촉매적 국소 질서 이후 긴 시간적 과정을 거쳐 형성되는 것으로, 그간 변형된 바탕 질서와 현존하는 다양한 자체 촉매적 국소 질서 전체로 이루어진 복합 질서를 말한다. 이것은 자체의 유지를 위해 더이상 외부로

부터 어떤 지원도 필요로 하지 않는 자체 충족적이고 자체 유지적 실체이기도 하다. 이런 점에서 이것은 생명이라는 관념이 내포할 수 있는 모든 속성을 갖춘 가장 포괄적인 존재자라 할 수 있다. 이 개념의 약점이라면, 이것은 너무도 포괄적이어서 이 안에 생명에 관한 모든 것이 담겨 있는 반면 내적 변별성이 그만큼 줄어들 위험이 있다는 점이다. 아울러 이것은 생명에 관한 우리의 기존 관념과 크게 동떨어진 것이어서, 이를 생명의 정의로 받아들이기에는 정서적 부담도 적지 않게 느낄 수 있다.

그러나 중요한 점은 이것 안에 생명이 생명이기 위해 갖추어야 할 모든 것이 더도 덜도 아니도록 담겨 있다는 사실이다. 우선 이것에 못 미치는 그 어떤 것도 우주 안에서 독자적인 생명 노릇을 할 수가 없다. 흔히 이것을 다 갖추지 않은 낱생명이 생명인 것처럼 보이는 이유는 그 나머지에 해당하는 부분이 주변 어디에 있음을 당연히 여기기 때문이다. 이들이 모두 갖추어진 우리 지구상에서는 이 점이 너무도 자연스러워 보이지만, 우주의 다른 곳에 이러한 것이 있다면 이는 기적에 해당한다. 마찬가지로 이 개념 안에 포함되지 않은 것까지 끌어들여 (예컨대 우주 전체로까지) 생명 개념을 넓히려고 하는 것 또한 부적절하다. 우리가 생명 개념을 적절히 규정하기 위해서는 이 안에 생명의 출현을 위해 불가피하게 요청되는 모든 것을 포함하면서도 그렇지 않은 것들은 최대한 배제시킬수록 좋다. 우리가 여기서 말하는 이차 질서로의 생명 개념은 언뜻 지나치게 포괄적인 것으로 보이지만, 실제로 이것은 생명을 나타내기 위해 더이상 줄일 수 없는 최소치에 해당하는 개념이다.

한편 이러한 논의가 형이상학적 논의에 그치지 않고 하나의 과학적 논의가 되기 위해서는 이것이 현대 과학을 포함한 우리의 최선의 지식과 부합하는 것이어야 한다. 예를 들어 이렇게 규정된 생명의 경계가 어디까지 미치는가 하는 점은 생명을 구성할 인과 관계에 대한 우리의 과학적 이해가 진전됨에 따라 얼마든지 수정될 수 있다. 현재 우리가 가진 최선의 지식을 통해 보자면, 생명이라 칭할 수 있는 이러한 존재자는 우주 안에서 비교적 드문 현상일 것으로 추측되며, 공간적 차원에서는 우리에게 알려진 우주의 규모에 비해 매우 좁은 영역을 점유하고 있다. 이제까지는 오직 하나의 이러한 생명만이 알려져 있는데, 이것이 바로 태양-지구 계 위에 형성되어 약 40억 년간 생존을 유지해 가고 있는 '우리 생명'이다. 이것은 지구상에 형성된 최초의 자체 촉매적 국소 질서에서 현재 우리들 자신에 이르기까지 우리와 계통적으로 연계된 모든 조상을 비롯해 지금 살아있거나 지구 위에 살았던 적이 있는 모든 것을 포함한다. 이는 태양을 비롯해 무기물이든 유기물이든 이 복합 질서를 가능하게 한 모든 필수적인 요소들을 기능적 전체로 포괄하고 있으며, 이 복합 질서에 속하는 것들과 현실적인 연계가 없는 모든 것을 배제한다.

이러한 논의를 종합해볼 때, 어떤 존재자에 대해 '생명' 혹은 '생명을 지닌 존재'라는 자격을 굳이 부여해야 한다면, 위에 논의한 세 가지 존재자 가운데 세 번째가 가장 적합하다. 그러나 이에 대해 '생명'이라는 호칭을 명시적으로 사용하기보다는 '온생명global life'이라 부르는 것이 더 적절하리라 생각된다.[13] 그 주된 이유는 이를 '낱생명'(혹은 '개체생명')의 개념과 구별하기 위해서다. 위에서 언급했듯이 '낱생명'은 그 자체로는 생명 개념으로 부적절하지만 나름대로 생명의 많은 흥미로운 면모들을 이 개념과 연관하여 논의할 수가 있기 때문이다.

이 점과 관련해 주목해볼 점은 우리의 일상적 생명 관념이 생사生死의 관념과 밀접히 연관되어 있다는 사실이다. 우리는 어떤 개념이 생명이라는 관념을 나타내는 데 적합한지 아닌지를 결정하기 위해 다음의 두 가지 요건을 생각하게 된다.

첫째는 '살아있음'의 요건이다. 이것은 대상이 '그 자체로' 살아있는가, 아닌가 하는 점과 관련된다. 백합은 들판에 있을 때에는 살아있지만 그 자체로는 살아있을 수 없다. 백합을 뽑아서 공중에 던져버리면 '살아있음'의 성격은 곧 사라진다. 이런 점은 동물 종의 경우도 마찬가지이다. 동물은 먹이와 공기를 필요로 하기 때문이다. 이런 점에서 자체 촉매적 국소 질서의 네트워크로 정의되는 생명 개념 역시 부적절하다. 지지하는 바탕 질서가 없이는 살아있을 수 없기 때문이다. 오직 '온생명'에 대해서만 그 자체로 살아있

[13] Zhang, H.I., "The Units of Life: Global and Individual", Paper presented at Philosophy of Science in Dubrovnik., 1988, [장회익(2012)에 재수록], Zhang, H.I., "Humanity in the World of Life", Zygon: *Journal of Religion and Science*, 24: 447~456, 1989, 장회익, 《삶과 온생명》, 현암사, 2014 등 참조.

다는 말을 할 수 있다.

둘째로는 '죽음'이라는 요건이다. 어떤 존재자가 죽을 수 있다고 한다면, 이는 이미 생명을 가지고 있다가 빼앗길 수 있다는 말을 함축한다. 그런 점에서 백합은 생명을 가지고 있다. 죽을 수 있기 때문이다. 그리고 동물 종도 생명을 가지고 있다. 이것 또한 멸종될 수 있기 때문이다. 죽을 수 있는 많은 대상은 사실 더 큰 살아있는 계의 부분 계이다. 이 부분 계들은 이를 둘러싸고 있는 더 큰 생명에 무관하게 죽을 수는 있지만, 더 큰 생명이 없이 살아있을 수는 없다는 특징을 지닌다. 이런 경우 이들에게 '조건부 생명'의 지위를 부여하는 것이 적절하다. 이런 점에서 앞에 말한 자체 촉매적 국소 질서들, 즉 다양한 계층의 '낱생명'들은 모두 '조건부 생명'으로서의 존재론적 지위를 가진다.

이를 통해 우리는 그간 '생명의 정의'가 왜 그리 어려웠던가를 이해할 수 있다. 이는 곧 우리의 생명 관념이 '조건부 생명'으로서의 '낱생명'에 머물러 있었음에도 불구하고 이 관념의 틀 안에 '생명'의 본질적 성격 곧 그 '온생명'이 보여주는 성격을 담아보려 했던 시도에서 나온 것이라 할 수 있다. 〈그림 8〉은 그간의 이러한 상황을 유명한 코끼리의 우화를 통해 나타낸 것이다.

생명에 대한 개념을 이렇게 정리할 때, 그간 우리가 '생명'이라 여겨왔던 낱생명은 온생명의 나머지 부분과 적절한 관계를 맺음으로써만 생명의 기능을 하게 됨을 알 수 있다. 따라서 우리는 '지정된 한 낱생명에 대해, 이와 함께 함으로써 생명을 이루는 이 나머지 부분'을 별도로 개념화하여 이 낱생명의 '보생명'이라 부르는 것이 적절하다. 이렇게 할 경우 모든 낱생명은 그것의 보생명과 더불어 진정한 생명 곧 온생명을 이룬다고 말할 수 있다.[14]

〈그림 8〉 생명 정의의 어려움

[14] 여기서 보생명을 우주의 모든 것으로 확대해야 한다는 주장도 있을 수 있다. 예를 들어 지구의 구성 물질이 더 오래전에 있었던 초신성의 폭발에서 유래한 것이라면 이것 또한 보생명의 범주에 포함시켜야 한다는 주장이다. 그러나 이것은 생명의 출현 이전에 나타난 우주 물질의 소재에 관한 문제이므로 이것은 우주의 보편적 존재 양상의 일부로 간주할 수 있다. 예컨대 '별'의 의미를 규정할 때 핵융합 반응의 출발을 기점으로 이를 이어갈 자족적 체계에 국한하는 것이 적절한 이유와 같다. 만일 그 소재의 근원까지 포함해야 한다면 별과 빅뱅을 구분해낼 방법이 없다.

객체와 주체

우리는 지금까지 자연의 기본원리를 동원하여 우주 내 현상들을 이해하는 가운데 일차 질서와 이차 질서가 존재하게 됨을 알았다. 그리고 이 가운데 특히 하나의 복합 질서를 이루는 이 이차 질서가 바로 생명 현상에 해당하는 것임을 확인했다. 즉 복합 질서 그 자체가 하나의 온생명이며, 그 안에 부분 질서로 참여하고 있는 하나하나의 자체 촉매적 국소 질서가 우리에게 매우 친숙한 생명체인 낱생명에 해당한다는 것이다. 이를 통해 우리는 생명 현상을 포함한 우주 내의 모든 물질적 구성체들이 자연의 기본원리를 통해 모두 이해될 수 있다는 점에서 온전한 앎이 지닌 중요한 한 축을 구축한 셈이다.

그런데 이것만으로는 이해할 수 없는 진정 놀라운 일이 발생한다. 이러한 복합 질서의 참여자인 인간에게서 '주체 의식'이라고 하는 전혀 새로운 양상이 나타난다는 점이다. 이것이 놀랍다고 하는 것은 이것이 기존의 현상들과 같은 반열에 놓인 또 하나의 현상이 아니라 기존의 현상 그 자체가 가진 '숨겨진' 속성이라는 점 때문이다. 지금까지 우리가 파악한 모든 현상의 모습을 이것이 지닌 외적 혹은 표면적 속성이라고 한다면, 이것은 현상의 내부에서 파악의 주체가 나타나 자기 스스로를 파악하게 되는 내적 혹은 이면적 속성에 해당한다. 그러니까 이 둘은 실체적으로 구분되는 두 개의 대상이 아니라, 하나의 실체가 나타내는 두 가지 양상, 곧 '객체적 양상'과 '주체적 양상'에 해당하는 것이다. 마치 실체로서의 뫼비우스의 띠는 하나이지만 표면이 있고 이면이 있는 것과 같이, 현상은 하나임에도 이것의 표면적 양상이 있고 또 이면적 양상이 있는 것이다.

이 둘이 하나라고 하는 사실은 우리가 설혹 주체적 양상 아래 주체적 삶을 영위하더라도 이로 인해 이의 외면에 해당하는 객체적 세계가 조금도 달라지지 않는다는 점에서 잘 드러난다. 우리의 모든 행동과 그 결과는 객체적 세계를 통해 나타나며 객체적 세계를 지배하는 자연의 법칙에 한 점의 어긋남도 없이 발생한다. 내가 어떤 생각을 떠올리고 이를 누구에게 전달하려 해도 내 두뇌 속에 있는 신경세포 조직이 이를 수행해내고 이를 다시 내 목덜미와 혀의 운동으로 바꾸어 주변의 공기를 진동시켜 상대방이 감지할 수 있는 음파를 만들어내야 한다. 이러한 제약 아래 있기는 하나, 우주 내의 한 사물에 해당하는 우리가 '삶의 주체가 되어 우리의 의지에 따라 삶을 영위해나가게 된다는 것'은 진정 놀라운 일이 아닐 수 없다. 설혹 이러한 의지 자체가 이미 우리 몸을 구성하고 있는 물질적 질서 안에서 형성되는 것이라 해도, 일단 이것을 '나'라고 느끼며 나로서 살아가는 한, 나는 내가 원하는 바에 따라 살아가게 된다. 사물을 물리학적으로 이해해나가는 입장에서 보면 우주 안에 물리적 법칙에 따르지 않는 그 무엇도 없으며, 따라서 물질 차원의 일원론을 펼칠 수 있지만, 우리가 그 안에 들어가 주체로 행세하는 입장에서 보면 우주의 일부를 내 의지에 따라 마음대로 움직일 수 있다고 하는 놀라운 일이 발생하는 것이다.

그렇다면 사물의 이면에 주체적 양상이 존재한다는 사실은 어떻게 입증하는가? 실제로 주체적 양상이 존재한다는 것은 그 주체의 당사자가 되어 이를 직접 느끼는 방법 이외에 알 길이 없다. 예를 들어 외계의 어떤 지적 존재가 지구를 방문하여 사람들의 행동을 관찰하고 심지어 이들과 대화를 나눈다 하더라도 그가 이 지구 사람들이 실제 주체적 양상 아래 놓여 있는지 혹은 아주 정교한 로봇들인지를 확인할 방법은 없다. 그런데도 우리가 어렵지 않게 주체를 말할 수 있는 것은 우리 모두가 이를 직접 경험하고 있는 존재이기 때문이다. 이를 통해 우리는 나 이외의 다른 참여자들도 내가 주체적 양상을 경험하듯이 그들 나름의 주체적 양상을 경험하리라는 점을 받아들인다. 이리하여 우리는 주체로서의 '나' 뿐 아니라 주체로서의 '너'도 인정하게 된다.

인간의 집합적 주체와 문명

우리 온생명 안에서 이러한 주체성을 지닌 대표적 존재가 바로 우리 인간이다. 다른 모든 동물이나 식물처럼 인간도 온생명의 참여자로 행동하며, 복합 질서의 유지를 위해 다른 참여자들과 긴밀한 관련을 맺고 있다. 이러면서 인간은 외적으로 객체적 양상을 나타내면서도 내적으로는 주체성을 지니고 살아가고 있다. 인간

이외의 다른 낱생명들 또한 나름의 주체성을 지니지 않으리라 보기는 어려우며, 그렇기에 인간이 주체성을 가진다는 사실 자체는 그리 특별한 것이 아닐 수 있다. 오직 정도의 차이이지 본질의 차이는 아닐 것이다.

하지만 일단 인간이 되고 난 자의 입장에서 볼 때, '인간의 주체성'이 가지는 의미는 각별하다. 주체성의 의미 자체가 '나'를 떠나서 생각할 수 없는 것이기 때문에 내가 아무리 남의 주체성을 존중하고 이해하려 해도, 이는 불가피하게 내 주체 안에서 생각하는 일이며 내가 남의 주체 속으로 들어갈 수는 없다. 이에 반해 나는 남을 내 주체 안으로 끌어들여 내 주체를 확장할 수는 있다. 우리는 '나'와 대등한 '너'를 인정할 뿐 아니라 '나'와 '너'를 아울러 확대된 '나' 곧 '우리'를 형성하기도 한다. 이는 곧 자신의 주체성을 확장하여 다른 참여자를 더 큰 '나'의 일부로 끌어들이는 것을 의미한다. 이처럼 우리의 주체 곧 '나'라는 것은 하나의 고정된 '작은 나'에 국한되지 않고 주변과의 관계를 인식함에 따라 '더 큰 나'로 그리고 '더욱더 큰 나'로 내 주체성을 계속 확대해나갈 수도 있는 성격을 지닌다. 이것이 바로 '우리'라는 개념에 해당하는 것인데, 이러한 확장에는 특정한 제약이 없어 보인다. 설혹 그렇다 하더라도 이것 또한 여전히 '나'의 주체이지 '나'가 제외된 어떤 다른 것의 주체일 수는 없다. 그런 의미에서 지금의 '나'가 '지금 작동하고 있는 주체 모드'에 속해 있다는 것은 숙명적이며, 여기서 빠져나올 방법은 없다.

그렇다고 하여 '너'를 중심으로 형성된('나'가 제외된) 또 하나의 외부 주체가 있음을 이해하지 못한다는 것은 아니다. 이는 마치 '나' 이외에 '너'를 인정함과 같다. 인간 각자의 주체는 자기들의 작은 '나'를 중심으로 한다는 점에서 모두 다르지만, 서로 의사를 소통함으로써 각자가 서로를 각기 자기의 주체 안으로 끌어들일 수도 있게 된다. 이렇게 될 경우 상호 주체적 연결을 통한 하나의 집합적 주체를 형성하게 되는데, 이것이 바로 인간이 마련하고 또 인간이면 누구나 숙명적으로 속할 수밖에 없는 '집합적 의미의 인간'으로서의 주체이다. 이러한 주체가 형성되는 사회적 공간이 바로 인간의 문화공동체이며, 이러한 주체를 일러 '문화공동체로서의 자아'라 할 수 있다.

온생명 안에는 인간에 의해서든 혹은 다른 생물 종에 의해서든 이것과 다른 집합적 주체가 더 있을 수도 있다. 예를 들어, 곤충들 사이에 이러한 집합적 주체가 형성될 수도 있겠으나 우리가 여기에 주체적으로 접근할 길이 없으며, 우리의 신체 안에 작동하고 있는 면역체계 또한 나름의 주체적 의식을 가졌는지 모르지만, 우리의 의식 주체는 이와 직접 접속할 방법이 없다. 이처럼 온생명 안에는 다양한 형태의 주체들이 형성되어 있을 수 있지만, 우리가 이에 주체적으로 연결될 통로가 열리지 않는 한 우리가 이를 알 방법이 없고 또 관여할 수도 없다. 설혹 이러한 것이 있다 하더라도 여러 정황으로 보아 그 규모나 기능에 있어서 우리가 현재 속하고 있는 집합적 주체에 비견할 정도는 되지 못할 것이며, 따라서 문화

공동체로서의 '인간의 주체'가 (최소한 온생명 규모로까지 확장할 수 있는) 사실상의 유일한 집합적 주체라 할 수 있다.

역사적으로 보자면 오래전부터 인간은 집합적 주체를 통해 문화공동체를 이루면서 삶의 여건과 삶의 내용을 의식적으로 개선하려는 노력을 기울여왔다. 그 결과로 이루어진 것이 바로 인간의 문명이며, 이러한 문명을 통해 인간은 다시 자신의 집합적 주체를 심화하고 확장해왔다. 하지만 최근에 이르기까지도 인간의 집합적 주체 안에 담겨 있던 자아의 내용은 많은 경우 분할된 사회적 집단으로서의 '우리' 의식에서 크게 벗어나지 못하고 있다. 국가와 민족 단위의 분쟁으로 세계가 평화롭지 못한 것이 그 직접적인 증거이다. 그러면서도 이념적으로는 이미 오래전에 인간의 집합적 자아의 내용이 '인류'에 이르렀으며 인류의 공영을 가치의 중요한 척도로 삼아온 것이 사실이다. 하지만 이 안에는 여전히 인간을 제외한 온생명의 나머지 부분은 포함되지 않고 있다. 오랜 기간 인간은 이를 '자연'이라 부르면서 인간에 대립되는 개념으로 생각했고 이를 극복하고 활용하는 것을 문명의 올바른 지향점으로 여겨왔다.

이미 논의한 바와 같이 자연은 인간과 대립되는 개념이 아니라 이들이 합쳐 비로소 생명이 이루어지는 온생명의 한 부분임이 밝혀지고 있으며, 이에 따라 인간의 생존은 온생명 안에서 온생명의 정상적인 생리에 맞추어 이루어져야 함이 분명해졌다. 하지만 이 점을 미처 의식하지 못하고 기존 문명의 관성에 여전히 경도되어 있는 대다수 사람들은 엄청난 기술력을 동원해 오히려 온생명의 생리에 역행하는 일에 열을 올리고 있다. 그 결과 온생명 안에는 수많은 병리적 증상이 나타나고 있으며, 이것이 이제 인간 자신의 생존마저 위협하는 지경에 이르고 있다. 최근 심각한 문제로 등장한 지구온난화와 생물 종의 대규모 멸종 사태는 그 증상의 노출된 일부일 뿐이다.

뫼비우스 띠의 마지막 연결 고리

우리는 앞에서 자연의 기본원리에서 출발해 우주와 생명이 지닌 보편적 존재 양상을 고찰했고, 다시 이 안에 나타난 인간을 중심으로 이것이 객체적 양상과 주체적 양상을 함께 가질 수 있음을 보았다. 그리고 이러한 주체적 양상이 의식의 표면에 떠오르면서 의식적 삶을 이루고 집합적 주체를 형성하여 문화공동체를 이루게 됨을 논했다. 여기서 우리는 이러한 문화공동체의 주된 기능 가운데 하나가 사물을 인식하는 것이며, 이 인식의 일환으로 '자연에 대한 사고'가 이루어질 것임을 쉽게 유추할 수 있다. 이제 여기서 이러한 사고가 우리가 출발점에서 전제했던 '자연의 기본원리'와 어떻게 연결되는지를 밝히기만 하면 적어도 하나의 굵은 가닥에서 '뫼비우스의 띠'가 완결된다고 말할 수 있다.

그런데 매우 단순해보이는 이 마지막 연결과제가 그리 간단하지 않을 것임을 암시해준 사람이 바로 아인슈타인이다. 그는 자주 인용되는 그의 유명한 말, "자연에 대해 가장 이해하기 어려운 것은 자연이 이해될 수 있다는 사실이다"라는 언명을 통해 이 문제의 심각성을 말해주고 있다.[15] 적어도 아인슈타인의 직관에 따르면 이 마지막 고리는 아직 연결되지 않았으며, 따라서 온전한 앎은 아직 구성되지 않았다고 할 수 있다.

이와 관련해 우리가 지적할 한 가지 흥미로운 사실은 20세기 초부터 물리학자들과 철학자들 사이에 많은 논란을 일으킨 '양자역학의 해석 문제'가 바로 이와 관련된다는 점이다. 양자역학의 해석에 관한 견해가 양자역학 출현 이후 거의 한 세기가 지나도록 합의를 보지 못한 주된 이유가 '측정' 과정에서의 대상과 관측자 관계를 '역학적 대상'과 '서술 주체' 관계로 보지 않고 '역학적 대상'과 또 다른 '역학적 대상'의 관계로 보려 하는 데서 오고 있지만(장회익, 2015a, 2015b), 아직 대다수 학자들에게는 이 점에 대한 바른 인식이 수용되고 있지 않다.

여기서 중요한 점은 물리학적 작업이 펼쳐내는 세계는 오로지 자연의 객체적 양상일 뿐이며 이것의 이면에 주체적 양상이 존재

---

[15] Einstein (1936). 아인슈타인의 글을 좀 더 정확히 인용하면 다음과 같다. "우리 감각 경험의 총체가 사고(개념들의 조작, 이들 사이의 특정 함수적 관련성의 창안 및 사용, 그리고 감각 경험을 이들에 연결하는 작업 등)에 의해 이처럼 질서를 가지도록 설정될 수 있다는 사실 그 자체는 우리에게 경외감을 불러일으키는 일이며, 우리는 결코 이것을 이해할 수 없을 것이다. 그래서 우리는 다음과 같이 말할 수 있다. '세계의 영원한 신비는 이것이 이해된다는 것이다the eternal mystery of the world is its comprehensibility.'"

한다는 사실에 대해서 물리학은 아무런 이야기도 할 수가 없다는 사실이다. 그렇기에 자연에 주체적 양상이 존재한다는 것을 인정하고 이러한 인정을 바탕으로 수행하는 학문이 있다면 이는 이미 물리학을 넘어서는 메타학문의 영역이 된다. '물리학 자체'는 인식 주체의 주체적 활동에 속하는 것이므로 우리가 자연의 모든 것을 이해하는 것은 물리학을 통해서이지만, 막상 '물리학 자체'를 이해하려면 이는 이미 물리학을 통해서가 아니라 주체적 양상을 인정하고 있는 메타이론을 통해서라야 한다. 여기서 말하는 메타이론이 바로 인식 주체의 인식적 활동과 이를 바탕으로 서술되는 자연의 객체적 성격을 이어주는 구실을 하는 것이며, 이것이 바로 '뫼비우스의 띠' 구조에서 내면(주체적 양상)을 외면(객체적 양상)과 접합시키는 작업에 해당한다.

이렇게 함으로써 비로소 우리는 인식 주체의 '자연에 대한 사고'를 인식 대상에 적용되는 '자연의 기본원리'와 연결시킬 수 있으며, 이로써 '온전한 앎'의 위상학적 구조 곧 '뫼비우스의 띠'가 일단 완성된다고 할 수 있다. 물론 뫼비우스 띠의 마지막 고리가 연결된다고 하여 앎이 완성되는 것은 아니다. 이 구조적 틀 안에 채워넣어야 할 구체적 내용들이 얼마든지 많기 때문이다. 그러나 앎의 체계가 이러한 구조를 가졌다는 점만 확인할 수 있더라도 우리는 구조 내의 각 부위가 지닌 상대적 위상을 확인할 수 있으며, 이를 통해 앎 자체가 심각하게 왜곡되는 상황은 피할 수 있다.

온생명의 주체성과 인간의 자기 이해

우리는 이로써 '온전한 앎'의 구조와 그 안에 담긴 주요 내용들을 대략 살펴보았다. 이제 우리는 이것이 인간의 자기 이해를 위해 함축하는 바가 무엇인지를 생각해볼 차례이다. 그러나 이에 앞서 온생명에 관련된 한 가지 흥미로운 물음을 던져보기로 한다. 즉, 온생명은 그 자체로서 진정한 의미의 주체가 될 수 있는가 하는 물음이다.

주체성에 관한 한, 그 무엇이 주체가 된다는 가장 분명한 증거는 당사자 자신에 의한 주체성 주장이다. 만일 어떤 존재가(인간이든 아니든) 자신을 진정 주체로 여긴다면 이것이 바로 그가 주체라는 증거이다. 그런데 문제는 이것을 알 존재가 그 당사자뿐이라는 점이다. 그러므로 온생명이 주체냐 아니냐를 말하기 위해서는 온생명을 진정 자신으로 느끼는 자만이 대답할 수 있다. 그러므로 내가 만일 온생명을 자신으로 느끼고 있다면 온생명이 곧 나 자신일 뿐 아니라 온생명이 그 자체로 주체가 된다는 명확한 증거가 된다. 반면에 내가 만일 온생명을 나 자신으로 느낄 수 없다면 적어도 주체로서의 나는 온생명이 아니며 또 온생명이 하나의 주체가 된다는 사실도 받아들일 방법이 없다.

그렇다면 나는 어떻게 하여 온생명을 나 자신이라 느끼게 되는가? 분명히 나는 태어날 때부터 온생명을 나 자신이라고 느끼지 못했다. 그리고 지금 온생명을 나 자신이라고 느끼고 있다면, 이는 언제 어떤 계기로 그렇게 되었음이 분명하다. 그리고 이것은 내가 작은 나를 넘어서 너를 포괄하고 다시 온생명을 구성하는 그 모두를 더 큰 나 속으로 끌어들이는 주체의 확장 과정에서 이루어진 일일 수밖에 없다. 실제로 일부 현인들은 명시적으로 온생명이란 표현을 쓰지 않고도 그 어떤 직관에 의하여 이를 깨달아 온생명을 포괄하는 '큰 나'에 이르고 있는 것으로 여겨진다. 하지만 대부분의 사람들은 이런 직관을 가지기가 매우 어려우며, 따라서 이러한 경지에 도달하기 위해 먼저 온생명의 실체에 대한 지적 이해를 선행시키지 않을 수 없다. 그리하여 자신이 가장 소중하게 여겨온 '자기 생명'이 진정한 생명이 아니라 더 큰 생명의 일부라는 것을 파악하고 따라서 자신의 몸이 사실은 온생명에 이른다는 자각에 이르러 비로소 온생명을 나의 범주 안에 끌어들일 여건에 이르게 된다.

사실 진정 살아있는 존재는 온생명이며, 그런 의미에서 진정한 내 몸이 온생명임을 지적으로 분명히 확인하고 나서도 이것이 진정 '나'라고 느끼게 되기까지는 넘어야 할 장벽이 적지 않다. 그 하나가 심정적 장벽이다. 우리가 나 아닌 너를 내 주체 속에 끌어들여 더 큰 나 곧 '우리'를 이루기는 비교적 쉽지만 온생명을 구성하는 그 많은 것을 끌어들여 좀 더 큰 나에 이르는 것은 우리의 심정이 쉽게 허용하지 않는다. 그러나 일단 이러한 심정적 장벽을 어느 정도 넘어서고 나면 내가 과연 온생명을 나 자신으로 느끼는지 아닌지는 비교적 쉽게 확인할 수 있다. 우리가 흔히 온몸이 건강하고 조화로울 때 평온을 느끼고, 어딘가 조화가 깨지고 무리가 생길 때 아픔을 느끼듯이, 온생명 어느 부분이 상해를 입을 때 마음속 깊이 아픔을 느끼는 단계에 이르게 되면 이는 이미 내가 온생명을 내 몸으로 느끼고 있는 징표라 할 수 있다.

그러나 설혹 나 자신 그리고 또 다른 소수의 개인들이 온생명을 인식하고 이를 통해 온생명을 나 자신으로 느낀다 하더라도 이것이 곧 우리 온생명이 진정한 주체로 부상했다고 말하기는 어렵다. 아직 대다수의 사람 그리고 특히 온생명의 신체 곧 세계의 정치, 경제를 현실적으로 움직이고 있는 사람들의 의식은 아직 여기에 크게 못 미치기 때문이다. 그러니까 우리 온생명은 이제 겨우 자신의 존재를 스스로 파악하는 깨어남의 단계에 있다고 말하는 것이 가장 적절할 것이다. 일부 선각자들에 의하여 그리고 현대 과학의 생명 이해에 의하여 온생명의 주체성이 일부 느껴지기는 하나 아직은 이를 통해 스스로의 몸을 움직여 각성된 온생명으로의 삶을 현실 속에서 영위해나간다고 보기는 어렵기 때문이다.

그렇다면 우리 온생명이 스스로 깨어나 명실 공히 자신의 삶을 주체적으로 영위하는 단계에 도달하려면, 어떻게 해야 할까? 이는 개별적 인간의 주체가 아닌 인간의 집합적 주체가 온생명을 자아 속에 포함시켜 진정 온생명적으로의 삶을 영위할 때에 가능하다. 이는 마치도 인간 신체 안에서 인간의 정신기능을 두뇌가 담당하고 있듯이, 인간은 온생명 신체 안에서 온생명의 두뇌가 되어온 생명의 정신기능을 담당해나가는 것에 해당할 것이다.

만일 이것이 가능하다면 이것이야말로 역사적 사건이란 말로도 부족한 가히 '우주사적 사건'이라 불러야 할 일이다. 우리 온생명은 약 40억 년 전 우리 태양–지구계를 바탕으로 태어나 크고 작은 어려움을 겪으며 지속적인 성장을 거듭해왔지만, 아주 최근에 이르기까지도 대부분의 식물이 그러하듯이 스스로를 의식하지 못하고 오로지 생존 그 자체만을 수동적으로 지속해왔다. 그러다가 이제 인간의 출현과 함께 40억 년 만에 처음으로 스스로를 의식하며 이 의식에 맞추어 자신의 삶을 주체적으로 영위해나가는 존재로 부상할 계기를 맞이하는 것이다. 주체적 자아의식, 그리고 이를 통한 주체적 삶의 영위라는 것은 개별 인간의 차원에서도 놀라운 일이지만, 이것이 온생명 차원에서 온생명 전체를 단위로 하여 나타나게 된다는 것은 정말 놀라운 사건이 아닐 수 없다. 이러한 존재가 이러한 의식을 가지고 앞으로 과연 어떠한 세계를 만들어나갈지는 아직 그 누구도 상상하기 어려운 일이다.

문제는 인간의 집합적 주체가 어떻게 하여 이런 각성에 이를 수 있는가 하는 점이다. 이를 위해 우리가 생각할 수 있는 가장 현실적인 방식은 인간의 집합적 지성에 호소하여 하루 속히 그 누구도 부정할 수 없는 '온전한 앎'에 이르게 하는 길이다. 우리가 만일 자신의 삶을 가장 온전한 방향으로 이끌어낼 지혜를 추구하려 한다면, 그리고 이를 위해 우리가 신뢰할 수 있는 최선의 길잡이를 찾아보려 한다면, 우리는 결국 앞서 언급된 '온전한 앎'에 도달할 것이고, 이 안에 반영된 자신들의 모습을 어렵지 않게 찾아낼 것이다.

그렇게 될 때에 우리는 신비한 뫼비우스의 띠 형태로 완결되는 구조 속에서 인간과 우주의 관계가 어떻게 서로 맞물려 있는지를 알게 된다. 이 속에 비친 인간은 언젠가 과학사상가 모노 Monod(1972)가 절망적으로 진단했듯이 자신이 어디서 왔는지 모를 우주의 이방인이 아니라, 하나로 연결된 우주의 일부분이며, 우주의 일부분인 자신이 다시 그 우주를 파악하게 되는 신비한 순환 관계에 놓여있음을 자각하게 된다. 인간에 의한 이러한 우주 이해 속에는 우주가 인간을 창출하는 모습이 담겨 있으며, 창출된 그 인간이 다시 자신을 창출하는 그 우주를 이해해나가는 과정이 담겨 서로 돌고 돌아가는 경이의 세계가 펼쳐진다. 우리가 만일 이 관계를 우리의 지적 공간 안에 충실히 담아낼 수 있게 된다면, 이로써 인간과 우주 사이의 내적 연관이 완결되는 것이며, 이는 곧 인간의 자기 이해인 동시에 우주의 자기 이해라 할 만하다. 그렇게 될 경우, 인간은 온생명의 주체일 뿐 아니라 우주의 주체가 되어 명실상부한 우주적 존재로 부상하는 결과가 된다.

참고문헌

장회익, 〈'뫼비우스의 띠'로 엮인 주체와 객체〉, 이정전 외, 《인간 문명과 자연 세계》, 민음사, 2014, 63~101쪽.

_____, 《생명을 어떻게 이해할까?》, 한울, 2014.

_____, 《삶과 온생명》, 현암사, 2014.

_____, 〈양자역학을 어떻게 이해할까?〉, 장회익 외, 《양자·정보·생명》, 한울, 2015, 23~87쪽.

_____, 〈앎이란 무엇인가?〉, 장회익 외, 《양자·정보·생명》, 한울, 2015, 441~473쪽.

_____, 〈'온전한 앎'의 틀에서 본 생명과 문화〉, 최무영 외, 《정보혁명》, 휴머니스트, 2017, 47~98쪽.

Einstein, A. (1936), "Physics and Reality", *The Journal of the Franklin Institute, Vol. 221, No.3*. [Reprint: Ideas and Opinions, Crown, p. 292 (1982).]

Monod, J. (1972), *Chance and Necessity*, [trans. Wainhaus, A.] Vintage Books. pp.172~173.

Regis, E. (2008), *What is Life?*, Oxford University Press.

Ruiz-Mirazo, K. and Moreno, A. (2001), "The Need for a Universal Definition of Life in Twenty-first-century Biology", Terzis, G. and Arp, R. (eds.) Information and Living systems, *MIT Press*.

Zhang, H.I. (1988), "The Units of Life: Global and Individual", Paper presented at Philosophy of Science in Dubrovnik. [장회익(2012)에 재수록]

Zhang, H.I. (1989), "Humanity in the World of Life", Zygon: *Journal of Religion and*

Science, 24: pp. 447~456.

Zhang, H.I. and Choi, M.Y. (2018) "Generalized formulation of free energy and application to photosynthesis" *Physica* A, 493: pp. 125~134.

Science

현대 기술문명의
파국적 결과
– 위험사회의 확산과 초인류의 등장

성경륭

學問

人間

현대 기술문명의 파국적 결과
– 위험사회의 확산과 초인류의 등장

서론

현대사회는 전대미문의 기술혁명 시대에 접어들고 있다. 16세기 이후 근대 국민국가의 성장과 자본주의 발전에 의해 추동된 과학기술 발전은 몇 단계의 산업혁명을 거치면서 기하급수적 성장세를 보여왔다. 먼저, 1780년대 이후 시작된 1차 산업혁명은 증기기관의 발명과 이를 활용한 '생산의 기계화'를 가져왔고, 1870년대 이후 개막된 2차 산업혁명은 전기 에너지를 활용한 '대량생산 체제'를 발전시켰다. 1970년대 이후 전개된 3차 산업혁명은 컴퓨터와 인터넷 기술에 기반을 둔 '자동화 생산체제'를 등장시켰다. 이런 흐름을 이어받아, 2010년 이후 독일의 '산업 4.0'(2011), 중국의 '중국제조 2025'(2015), 일본의 '신산업 구조비전'(2017) 등과 같은 기획으로 본격화된 4차 산업혁명은 사물인터넷IoT, 인공지능AI, 로봇 기술, 빅데이터 기술 등에 기반을 두고 현실 세계와 가상 세계를 결합하는 가상–물리 시스템cyber–physical system과 O2O 시스템online-to-offline system을 발전시켰고, 이와 함께 초연결·초지능·초고속의 '가변적 유연생산 체제'를 구축하고 있다.

1차에서 4차에 이르는 산업혁명의 전 과정을 되돌아볼 때, 4차 산업혁명은 다음 세 가지 측면에서 과거와 구별되는 특별한 의미를 갖는다고 평가할 수 있다(Schwab, 2016, 2018). 첫째, 4차 산업혁명 단계에 접어들어 그간 분화와 다기화의 방향으로 진행된 기술 변화가 다양한 형태의 통합과 융복합 현상을 보이면서 과거에는 예상할 수 없었던 새로운 기술 혁신과 산업 전환이 빠르게 일어나고 있다. 대표적인 현상이 IT와 AI 기술이 제조, 유통, 교통, 의료, 연구 개발, 교육, 방송 등과 결합하여 새로운 산업과 서비스를 발전시키고 있는 것이다. 둘째, 최근에 진행되고 있는 IT와 BT 분야의 융합은 과거 인간 외부의 대상에 대해 적용되던 기술이 이제 인간 자체를 대상으로 적용되면서 인간의 능력을 증강시키거나 인간 자체를 변형시키는 단계까지 나가게 되었다(Harari, 2014, 2016). 셋째, 4차 산업혁명의 물결은 단순히 기술과 생산 영역의 변화에만 국한되지 않고 산업구조와 시장구조의 변화, 거래와 무역의 방식 변화, 시민과 소비자의 행동 방식과 국가의 작동 방식 변화, 정치 과정의 변화, 나아가 글로벌 차원에서 기업과 국가의 패권구도 변화에 이르기까지 전면적이고 혁명적인 변화를 가져오고 있다(Schwab).

이상의 여러 측면을 종합해볼 때, 현 시기에 기술 분야에서 진행되고 있는 변화의 주된 특징은 기술발전이 광범위하게, 또 빠르게 일어나고 있다는 점이며, 그로 인해 경제, 산업, 유통, 소비, 금융 등은 물론 의료, 복지, 교육, 생활, 정치에 이르는 삶의 전 분야에 매우 큰 변화와 충격을 가져오고 있다는 것이다. 따라서 역사상 어느 시기보다 빠르게 진행되고 있는 기술변화가 현 시기의 사회와 인간의 삶에 어떤 영향을 미치고 있고, 또 앞으로 어떤 변화를 가져올 것인지를 문명비평적 관점에서 점검해보는 것이 필요하다.

이 연구는 지금 진행되고 있는 사상 초유의 기술혁명이 단기적으로는 경제적 번영과 함께 인류의 삶을 풍족하게 하는 긍정적 효과를 가져오겠지만, 시간이 흐를수록 사회와 현생인류 전체의 존재 기반을 위태롭게 하는 부정적 효과를 더욱 악화시킬 것이라는 문제의식을 가지고 있다. 특히 자동화 기술의 발전이 인간 노동의 대체와 '노동의 종말the end of work' 현상을 가져오고 있고, 이와 함께 불평등과 사회적 갈등을 증폭시켜 사회적 공존 기반을 붕괴시킬 수 있다는 우려가 점증하고 있다. 동시에 생명공학 기술의 발전에 따라 다양한 인간 능력 증강human enhancement 시도가 전개되고 있고, 최종적으로는 유전자 편집 등을 통해 '맞춤아기 designer baby'가 탄생하는 것은 물론 보통의 인간 능력을 크게 능가하는 초인류superhuman가 등장하여 점차 현생인류가 초인류에 의해 대체, 소멸될 수 있는 가능성도 커지고 있다(Yuval Harari, 2016).

기술발전이 장기적으로 의도치 않게 사회와 현생인류의 지속가능성을 위협하는 파국적 결과를 초래할 수 있다는 이론적 명제를 검토해보기 위해 제2절에서는 현재 진행되고 있는 기술변화의 주요 특징과 기술에 대한 두 가지 시각을 살펴보고, 3절과 4절에서는 각각 기술발전이 사회와 인간에 미치는 부정적 영향을 살펴보고자 한다. 이어 마지막 5절에서는 기술발전의 파국적 결과에 대해 인류사회가 어떻게 대응해야 할 것인지 윤리적·실천적 과제에 대해 논의하고자 한다.

기술발전의 주요 특징과 두 가지 관점

● 기술발전의 주요 특징

멀리는 15세기 이후, 가깝게는 19세기 이후 세계적 수준에서 기술발전이 어떤 성장 패턴을 보였는가를 이해하기 위해 아래 〈그림 1〉과 〈그림 2〉를 제시하였다. 이 그림에 의하면, 다음과 같은 몇 가지 추세를 발견할 수 있다. 첫째, 15세기 이후 20세기 중반까지 기술발전은 매우 느리게 진행되었으나 2차 세계대전이 끝난 뒤 대략 1950년 이후 매우 빠른 기하급수적 성장을 보이고 있다. 특히 2015년의 경우, 세계지적재산권기구WIPO에 등록된 세계 특허의 연간 총 누적 건수는 290만 건에 달할 정도로 급팽창했다. 둘째, 이 시기 이후 여러 분야의 기술발전이 동시에 이루어졌으나, 특히 정보통신 기술IT, 생명공학 기술BT, 나노 기술NT, 재생에너지 기술ET이 주도하는 새로운 발전 패턴을 보이고 있다. 셋째, 20세

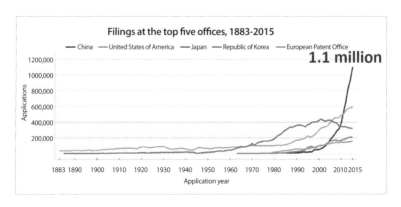

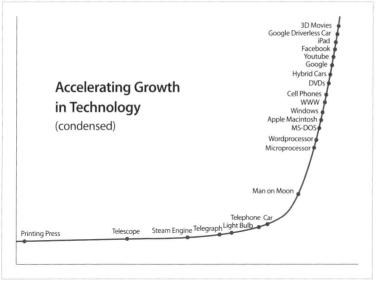

〈그림 1〉 기술의 가속화 과정과 세계 특허 수의 증가

* 출처: World Intellectual Property Organization(WIPO) Web. 26 Aug. 2015.

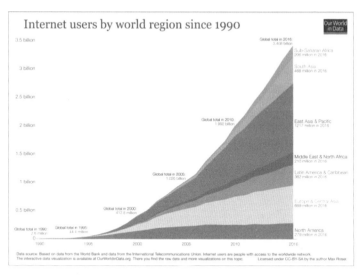

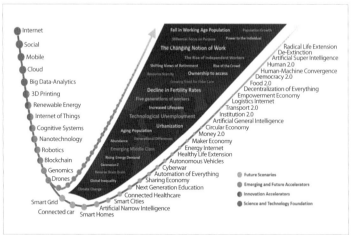

<그림 2> 인터넷의 발달과 기술적 상호 연결성의 증가

* 출처: (위) https://ourworldindata.org/grapher/internet-users-by-world-region(2019. 1. 22. 검색)
　　　(아래)/ Peter Fisk, 2017.

기 후반 이후 현재까지의 기술발전은 인터넷 사용자의 급속한 증가에 의해 가속화되었고, 동시에 인터넷의 도움으로 기술과 기술 사이의 다양한 연계와 융합이 가능하게 되었다. 넷째, 최근에 진행되고 있는 4차 산업혁명은 바로 이런 기술발전과 인터넷 발전에 의해 촉진된 것으로서 IT와 BT 등의 결합에 의한 일련의 기술적 연결성이 두 가지 상반된 가능성을 드러낼 것으로 전망되고 있다. 즉, 한편으로는 기술적 실업의 증가, 중산층 축소, 출산율 하락과 같은 부정적 문제를 촉발하고, 다른 한편으로는 공유경제 확산, 만물 자동화automation of everything 진전, 인공 초지능artificial super intelligence 실현, 초장수의 실현 등과 같은 긍정적 변화가 예상되고 있다(《그림 2》의 아래 그림).

20세기 후반 이후 최근까지 진행되고 있는 기술 분야의 발전은 향후에도 더욱 가속적 성장을 이룰 것으로 전망되고 있다. 이러한 현상은 〈그림 3〉에 제시된 바와 같이 세계 주요 국가들이 근년에 들어와서도 GDP 대비 R&D 투자 비율을 지속적으로 증가시키고 있는 데서 잘 확인된다. 이와 함께 세계 주요 국가들의 경제 규모가 계속 확대되고 있는 상태에서 연구 개발의 투자 규모도 지속적으로 확대되고 있음을 발견할 수 있다.

이처럼 주요 국가들이 연구 개발 투자를 계속 확대하는 이유는 대부분의 국가들이 두 가지 경쟁, 즉 국가 간 기술경쟁으로 수렴되는 산업경쟁과 정치군사적 패권경쟁을 전개하고 있기 때문이다. 이런 관점에서 볼 때, 중국이 '중국제조 2025' 계획을 실현하기 위

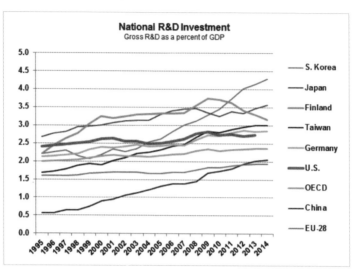

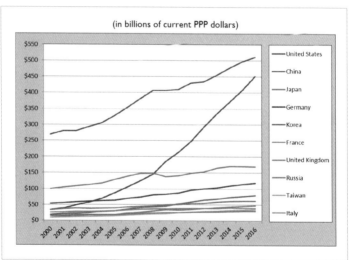

〈그림 3〉 연구 개발 투자 비율(좌)과 투자 규모(우)의 증가: 세계 주요 국가 비교
*출처: Trager(2016), Sargent Jr.(2018).

해 빠른 속도로 연구 개발 투자 비중을 높이고, 또 총액 면에서 미국의 연구 개발 규모에 근접하기 위해 노력하는 것은 기술 개발이 국가 간 경제적·군사적 경쟁에서 가장 핵심적 요소라는 점을 잘 보여준다. 이런 메커니즘이 세계적 수준에서 작동하고 있기 때문에 앞으로도 기술 개발 투자와 기술을 중심으로 하는 국가 간·기업 간 경쟁은 더욱 치열해질 것으로 예상된다. 이로 인해 기술발전은 장차 더욱 가속화되고, 더욱 분화되고, 기술 간 융복합이 더욱 확대되는 방향으로 진행될 것으로 보인다.

● 기술발전에 대한 두 가지 관점

이렇게 진행되고 있는 기술발전에 대해서는 기술 유토피아 technological utopia와 기술 디스토피아technological dystopia의 두 가지 상반되는 관점이 존재한다.

기술 유토피아의 관점

기술 유토피아의 관점은 인류사회의 발전은 기본적으로 과학과 기술의 발전에 의해 가능했다는 인식을 견지한다. 즉, 기술이 발전되면 다양한 기술혁신에 의해 예전에 존재하지 않았던 새로운 제품과 서비스가 등장하고, 이에 따라 투자와 고용이 증진되어 경제성장이 일어난다. 그 결과 사회 구성원들의 소득과 소비가 증가하고 제품과 서비스 선택의 범위도 증가하여 경제사회적 풍요를 누릴 수 있게 된다. 기술발전에 의한 영향은 여기에 그치지 않고 노동시간의 단축, 중산층의 등장, 표현의 자유 확대, 민주화의 진전 등 일련의 긍정적 변화를 가져옴으로써 기술발전이 지속되는 사회의 전면적 변화와 함께 개개인의 삶을 더욱 윤택하게 만드는 이상사회를 실현하게 된다고 한다(Rushkoff, 2002).

《뉴 아틀란티스》라는 책을 저술한 프란시스 베이컨Bacon(1627)은 바로 인식을 기초로 한 기술 유토피아의 구상을 제시하였다. 그에 의하면, 과학기술자 집단이 중심이 되는 벤살렘이라는 섬에서 여러 가지 기술적 실험을 통해 다양한 도구와 제품이 만들어지고 심지어 생명공학적 실험을 통해 농작물이 개량되거나 사람의 수명이 연장되는 등 엄청난 기술발전이 일어날 수 있고, 그 결과 사람들의 삶이 더욱 풍요롭고 건강해질 수 있음을 보여주고 있다.

자본주의의 모순을 파헤친 칼 마르크스Marx도 기술 유토피아적 인식을 가지고 있었던 것으로 평가할 수 있다. 그는 기술발전이 일어나면 생산력이 증가하는데, 이 구조 속에서 기술은 생산력의 추가적 향상을 억제하는 특정 생산양식을 혁명적으로 변혁시키는 힘을 가지고 있다고 보았다. 이런 인식에 기초하여 그는 새로운 기술발전을 주도하는 역사적 담지세력이 정치혁명을 통해 새로운 경제사회 질서를 창출하는 원동력이라는 견해를 제시하였다.

1929년에 발생한 대공황의 원인을 분석하고 대책을 제시했던 존 메이너드 케인즈Keynes(1930)도 《우리 후손의 경제적 가능성》이라는 책에서 기술발전이 미래의 번영과 풍요를 가져올 것이라는 견해를 제시하고 있다. 그는 기술혁신이 경제성장의 주요 동력이라고 지적하며, 미국과 세계경제가 대공황을 잘 극복하고 기술혁신을 지속적으로 해나간다면 100년 후(2030년경)에는 소득 수준이 4~8배 정도 높아지고, 주당 노동시간은 15시간 정도(1일 3시간)로 줄어들 것으로 전망하고 있다. 결국 케인즈도 베이컨이나 마르크스와 마찬가지로 기술발전에 의해 경제적 번영과 삶의 풍요가 실현되고, 나아가 경제적 유토피아가 실현될 것으로 이해하고 있음을 발견할 수 있다.

기술 디스토피아의 관점

기술 디스토피아의 관점은 기술발전이 인간의 삶을 부분적으로 개선하는 측면이 있다는 것을 부정하지는 않는다. 그러나 이 관점은 보다 근본적으로 기술에 의해 작동되는 생산 및 사회 관리체제가 개별 인간보다 우위에 서는 기술 지배체제를 발전시킴으로써 인간의 경제생활, 자유, 나아가 행복을 파괴하는 결과를 가져온다고 주장한다(Rushkoff, 2002; Lanier, 2010). 특히 이 기술 지배체제는 생산, 분배, 소비 등 전체 경제 영역을 조직하는 자본 소유계급과 국가조직을 관리하는 관료집단에 의해 구축되므로 계급 지배체제와 국가권력의 하위체제로 작동하게 된다.

이런 구조 속에서 자본가 계급 간·기업 간 생존경쟁이 심화되면 될수록 필연적으로 자동화 기술, 인공지능 기술, 로봇 기술과 같이 생산비용과 노동비용을 줄이고 동시에 고도의 관리 효율성을 확보할 수 있는 첨단기술 경쟁이 촉발된다. 그리하여 일단 이런 기술혁신 경쟁이 시작되면 고용 감축, 임금 및 소득 축소, 불평등 증가, 빈곤 확대 등 일련의 부정적 결과가 만연되기에 이른다. 또한 사물인터넷과 감지 기술, 그리고 인공지능 기술 등 다양한 첨단기술의 발전은 광범위하고 정교한 감시체제를 구축하여 전 사회를 일종의 원형감옥에 가두어 구성원을 감시하고 자유를 구속하는 결과도 가져온다. 이렇게 볼 때, 기술발전은 경제성장을 통해 사회 구성원의 생활수준을 향상시키는 것과 같은 긍정적 효과를 가져오는 측면이 있음에도 불구하고, 중장기적으로는 사회 구성원들의 삶의 조건을 악화시키고 자유와 행복을 위축시키는 더 큰 위협 요인이 된다.

1930년대 초에 출판된 《멋진 신세계》에서 올더스 헉슬리Huxley (1932)는 기술문명이 인간의 삶을 어떻게 통제하고 인간의 자유와 행복을 얼마나 위협할 수 있는지를 잘 보여주었다. 그는 당시에 빠르게 보급되던 포드자동차의 자동화된 컨베이어 시스템conveyor system이 전체 경제사회 영역으로 확산되어 모든 생산 과정은 이 컨베이어 시스템에 의해 지배되고 사람들은 이 체제의 부속품 같은 위치에서 일하게 된다고 기술하였다. 또한 신생아의 수정과 출산, 양육도 바로 이 컨베이어 시스템 속에서 이루어진다고 묘사하였다. 결국 헉슬리는 기술문명의 발달로 인해 종국적으로는 사람들이 기술과 기계에 예속되고 그들의 삶이 노예화될 것이라는 미래 전망을 제시했다고 볼 수 있다.

헉슬리가 자본주의 시장과 사회 영역에서 등장할 수 있는 기술지배의 문제를 예견했다면, 조지 오웰Orwell은 국가와 공적 영역에서 이런 현상이 어떻게 나타날 수 있는지를 잘 보여주었다. 그는 1949년에 출판된 《1984》에서 국가라는 빅 브라더가 감시 카메라, 텔레스크린, 방송, 사상경찰 등을 통해 사회 구성원들을 철저하게 감시하고 세뇌하여 국가 지배체제에 완벽히 복종시키는 미래상을 제시하였다. 물론 이것은 하나의 가상소설이지만 오늘날 폐쇄회로 TV와 각종 센서, 사물인터넷, SNS, 인공지능 등에 의해 사람들의 모든 움직임과 활동을 감시하고 제어하는 감시사회의 현실을 무서울 정도로 정확하게 예견했다고 평가할 수 있다.

최근 《사피엔스》, 《호모 데우스》 등의 저작을 통해 기술발전에 따라 앞으로 인류가 어떤 변화를 겪을 수 있는지에 대해 문명비평적 접근을 하고 있는 유발 하라리Yuval Harari는 기술발전의 두 가지 위험을 제시하고 있다. 첫째, 자동제어 기술, 인공지능 기술, 로봇 기술 등은 필연적으로 인간의 노동을 줄이게 되고, 그 결과 '글로벌 무용계급global useless class'이 대규모로 등장할 것이라고 전망하고 있다. 이러한 현상이 인류사회에 큰 위협이 되는 이유는 앞으로 노동절약적 기술의 발전이 불가역적 추세로 계속 진행될 것이기 때문이다. 동시에 '글로벌 무용계급'의 등장은 사회적 불평등 역시 불가역적으로 증가시켜 전 세계적으로 부익부 빈익빈의 고착화를 가져오고 이것은 결국 사회적 분열과 갈등을 확산시키게 될 것이다. 둘째, IT와 BT 등 첨단기술의 적용을 통해 다양한 형태의 인간 능력 증강human enhancement이나 유전자 편집이 이루어져 트랜스휴먼transhuman 또는 초인간superhuman이 탄생하게 되고, 그 결과 기존의 호모 사피엔스가 새로운 종의 인간에게 노예화되거나 아예 멸종되는 결과가 나타날 수도 있다. 이 두 가지 위험은 기술발전이 최종적으로 사회의 기반을 붕괴시키거나 현생인류의 소멸을 초래할 수 있는 심각한 가능성을 가지고 있는 것으로서 지속적으로 경계하지 않으면 안 되는 위험이라고 보아야 할 것이다.

위험사회의 확산

● 단기적 전망

'위험사회'는 독일의 사회학자 울리히 벡Ulich Beck이 1986년에 출간한 그의 저서 《위험사회*Risk Society*》에서 사용한 개념이다. 그에 의하면 위험사회란 자연적 재난과 달리 근대화 과정에서 초래된 정치적·경제적·사회적·환경적·기술적 재난을 의미하며, 이 과정에서 과학기술은 문제의 해결책이면서 동시에 원인이 되는 양면성을 지니는 것으로 보았다. 특히 18세기 후반부터 진행된 근대화 과정이 주로 기술발전에 의해 추동되었으므로 근대 과학기술이야말로 다양한 위험을 인위적으로 촉발하는 중요한 요인이라고 볼 수 있다. 이런 점에서 위험사회는 인위적 위험을 체계적으로 생산하는 사회이며 기술문명이 발전할수록 물질적 풍요가 증가하는 반면 그에 수반하여 과거보다 더 중대한 사고와 위험이 동시에 빈번하게 발생한다고 이해할 수 있다.

다만, 현 시기에 진행되고 있는 다방면의 기술발전을 단기와 중장기로 나누고 향후 10~20년 사이의 단기적 전망을 해본다면, 기술발전에서 오는 편익, 즉 기술혁신과 경제성장, 소득 증가, 삶의 질 향상, 교통 통신의 발달, 질병 치료와 건강 증진 등 여러 측면에서 그 혜택이 훨씬 더 클 것으로 볼 수 있다.

● 중장기적 전망

시야를 확대하여 향후 20년 이후의 중장기적 전망을 살펴보면 부정적 효과가 긍정적 효과보다 더 커질 것으로 예상된다. 특히 현재 자동제어 기술, 인공지능 기술, 로봇 기술 분야에서 급속히 진행되고 있는 기술발전을 고려할 때, 이들 기술로 인해 인간 노동의 감소, 실업 증가, 소득 감소, 불평등 증가, 사회적 갈등 증가, 감시체제의 강화, 지구 온난화와 기후변화 등과 같은 위험사회의 경향이 더욱 심화될 것으로 전망된다.

위험사회의 특징이 더 많이 부각될 것이라는 이런 부정적인 중장기 전망은 기술적 특이점technological singularity의 관점에서도 의미 있는 전망이다. 미래학자인 레이 커즈와일Ray Kurzweil(2007)은 인공지능의 발전이 가속화되어 모든 인류의 지성을 합친 것보다 더 뛰어난 초인공지능이 출현하는 시점을 2045년으로 예상하고 있다. 그리고 이 시점이 되면 미래의 기술변화 속도가 급속히 증가하고 그 영향이 확대되어 인간의 생활을 그 이전으로 되돌릴 수 없는 상태에 도달한다고 한다. 다만, 커즈와일은 이런 상황이 되더라도 인류가 인공지능 및 로봇과의 협업을 통해 삶의 편익을 누리게 될 것으로 전망하고 있다.

그러나 지금까지 기술발전의 중장기적 효과에 대해 학계에서 제시된 진단과 전망은 커즈와일의 견해와는 상당히 다르다고 볼 수 있다. 인공지능 기술과 로봇 기술 등 많은 기술 영역이 국민 대중의 민주적 통제를 벗어나 대기업이나 테러 조직, 또는 국가 보안 기구 등에 의해 악용될 가능성이 매우 크기 때문이다. 따라서 커즈와일이 기술적 특이점에 도달한다고 예상한 2045년 이후 기술발전이 더욱 고도화 되면 실업, 불평등, 사회갈등, 감시체제 강화, 지구 온난화 등 여러 측면에서 부정적 결과가 크게 확대되어 위험사회의 다양한 위험이 더욱 확산되고 기술 디스토피아적 경향이 한층 더 두드러질 것으로 전망할 수 있다.

이런 인식하에, 아래에서는 중장기적 관점에서 예상되는 다음 네 가지 위험을 중심으로 기술발전의 고도화로 인해 위험사회가 어느 방향으로, 또 어떤 내용으로 확산될지에 대해 살펴보고자 한다.

자동화와 실업의 증가

자동제어 기술, 인공지능 기술, 로봇 기술의 발전은 인간 노동의 절감을 가져오고, 그것은 필연적으로 실업을 증가시킬 것으로 예상되고 있다. 리프킨Rifkin(2005)은 일찍이 기술발전에 의해 1차, 2차, 3차 산업의 전 분야에서 자동화가 급속히 진행되고, 그 결과 '노동의 종말the end of work'이 초래될 것으로 예측한 바 있다. 유발 하라리Harari(2017)는 산업화를 전후하여 기술발전에 의해 농업 부문에서 발생한 잉여노동이 산업부문에 흡수되어 대량실업이 해소되었고, 산업부문의 자동화에 따른 잉여노동은 서비스 부문에 흡수되어 역시 대량실업이 해결되었으나, 이제 전 산업부문에서 인공지능 기술과 로봇 기술까지 가세하여 급속한 자동화가 진행되고 있으므로 장차 세계적으로 실업이 크게 확대되고 '글로벌 무용계급'의 규모도 대폭 늘어날 것으로 예상하고 있다.

다음의 〈그림 4〉는 경험적 자료를 통해 자동화로 인한 실업 확대의 추세를 잘 보여주고 있다. 먼저 좌측의 그림은 전 세계의 산업로봇 사용이 연평균 16퍼센트 정도로 증가하여 2017년에는 총 200만 대의 산업로봇이 사용되었으나 2021년이 되면 380만 대로 증가할 것임을 보여준다. 우측의 그림은 프레이와 오스본Frey and Osborne(2013)이 미국의 702개 직업을 대상으로 인간 노동이 자동화 기술에 의해 대체될 위험성을 분석한 결과 47퍼센트의 직업이 고위험군에 속하고 22퍼센트의 직업이 중간위험군에 속한다는 연구 결과를 보여주고 있다. 이것으로 미루어볼 때, 앞으로 산업로봇의 사용과 함께 컴퓨터 기술, 자동제어 기술, 인공지능 기술의 활용이 더욱 가속화될 경우 전 세계적으로 실업이 빠르게 확대될 가능성이 매우 높은 것으로 예상할 수 있다. 말하자면 기술발전으로

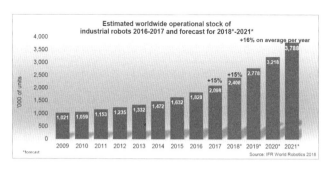

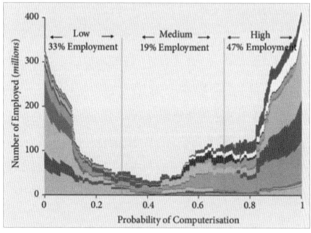

〈그림 4〉 산업로봇의 사용 증가와 자동화에 따른 실업의 위험성 증가
* 출처: IFR (2018), Frey and Osborne(2013).

초래될 가장 큰 위험은 기술에 의해 인간 노동이 급격히 감소할 가능성이 있다는 것이다. 문제는 이것으로 인해 개별 국가 차원에서, 또 전 세계 차원에서 실업이 광범위하게 확대되고, 그 결과 '무용계급'으로 전락한 수많은 실업자들이 자신들의 문제 해결을 위해 강력한 정치리더십과 정부의 등장을 요구하게 된다는 것이다. 이렇게 되면 우익 포퓰리즘과 국수주의, 나아가 파시즘이 전 세계적으로 확산될 가능성이 매우 높아진다. 그리하여 우리는 기술발전과 불평등의 증가로 인해 다양한 형태의 국내적 갈등과 세계적 수준의 전쟁을 겪을 수 있는 매우 위험한 단계로 진입할지도 모른다. 결국 과거에는 상상할 수도 없었던 놀라운 기술발전이 종국적으로는 전 세계를 전쟁으로 휘몰아가는 결과가 올 수도 있다고 보아야 할 것이다.

불평등의 심화

기술발전에 의해 증폭될 위험사회의 두 번째 징후는 불평등의 확대이다. 불평등의 증가는 대체로 세계화, 기술발전, 공공정책 등 세 가지 요인에 의해 결정되는데(성경륭, 2015), 이 중에서 장기적으로 가장 중요한 요인은 기술발전과 공공정책이라고 보아야 한다. 기술발전에서 오는 불평등 증가는 기술혁신을 먼저 이룬 개발자나 기업이 다른 경쟁자가 시장에 진입하기 전에 상당 기간 동안 일종의 독과점 이익을 누리는 데서 비롯된다. 정부의 공공정책은 조세재정 정책과 규제정책을 통해 불평등에 큰 영향을 미친다.

아래의 〈그림 5〉는 짧게는 한 세대, 길게는 한 세기에 걸쳐 불평
등의 정도가 어떠하고 또 그것에 영향을 미친 주된 요인이 무엇인
지를 제시해준다. 먼저 위의 그림은 세계 주요 국가와 지역에서
지난 1980년 이후 상위 10퍼센트 집단의 소득비중이 전체 소득의

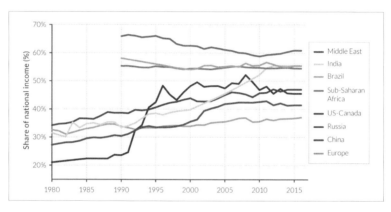

〈그림 5〉 세계의 상위 10퍼센트 소득비중(위), 미국의 상위 10퍼센트
소득비중 분해 (좌), 미국의 최상위 1퍼센트의 소득비중과 특허 출원(우)
* 출처: World Inequality Lab (2018), Saez (2017), Aghion et.al (2016).

50퍼센트를 점유하는 방향으로 계속 증가해왔음을 보여준다. 그중에서도 중동과 인도, 사하라 이남 아프리카 지역의 상위 10퍼센트 소득집단은 60퍼센트 전후의 가장 높은 소득집중도를 보여준다. 한편 좌측 그림은 미국에서 상위 10퍼센트 소득집단 중에서도 최상위 1퍼센트 소득집단이 최근에 이르러 20퍼센트 내외의 소득을 점유하는 엄청난 집중도를 보여준다. 마지막으로 우측 그림은 미국의 경우 최상위 1퍼센트 집단의 소득증가와 특허 출원 및 활용 사이에 높은 상관관계가 있음을 보여준다.

이 세 자료를 종합하면, 지난 수십 년 동안 전 세계에서 상위 10퍼센트 집단으로의 소득 집중이 지속적으로 증가해왔고, 그중에서도 최상위 1퍼센트로의 소득 집중이 특히 가속화되어왔음을 확인할 수 있다(자세한 내용은 World Inequality Lab, 2018 참조). 이처럼 상위집단으로의 소득 집중이 계속 증가한 것은 무엇보다 기술혁신의 과실을 최상위 1퍼센트 집단이 사실상 독점해왔기 때문으로 풀이된다. 또한 이러한 소득 집중 패턴은 기술발전에 의해 초래되는 것 외에도 정부가 이들 상위집단에게 낮은 세율을 적용하고 기업 활동에 대해 규제를 완화하는 등 고소득 집단에 유리한 조세정책과 규제정책을 시행해온 데 그 원인이 있다고 지적할 수 있다.

감시체제의 강화

사물인터넷, 생체인식 기술, 인공지능 기술, 드론 기술, 소형 로봇 기술의 발전은 사람들의 행동과 얼굴 표정을 추적, 감시하고, 또 그것을 분석하여 통제·조종하는 능력을 획기적으로 증진하고 있다. 여기에 스파이앱 기술과 바이오 해킹 기술까지 빠르게 발전하면서 사람들의 이메일이나 영상정보에 대한 추적은 물론 생체정보까지 쉽게 추적함으로써 범죄집단, 테러집단, 기업, 국가조직 등에 의한 시민 감시와 통제가 더욱 용이해지고 있는 상황이다. 말하자면 제레미 벤담의 파놉티콘(원형감옥) 또는 미셸 푸코 Foucault(1975)의 전자적 파놉티콘과 유사한 감시체제가 현실 속에서 광범위하게 가동되고 있고, 장차 그 가능성이 더욱 커질 것으로

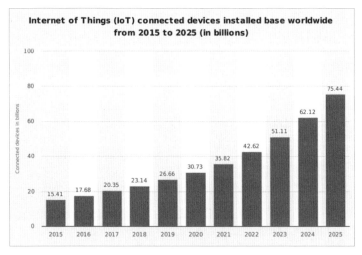

〈그림 6〉 사물인터넷의 확산

* 출처: Statista 2019. https://www.statista.com/statistics/471264/iot-number-of-connected-devices-worldwide/

전망되고 있다.

좌측의 〈그림 6〉은 전 세계의 사물인터넷에 연결된 전자기기의 수가 2018년에 230억 개 정도였으나 2025년에 접어들면 750억 개로 세 배 이상 급증하는 것을 보여준다. 사물인터넷은 서로 연결된 기기들끼리 정보를 교환하고 풍부한 데이터를 축적하여 사고를 미연에 방지하거나 새로운 기회를 활용하도록 하는 긍정적 작용을 하기도 한다. 그러나 사물인터넷이 다른 IT 기술이나 BT 기술과 결합되어 사람을 감시하고 조종하는 감시사회와 통제사회의 핵심 수단이 될 수도 있다는 점에서 그 양면성에 대해 큰 경각심을 가져야 할 것이다.

지구 온난화와 지속 불가능한 성장

1780년대에 시작된 1차 산업혁명과 그 이후 진행된 일련의 산업혁명은 모두 끊임없는 기술혁신과 엄청난 에너지 공급을 통해 이루어졌다. 그런데 문제는 이런 연속적인 산업혁명이 주로 화석연료 에너지의 공급을 통해 추진되었다는 사실이다. 그리하여 이 과정에서 경제성장과 국제경쟁에서 승리한다는 목표를 명분으로 지난 2세기 이상 전 세계에서 석탄, 석유, 천연가스 등 화석연료와 각종 자연자원들이 거의 무제한으로 사용되는 일이 벌어졌다. 그 결과, 지구 온난화가 가속화되고 지구의 자원 고갈이 한계점을 넘어서는 상황이 도래하였다.

아래의 〈그림 7〉은 지구의 기후 상태와 자원사용 실태를 잘 보여준다. 먼저 좌측의 그림은 산업혁명 이후 지구의 평균기온이 섭씨 1도 이상 증가했고, 지금까지의 화석연료 사용 추세가 그대로 지속될 경우 2100년경에는 지구 온도가 평균 섭씨 4.8도, 세계의 해수면은 최대 82센티미터까지 상승할 것이라는 것을 보여준다(IPCC, 2014). 한편 우측의 그림은 전 세계의 모든 경제 주체가 사용하고 있는 지구 자원이 이미 1980년대부터 한계점을 넘어서기 시작했으며, 2010년경에는 지구 자원 총량의 1.5배를 사용하기에 이르렀고, 2030년이 되면 거의 3배까지 증가할 수도 있다는 것을 보여준다.

이러한 사실을 종합하면, 기하급수적 팽창을 거듭해온 기술발전과 경제성장이 결국 지구 온난화와 자원 고갈, 나아가 다양한 환경오염(생활 쓰레기, 플라스틱 쓰레기, 폐비닐, 미세먼지 등)을 일으켜 지구의 기후 조절 능력과 자원 한계를 넘어서는 지속 불가능한 상태에 도달하고 말았다는 것을 발견할 수 있다. 그 결과 전 세계저으

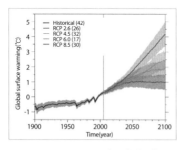 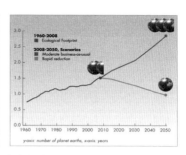

〈그림 7〉 지구 온난화와 자원 고갈

* 출처: IPCC(2014).

로 기온 상승, 폭염, 가뭄, 초대형 태풍, 기습 한파 등과 같은 기후 재난이 빈발하고 있고, 사막화와 환경오염의 악화로 다양한 환경 재난이 발생하고 있다. 기술발전이 초래하는 다른 많은 위험과 달리 기후 재난과 환경 재난은 가장 광범위하고 전 지구에 가장 치명적인 재앙을 초래할 수 있다는 점에서 주의를 요한다.

초인류의 등장

● 단기적 전망

생명공학과 의학 분야에서 빠르게 진행되고 있는 과학기술 발전은 단기적으로는 질병 치료, 질병 예방, 건강 증진 등과 같은 많은 긍정적 결과를 가져올 것이다. 특히 인공지능 기술, 빅데이터 분석 기술, 스마트통신 기술, 유전공학, 나노 기술 등의 기술발전과 더불어 맞춤형 의료personalized medicine와 유전자 치료가 가능해지고, 이로 인해 다양한 난치병과 선천성 신체장애도 치료받을 수 있는 길이 더 많이 열리게 될 것이다.

이와 함께 낮은 단계의 인간 능력 증강human enhancement 기술이 활용되면서 다양한 사이보그 장치를 이용한 신체역량 증진(청력, 시력, 팔과 다리 기능 회복 등), 체력과 건강 강화, 치매 치료와 예방, 기억력 강화, 수명 연장 등의 효과를 기대할 수 있을 것이다.

이렇게 볼 때, 생명공학, 의학, 유전공학, 그리고 IT 분야에서 진행되고 있는 다양한 기술발전은 앞으로 질병 치료와 건강 증진, 나아가 수명 연장 등 여러 측면에서 과거보다 훨씬 향상된 문제 해결 능력을 보일 것으로 전망할 수 있다.

● 중장기적 전망: 호모 사피엔스의 종말과 초인류의 등장?

그러나 중장기적 관점에서 볼 때 이들 기술이 가져올 결과는 그렇게 긍정적이지 않다. 많은 미래학자들은 빠르면 2050년, 늦어도 2100년이면 인간이 죽음을 극복할 수 있을 것으로 예상하고 있는데(유발 하라리, 2017: 45), 이 시기가 되면 인간은 더이상 자연선택natural selection의 영향을 받는 자연 속의 인간이 아니라 여러 종류의 지적 설계intelligent design에 의해 자연과 유전의 법칙을 벗어난 초인류superhuman로 급격히 변화할 수 있기 때문이다.

만약 이런 일이 실제로 발생한다면, 초인류가 등장한 이후부터 일정 기간 내에 현생인류homo sapiens는 이 인류가 등장하기 이전에 존재했던 네안데르탈인이 현생인류와의 경쟁에서 멸종한 것과 비슷한 운명을 겪게 될지도 모른다. 아니면 상류층-중간층-하류층으로 구성되는 기존의 계급질서가 초인류-상류층-중하층 무용계급의 새로운 계급질서, 즉 과거의 경제사회적 계급과 새롭게 생물학적 계급이 결합된 생물사회적 계급질서(신카스트 구조)로 대체되어 상당 기간 초인류의 노예로 지배받고 약탈당하는 삶을 살아야 할지도 모른다.

이런 가능성을 염두에 두고 아래에서는 인류의 미래를 트랜스휴먼transhuman과 포스트휴먼posthuman의 두 가지로 나누어 살펴보고자 한다.

트랜스휴먼transhuman의 확산

유발 하라리(2015)는 인간의 능력을 증강하기 위해 생명공학 기술biological engineering, 사이보그 공학 기술cyborg engineering, 비유기물 공학 기술inorganic engineering 등 크게 세 가지 기술이 활용될 수 있다고 보고 있다.

먼저, 생명공학 기술을 이용한 인간 강화 혹은 인간 능력 증강은 다음과 같은 많은 하위 기술을 내포한다. 즉, 수명 연장과 불치병 치료를 위한 치료제를 개발하는 기술, 인간의 세포나 장기를 동물에서 배양하여 그것을 다시 인간에게 이식하는 기술, 특정 유전자를 조작하여 질병을 치료하거나 특정 능력을 강화하는 기술, 보다 나은 호모 사피엔스를 설계하는 기술(여러 개의 난자를 수정시켜 최선의 유전자 조합을 지닌 수정란을 선택하여 출산), 유전자 편집을 통해 맞춤아기를 생산하는 기술 등이 그것이다.

사이보그 공학 기술은 생물과 무생물을 결합하여 인간의 능력을 보완하는 기술이다. 최첨단 보청기, 망막 임플란트, 생체공학 팔, 뇌−컴퓨터 인터페이스Brain−Computer Interface(BCI) 등이 사이보그 기술의 예에 속한다. 이런 기술을 사용하면 선천적이거나 후천적인 이유로 귀와 눈 등의 감각기관에 문제가 생기더라도 뇌와 연결된 전극을 통해 뇌의 생각을 인공기관에 전달하여 원하는 대로 그 기관을 움직일 수 있다. 특히 BCI는 뇌파 정보를 바로 컴퓨터의 전자신호로 바꾸어 전하거나 반대로 컴퓨터의 전자신호를 뇌가 이해할 수 있도록 하여 쌍방 통신을 가능하게 하는 장치이다. 이 기술을 활용하여 하나의 컴퓨터에 여러 개의 뇌를 연결할 경우 '뇌 인터넷inter-brain net'을 통해 여기에 연결된 사람들끼리 뇌 통신을 하는 것은 물론 경우에 따라서는 다른 사람의 뇌 속에 저장된 기억에 접속하는 것도 가능해진다.

마지막으로 비유기물 공학 기술은 특수한 장치가 인간의 뇌를 스캔하여 뇌 속의 기억, 생각, 감정 등의 전부 혹은 일부를 디지털 파일화하여 컴퓨터에 업로드 하는 것과 같은 기술을 포함한다. 이 경우 컴퓨터 속에 저장된 뇌는 디지털 뇌digital brain, digital mind라고 볼 수 있는데, 만약 디지털 파일을 사람이 생각하고 느끼는 방식으로 컴퓨터 내에서 구동할 수 있다면 생명체를 가진 인간의 뇌가 컴퓨터 안에서 디지털 알고리즘으로 재탄생하는 놀라운 일이 될 것이다.

포스트휴먼posthuman의 등장

포스트휴먼은 글자 그대로 인간 육체의 범위 혹은 생명의 범위를 벗어나 존재하는 새로운 형태의 존재를 의미한다. 언뜻 불가능해 보이는 이 현상은 인간의 정신을 육체와 분리해서 사고하면 새롭게 그 가능성을 모색해볼 수 있다.

위에서 언급한 바와 같이 만약 인간의 뇌를 스캔하여 기억, 생각, 감정을 디지털 파일화하고 그것을 컴퓨터에 업로드할 수 있다면, 나아가 그것을 구동할 수 있는 디지털 알고리즘을 개발할 수 있다면 육체와 분리된 인간의 마음은 비유기적 생명체로 존재하는 것이 가능해질 수도 있다. 또한 이 디지털 뇌(또는 마음)가 스스로 학습할 수 있는 인공지능과 결합할 수 있다면 디지털 뇌 또한 특정 시기에 고착된 기억과 생각을 벗어나 새롭게 학습하고 새로운 내용을 채우는 뇌로 변화해갈 수 있을 것이다.

또한 디지털 파일화한 뇌를 외형을 갖춘 휴먼형 로봇에 내장시킬 경우 그 디지털 뇌는 마치 살아있는 사람처럼 생각하고 행동할 가능성도 있다. 이 경우 사람의 의식과 정체성을 결여한 이 로봇이 과연 사람인지 아닌지 많은 논쟁이 있을 수 있다. 다만, 인간의 의식과 정체성, 나아가 특정한 감정패턴까지 디지털 파일화할 수 있다면 나의 모든 기억과 생각을 가지고 있으면서 살아있는 사람에 가까운 휴먼로봇이 탄생할 수도 있을 것이다.

포스트휴먼과 관련하여 한 가지 더 언급할 내용은 사람의 기억과 생각, 일정 수준의 감정패턴까지 디지털 파일화한 상태가 되면, 이 파일은 다른 장소, 심지어 우주 공간까지 쉽게 전송될 가능성도 있다. 이렇게 되면 나의 과거 생각을 보유한 어떤 존재(아바타, 휴먼로봇)가 나의 생각대로 또는 내 생각의 방향과 틀 속에서 어떤 행동이나 임무를 수행할 수 있을지도 모른다. 이렇게 되면 나는 수명을 다하더라도 장차 나를 닮은 어떤 비유기적 존재가 나를 계승할 수 있고, 나는 그 존재를 통해 영생을 누리는 날이 올 가능성도 높을 것이다.

맺는말

기술발전은 인류에게 축복인가, 재앙인가? 기술문명이 이끌어갈 미래사회는 유토피아인가, 디스토피아인가? 이 질문들에 대한 본 연구의 답변은 두 가지다. 먼저, 단기적 관점에서 볼 때 자동제어 기술, 인공지능 기술, 로봇 기술, 생명공학 기술, 유전공학 기술, 사이보그 기술 등 IT와 BT 분야의 첨단기술은 사회와 인류에게 경제성장과 건강 증진 등 많은 편익을 가져올 것으로 예상할 수 있다. 그러나 중장기적 관점에서 볼 때에는 역설적이게도 기술발전이 실업, 불평등, 감시체제 강화, 지구 온난화와 기후변화, 인종주의와 국수주의 등 다양한 형태의 경제사회적 문제와 세계적 수준의 전쟁(3차 세계대전?) 등 인류공동체의 사회·경제·생태적 기반을 붕괴시킬 수 있는 파멸적 결과를 가져올 가능성이 크다.

기술발전의 끝이 인류사회를 고도 위험사회로 이끌고 초인류의 등장을 촉진하여 결과적으로 호모 사피엔스의 종말을 가져온다면, 우리는 과연 그것이 인류가 진정으로 원하는 결과인가를 질문하지 않을 수 없다. 인류는 왜 기술을 필요로 하는가? 왜 기술에 끊임없이 매달리는가? 만약 기술을 통해 더 많은 성장, 소득, 장수, 복지, 행복을 기대했다면, 단견이든 무지이든 인류는 기술에 대한 과도한 의존으로 인해 종국적으로 모든 것을 잃게 되는 최악의 결말을 맞게 될 운명을 선택한 셈이다.

그렇다면 이런 상황에서 벗어나기 위해, 또 미래의 디스토피아적 상황에 대응하기 위해서는 무엇이 필요한가? 우선 이런 상황이 악화되는 것을 예방하기 위해서는 국민의 역량을 최대한 증진하고 기술혁신과 포용적 성장(포용적 고용과 복지)의 병행 발전을 추구하는 '혁신적 포용국가' 모델을 설계하고 추진할 필요가 있다(성경륭, 2018). 포용국가 모델은 대기업 집단과 상위층 중심의 배제적 경제성장을 추구하는 발전국가 모델을 넘어서기 위한 미래지향적 국가모델이다. 이를 위해 포용국가 모델은 국민의 역량, 고용의 확대와 질적 개선, 안정적 소득 확보 사이의 선순환을 촉진하여 기술혁신·산업혁신과 고용·분배·사회보장 체제 사이의 역동적 균형을 확보하고, 기술발전이 실업과 불평등을 증진하여 위험사회로 퇴행하는 것을 막기 위해 튼튼한 사회적 안전판을 만드는 국가이다.

또한 기술발전이 감시사회와 통제사회의 기능을 강화하는 데 악용되지 않도록 하기 위해서는 사물인터넷, 감지 기술, 빅데이터 기술, 인공지능 기술, 해킹 기술 및 스파이앱 기술 등에 대한 적절한 규제와 민주적 통제를 강화해야 할 것이다. 지구 온난화와 기후변화, 나아가 자원 고갈과 환경오염을 억제하기 위해서는 재생 에너지로의 에너지 전환과 산업체제 전환, 교통수단 전환, 에코 스마트 도시로의 전환, 주택 및 건축물 전환, 순환경제로의 경제시스템 전환, 그리고 이 모든 전환을 위한 국제협력 증진 등의 노력을 적극적으로 기울여야 할 것이다.

이와 함께 생명공학 기술과 사이보그 공학 기술, 나아가 비유기물 공학 기술을 통해 인류가 트랜스휴먼과 포스트휴먼 등으로 인간의 경계를 벗어나는 것에 대한 적절하고 강력한 규율을 확립해야 할 것이다. 특히 유전자 편집, 유전자 조작, 맞춤아기, 인간복제 등 지적 설계에 의해 자연선택을 대체하는 행위나 사람과 동물, 동물과 동물 등 종species 사이의 경계를 넘어 새로운 종을 합성하는 행위에 대해서는 국내외적으로 엄격한 생명윤리 기준을 수립해야 할 것이다. 또한 독립적 국가기구와 국제기구를 통해 이 기준의 집행을 철저히 감독해야만 할 것이다.

이런 노력을 통해 기술발전이 위험사회의 확산과 초인류의 등장으로 귀결되는 것을 최대한 예방하는 한편, 실제로 이런 상황이 발생했을 때 이에 대한 적극적 대응노력을 기울여야 할 것이다. 아래에서는 특히 위험사회의 여러 문제가 증폭되고 경제사회적 위기가 발생할 경우에 대비한 몇 가지 대책을 제시하고자 한다.

· 과도한 로봇 사용을 억제하고 실업자들을 위한 사회보장 강화를 위한 로봇세 도입
· 인터넷과 플랫폼 경제의 발전에 따라 급속히 축적되는 데이터가 공공자산임을 인식하여 그 이익을 사회보장 비용으로

활용하기 위한 데이터세 도입

· 점진적인 노동시간 단축(고용 축소에 대응하여 점차 30시간대, 20
  시간대로 단축)과 일자리 공유

· 사람과 로봇의 협업을 증진하기 위한 재정지원과 지속적 교
  육훈련 지원

· 고용이 줄어들고 실업이 확산될 경우에 대비한 기본소득제
  도입

· 0.1퍼센트, 1퍼센트, 10퍼센트 등 최상위층의 자산과 소득에
  대한 과세 강화

커즈와일이 예견한대로 인공지능과 컴퓨터 등의 능력이 인간의
지적 능력을 상회하는 기술적 특이점이 2045년에 출현할지는 미
지수이다. 그러나 그 시기 이전에, 혹은 그 이후에 실제로 그런 특
이점에 근접하는 상황에 도달하게 되는 것을 가정한다면 인류가
개발한 인공지능이 인류의 지적 능력을 넘어서게 되어(예: 구글사
에서 개발한 알파 제로AlphaZero의 경우 딥 러닝을 통해 게임의 규칙까
지 스스로 학습하여 실제 바둑 대국에서 바둑계의 고수는 물론 기존의 모
든 인공지능을 격파) 위 본문에서 예상한 바와 같은 디스토피아적
미래가 나타날 가능성이 매우 높다고 보아야 할 것이다.

이런 점을 고려할 때, 다양한 제도적 규제를 강화하고 생명윤리
를 강화하는 것과 같은 노력을 기울이는 한편 실업과 불평등을 줄
이기 위한 강력한 사회경제적 대책을 마련해야 할 것이다. 이와

더불어 그간 개인과 인간을 중심에 두고 사고해온 인본주의에 대한 근본적 반성과 새로운 재구성을 적극적으로 모색해야 할 것이다. 이 문제에 대해서는 앞으로 더 많은 논의가 필요하므로 재구성의 방향에 대해 다음 두 가지만 언급하는 것으로 글을 마무리하고자 한다. 첫째, 인간은 사회적 존재이므로 개인 중심주의와 시장경쟁주의를 극복해야 하고, 이를 위해 다른 사람들과 협력하고 공존할 수 있는 사회적 인본주의를 새롭게 정립해야 한다고 본다. 둘째, 지금까지 기술만능주의적 사고와 경제 우선의 사고가 지배적 사조로 자리 잡게 된 것은 기본적으로 생태환경적 결과를 무시하고 인간을 중심에 두는 과도한 인간중심의 인본주의에 그 뿌리가 있음을 자각하고 자연과의 공존과 지속가능성을 우선시하는 생태적 인본주의로의 전환을 본격적으로 고민해야 할 것이다.

기술발전이 경제성장을 가져오고 종국에는 인간의 복지와 건강, 나아가 행복을 가져올 것이라는 믿음은 시간이 갈수록 허망하게 끝날 가능성이 높아지고 있다. 냉정하게 말하면, 기술발전에 집착하면 할수록 인간의 공동체적 사회기반은 붕괴되고 현생인류 자체의 종말이 앞당겨질 것이라고 보는 것이 더 진실에 부합할 가능성이 커지고 있다. 이런 미래를 내다보고, 인간이 절멸의 위험에서 벗어날 수 있는 희망은 지난날 우리가 매사에 개인과 인간을 중심에 두고 사고했던 이기적·인간중심적 인본주의에서 벗어나 사회적 인본주의와 생태적 인본주의로 큰 인식의 전환을 이루는 데서 싹 터 나올 것으로 보인다.

참고문헌 ────────────────────────

성경륭, 〈불평등에 대한 도전: 참여정부의 복지정책과 국가균형발전 정책〉, 이정
우·이창곤 외, 《불평등 한국, 복지국가를 꿈꾸다》, 후마니타스, 2015.

성경륭, 〈혁신적 포용국가: 국가 패러다임 전환의 방향과 과제〉, 정책기획위원
회·경제인문사회연구회 공동주최, 《혁신적 포용국가》학술심포지움 발표논문,
2018. 12. 20.

Aghion, P. et.al., *Innovation and Top Income Inequality*, 2016.

Bacon, F., *New Atlantis*, 1627.

Beck, Ulrich, *Risk Society: Towards a New Modernity.* London: Sage, 1992.

Fisk, P., The fourth industrial revolution······how 12 disruptive technologies will
together reshape our world······and their opportunities for your business (https://
www.thegeniusworks. com/2017/07/disruptive−technologies−exactly−applications−mean−
business/). 검색일 2019.1.22.

Foucault, M., *Surveiller et punir*, 1975. 오생근 역, 《감시와 처벌》, 나남출판.

Frey, C.B. and M.A. Osborne, "The Future of Employment: How Susceptible Are
Jobs To Computerisation?" *Technological Forecasting and Social Change 114*, 2013.

Harari, Y.N., *Sapiens*. 2014. 조현욱 역, 《사피엔스》, 김영사, 2015.

Harari, Y.N., *Homo Deus*. 2017. 김명주 역, 《호모데우스》, 김영사.

International Federation of Robotics, Executive Summary World Robotics 2018
Industrial Robots, 2018.

Keynes, J.M., 1930. "Economic Possibilities for our Grandchildren," from John
Maynard Keynes, *Essays in Persuasion*, New York: W. W. Norton & Co. (1963).

Kurzweil, R., 2007. *The Singularity Is Near.* 장시형·김명남 역, 《특이점이 온다》, 김영사.

Lanier, J., *You Are Not a Gadget: A Manifesto.* Vintage, 2010.

Rifkin, J., *The End of Work*, 1996. 이영호 역, 《노동의 종말》, 민음사, 2005.

Rushkoff, D., *EME: Explorations in Media Ecology.* Hampton Press, 2002.

Sargent Jr., J.F., *Global Research and Development Expendi-tures*: Fact Sheet, 2018.

Saez, I. "Income and Wealth Inequality: Evidence and Policy Implications," *Contemporary Economic Policy, Vol. 35, No.* 1:, 2017, pp. 7~25.

Schwab, K., *The Fourth Industrial Revolution.* World Economic Forum, 2016.

Schwab, K., *Shaping the Fourth Industrial Revolution.* World Economic Forum, 2018.

Statista 2019. Internet of Things (IoT) connected devices installed base worldwide from 2015 to 2025

(https://www.statista.com/statistics/471264/iot−number−of−connected−devices−worldwide/).

검색일 (2019.1.22.)

Trager, R., 2016. Global R&D trends challenge traditional science powerhouses.

World Inequality Lab, 2018. *World Inequality Report 2018.*

World Intellectual Property Organization(WIPO), Web. 26 Aug. 2015.

Science

學問

人間

과학 패러다임의 변화와 인간

– 과학, 죽음과의 결혼

심혁주

과학 패러다임의 변화와 인간

−과학, 죽음과의 결혼

시간을 잡다

여기 반쯤 먹어버린 사과가 있다. 사과를 바라보던 한 남자가 베어 없어진 사과의 단면을 손바닥으로 휘감싼다. 놀랍게도 사과는 원래의 상태로 복원된다. 아무도 손대지 않았던 그 원래의 사과 형태로 말이다. 영화 〈닥터 스트레인지Doctor Strange〉(2016)의 한 장면이다. 빨간 망토를 두른 이 남자는 시공간을 넘나들 수 있는 능력을 가졌다. 타임스톤Time stone이 몸에 장착돼 있기 때문이다. 어찌 보면 말이 안 되는 공상과학 영화 같지만 오늘날 현대 과학이 추구하는 몇 개의 영역과 밀접한 관계를 맺고 있어 흥미롭다.

인류는 그동안 '시간time'을 의심하지 않았다. 흘러가는 시간, 잡을 수 없는 시간, 돌이킬 수 없는 시간, 그래서 인류는 시간을 보이지 않는 신이라 인정하였다. 지구상에 존재하는 모든 생명은 생로병사라는 시간의 흐름 속에서 존재의 끝을 맞이해야 했고 받아들여야 했다. 그런데 오늘날 현대 과학은 영화의 한 장면처럼 시간을 되돌리려는 시도를 하고 있다. 그 거역할 수 없었던 신, 시간의 흐름을 잡으려고 하는 것이다.

영화의 한 장면처럼 시간을 되돌리거나 멈추게 할 수 있을까? 시간과 더불어 노화되는 인간의 몸을 정지시킬 수 있는가? 여기에 관하여 자본가와 과학자들은 천문학적인 돈과 노력을 투자하면 가능하다고 믿는다. 그들에게 시간은 이미 거역할 수 없는 존중과 경외의 대상이 아니라 정복과 소유의 대상이기 때문이다. 징후는 10년 전에 이미 나왔다. 《특이점이 온다: 기술이 인간을 초월하는 순간 The Singularity Is Near: When Humans Transcend Biology》의 저자 레이 커즈와일Ray Kurzweil에 의해서다.[1] 그는 2007년에 이미 상상조차 할 수 없는 미래 세상을 예측했다. 그에 의하면 미래는 노화와 질병의 과정이 역전되고 환경오염이 제거되고 전 지구적 기아나 가난도 해소된다는 것이었다. 심지어 GNR(유전공학, 나노 기술, 로봇공학 및 인공지능)혁명이 단계적으로 펼쳐지며 인류 문명이 생물학을 넘어서는 순간이 온다고 예언했다. 유전공학을 통해 생물학의 원리를 파악하고, 나노 기술을 통해 그 원리들을 자유자재로 조작하게 되면 인간은 물질적으로 신이나 다름없는 존재가 된다는 것이다. 그는 인공지능의 출현도 예언했다. 물질계를 통제하며 인간을 넘어서는 인공지능이 나온다면, 문명은 생물학적 인간들의

---

[1] 레이 커즈와일Ray Kurzweil, 《특이점이 온다: 기술이 인간을 초월하는 순간The Singularity Is Near :When Humans Transcend Biology》, 김영사. 2007.

손아귀를 벗어난다고 했고 혈관을 흐르는 의학용 나노 로봇, 가상 현실에서 이루어지는 일상생활, 뇌의 정보를 모조리 컴퓨터로 옮겨 영생을 누리기, 광속을 뛰어넘어 온 우주로 지능을 전파하는 계획까지, 인간이 기계가 되고 기계가 인간이 되는 미래 변화의 시점이 온다는 예측을 했다.

그런데 그의 예언을 황당한 상상력이라고 보기 어려운 것은 지금까지 그의 예측은 무려 87퍼센트의 적중률을 보이고 있다는 점이다. 그는 책에서 기술이 인간을 뛰어넘어 새로운 문명을 생산해 갈 시점을 지칭하는 '특이점'이라는 용어로 강조했으며 그 시기가 나타날 시기를 예측하고 각종 기술 진화에 따른 변화와 그에 따른 영향 등을 언급했는데 가장 파격적인 대목은 인간이 죽지 않는 영생의 시기가 온다는 것이다.

어떤가? 그의 말을 들어보니 기대되고 설레는가? 아님 두렵고 무서운가? 고개를 돌려 현실로 돌아와보자. 청소와 알람을 알려주는 로봇은 벌써 집안으로 들어와 휘젓고 있다. 돈을 지불하면 인공지능과 사랑의 감정을 나눌 수도 있고[2] 섹스도 할 수 있다.[3] 죽음을 예측하는 암 진단 의사로봇도 병원에 출격했다.[4] 작은 칩 하

---

[2] 로랑 알렉상드르·장 미셸 베스니에, 양영란 역, 《로봇도 사랑을 할까》, 갈라파고스, 2018, 85쪽. 영화 〈Her〉(2013)를 보면 테오도르(호아킨 피닉스)가 기계인 사만다(스칼렛 요한슨)와 감정 교류를 한다.

[3] 김치중, 〈인공지능 섹스 로봇, 인류의 삶에 재앙일까〉, 《한국일보》 2018. 3. 18.

[4] 박영숙·벤 고르첼, 엄성수 역, 《인공지능 혁명 2030》, 더블북, 2016.

나로 몸 구석구석을 검색할 수 있으며 저렴한 가격으로 자신의 유전자를 분석할 수 있고 유전자 편집가위로 불안한 유전성은 싹둑 잘라버릴 수도 있다. 이건 사실이며 지금 (전) 지구적으로 실행되고 있는 현상이다.

과학과 기술의 힘에 의해, 세상은 점점 지리, 언어, 공간, 시간 등에 방해받지 않는 시대로 접어들었다. 개인 대 개인, 개인과 정부, 개인과 국가 간의 경계는 무너지고, 인류는 하나의 지구로 통합되고 있는 상황이다. 그동안 어떤 사람들은 경제적·정치적·사회적 혁명이 오더라도 인간 그 자체, 몸과 마음은 변하지 않을 거라고 생각해왔다. 그들은 과학과 의학이 진화하면 인간의 삶과 방향은 변할지 몰라도 몸과 정신은 어쩌지 못할 거라고 이야기했다. 하지만 이제 그 분야의 전문가들—과학자, 미래학자, 공학자들—은 당당히 이야기한다. 인간의 몸과 마음도 결국 유전공학, 나노 기술, 뇌 기계, 인터페이스interface 등에 의해 완전히 바뀔 것이라고 말이다. 심지어 그동안 어쩌지 못했던 시간과 죽음조차 정복될 것이라고 공공연히 이야기한다. 그동안 인간의 죽음은 거부할 수 없는 생리학적 또는 형이상학적 현상으로 인식되어왔지만 이제는 기술적인 문제라는 것이다.

이 글은 과학과 기술의 발달이 가져올 더 편한 세상, 더 빠르고 더 효율적인 세상, 죽음을 예측하고 생명을 연장할 수 있는 멋진 신세계를 기대하는 이야기가 아니다. 오히려 그런 세상이 오면, 가령 (초)장수하거나 죽지 않는 세상이 오면, 그때 인류는 무엇을 생각하며 살아갈까, 하는 인문학적 상상이다.

과학, 죽음과의 결혼

여기 동물원이 있다. 세상의 모든 동물들이 갇혀 있는 커다란 동물원이다. 격리된 우리 안에서 동물들은 멍하니 앉아 있거나 잠을 잔다. 사람들은 그들을 움직여 보려고 바나나를 던진다.

생각해보면 인간은 독수리나 사자보다 강한 무기를 가진 적이 없었다. 하늘을 날 수 있는 날개도 없었으며 뼈를 으깰 수 있는 강한 이빨도 없었고 타조를 앞지를 수 있는 빠른 다리도 가지고 있지 않았다. 단지 직립할 수 있는 두 발과 1.4킬로그램에 해당하는 고깃덩어리(뇌)만 가지고 있을 뿐이었다. 하지만 오늘날 지구상에서 가장 강하다는 거의 모두를 동물원에 잡아넣고 울타리 밖에서 구경하는 동물이 있다면 그건 인간일 것이다.

번식과 살육의 먹이사슬로 그 균형을 취하고 있는 자연계를 움켜쥔 인간이라는 종種은 탄생과 동시에 생존과 번식을 전제로 움직인다. 움직여서動 소리聲를 내고 냄새齅를 발산하고 낯선 타자他者와 접촉한다. 욕망이 다른 타자와의 접촉은 새로운 창조를 일으킨다. 생존과 번식의 다음은 무엇인가? 전쟁과 정복이다. 이때 인간의 뇌는 큰 역할을 한다. 무기를 만들고 공격을 하고 수비를 하고, 공동체의 힘을 활용할 줄 아는 지혜를 발휘한다. 이것 또한 1.4

킬로그램짜리 고깃덩어리에 불과한 뇌가 하는 것이다. 전쟁과 정복의 다음은 번영과 발전이다. 과학의 탄생은 여기로부터 시작된다. 과학은 인간을 걷기에서 말을 타게 했으며 기차와 비행기를 만들었으며 마침내 배와 비행기보다 빠르게 국경을 넘을 수 있는 인터넷을 세상에 내놓았다. 컴퓨터에 연결된 마우스만 클릭하면 아프리카를 갈 수도 있고 티베트 고원도 볼 수 있다. 이것 역시 1.4 킬로그램짜리 고깃덩어리가 한 일이다.

스마트폰은 인간과 과학이 만들어낸 21세기 최고의 발명품 중의 하나다. 2025년이 되면 전 세계의 약 80억 명이 손바닥에 쏙들어가는 스마트폰 기기를 갖고서 온 세상의 모든 정보와 네트워크에 접속할 수 있는 시대가 도래한다고 한다. 스마트 기기는 아프리카 콩고에서도 그 위력을 발휘하고 있다.[5] 오늘날 콩고의 어부들은 과거에 비해 기능이 훨씬 좋아진 휴대전화를 가지고 싶어 한다. 왜냐하면 그들은 과거에는 매일 잡은 물고기들을 시장에 갖다 놓고 하루하루 지날수록 서서히 상하는 물고기들을 지켜봐야 했지만, 이제는 물고기를 잡아 강에 넣어두었다가 고객의 전화가 오기만 기다리면 된다. 주문이 들어오면 강에서 물고기를 꺼내 매수자에게 배달할 준비를 한다. 값비싼 냉장고도, 밤에 물고기를 지켜야 할 사람도 필요 없다. 물고기가 상해서 가치가 떨어지고 고객을 식중독에 걸리게 만들 위험도 없으며, 물고기를 불필요하게 많

---

5 에릭 슈미트·제러드 코언, 이진원 역, 《새로운 디지털 시대》, 알키, 2014.

이 잡을 필요도 없다. 가볍고 빠른 스마트폰만 있으면 된다. 스마트폰은 연결만을 추구하지 않는다. 대상을 찍을 수 있고 녹음할 수도 있고 낯선 길을 안내하기도 한다. 그러므로 (전) 세계 사람들이 하루 35억 번이나 고개를 들어 하늘을 바라보는 게 아니라 고개를 숙여 스마트폰 화면을 들여다본다. 찍고 저장하고 녹음하고 연결하고 공유하는 것, 그것이 오늘날 인간이 만들어낸 기술과 과학의 정점에 있다.[6]

과학은 우주에서 방출한 에너지나 외계 생명체의 존재, 생명의 비밀만을 탐구하지 않는다. 과학은 새로운 신을 만들어내기도 한다. 구글Google을 보자. 오늘날 사람들이 신앙을 멀리한다는 것을 보여주는 가장 강력한 지표 중의 하나는 구글의 사용 정도를 보면 알 수 있다. 구글은 오늘날 미국인이 종교에서 떨어져가는 이유를 설명해준다.[7] 정보와 지식에 접근하기가 쉬워지면서 부처와 예수를 향한 의심 없는 신앙은 서서히 그 힘을 잃어가고 있다. 이제 사람들은 위기에 처하거나 지혜가 필요할 때 기도보다는 고개 숙여 구글을 검색한다. 구글은 무엇이든 알려주기 때문이다. 구글은 사람들이 하는 기도에 관한 독점권을 갖고 있다. 구글에서 자신의

---

[6] 그들은 공통적으로 지구를 하나로 연결시키는 '상호 연결성'을 추구하지만 각기 다른 전략과 이미지를 추구한다. 예를 들면 사람들은 애플을 세상에서 가장 혁신적인 회사라고 생각하고 아마존은 가장 평판이 좋은 회사로 알고 있다. 페이스북은 일하기가 가장 좋은 회사라고 여긴다. 그러나 사람들이 구글에 주는 신뢰는 다른 거인 기업들이 받는 신뢰와 견줄 수 없을 정도로 크다.

[7] 스콧 갤러웨이, 이경식 역, 《플랫폼 제국의 미래》, 비즈니스북스, 2018.

이름을 검색해보라. 스스로도 깜짝 놀랄 만한 정보가 쏟아져 나온다. 자신이 최근 어디서 무엇을 했는지 본인도 알지 못하는 사실을 알 수 있다. 자신의 이미지 검색을 하면 더욱 깜짝 놀랄 것이다. 거울보다도 더 입체적으로 자신을 볼 수 있다. 구글(검색)의 장점은 객관적인 사실 속에서 안전함을 찾는 인간의 심리를 교묘히 이용하는 데 있다. 종교는 기도를 하거나 눈물을 흘려도 좀처럼 반응하지 않는 반면 구글은 가장 빠른 대답과 가장 효과적인 대안을 바로 내놓는다. 그건 구글이 인간이 알고 싶어 하는 가장 내밀한 비밀까지도 알고 있기 때문이다. 단 한 번의 불평도 없이 구글은 모든 이야기를 그 어떤 편견도 없이 들어준다. 때와 장소를 가릴 필요도 없다. 클릭만 하고 자신이 원하는 것을 기도하면 반드시 대답이 돌아온다. 알고 싶은 것이 뭐든 검색어로 입력만 하면 된다. 여기에는 그 어떤 복잡한 것도 없고 전문성도 필요치 않다. 그래서일 것이다. 하루에 구글 검색창에 올라오는 검색어는 35억 개에 달한다.

사랑하고 사랑받고 싶은가. 그럼, 페이스북에 로그인하면 된다. 왓츠앱WhatsApp, 인스타그램에 들어가면 된다. 자신을 소개하고 타인과 접속하면 된다. 원하는 상품을 가장 빠르게 받고 싶은가. 그럼 아마존[8] 회원이 되면 된다. 눈 깜짝할 사이에 원하는 상품이 배송될 것이다. 사람들이 선망하는 글로벌 명품 브랜드를 가지고

---

[8] 미국 가구의 44퍼센트는 권총을 소지하고 있고 52퍼센트는 아마존 프라임서비스 이용자다.

다니고 싶은가. 애플을 구입하면 된다. 심플한 '사과' 모양 하나로 사람들의 시선을 끌 수 있다.[9]

최근 몇 년 사이 과학은 디지털 플랫폼을 넘어 인류의 장수와 불멸에 대해 적지 않은 호기심을 보여왔다. 불멸에 대한 꿈을 꿀 수 있는 사람들은 어떤 존재들일까? 인류 역사상 아무도 실현하지 못한 영생의 꿈은 대체로 권력과 돈 있는 사람들의 몫이었다. 과거의 진시황으로부터 오늘날 세계의 재벌들에 이르기까지 그들의 최종 목적은 약속이나 한 듯이 같은 것이었다. 불멸이다. 그래서 그들은 지구에서 가장 똑똑한 과학자, 의학자, 엔지니어, 미래학자들을 초청하여 재단을 세우고 노화와 죽음에 대한 해결을 모색하고 있다.

그동안 인간의 마지막 순간에 종교는 막강한 힘을 발휘했다. 그리스도교, 이슬람교, 불교는 언제나 인간의 마지막 순간을 같이했다. 하지만 이제 상황이 달라지고 있다. 현대의 과학과 의학은 건강과 죽음에 대한 전혀 다른 태도와 자신감을 보여주고 있다. 그

---

[9] 연결되고 공감을 얻고 싶어 안달하는 인간을 하나로 연결해주는 페이스북, 주렁주렁 달려드는 광고들을 떨쳐내고 오직 검색만 할 수 있는 구글, 총알보다 빠른 배송, 사과 이미지 하나로 전 세계의 어떤 기업도 감히 넘볼 수 없는 브랜드 가치를 내세워 시장을 독점하고 있는 거대 플랫폼 기업들, 이들은 모두 "수치와 데이터는 거짓말 하지 않는다"를 신봉하는 과학자와 엔지니어를 앞세워 21세기 새로운 제국을 만든 사람들이다. 그들은 데이터를 성경보다 더 많이 인용하고 신뢰한다. 그들이 제국이 되고 현대판 신이 된 이유는 간단하다. 보이지 않는 가치를 먼저 선점했기 때문이다. 보이지 않는 가치를 발견하는 안목, 인간의 욕망을 먼저 선점하는 것, 그것을 데이터로 환원하는 기술, 그것이 오늘날 제국이 된 방법이다.

들은 인간의 생명과 죽음에 대해 가치와 의미를 부여하는 대신 해결 또는 정복의 대상으로 본다. 자본과 과학의 힘을 믿기 때문이다. 기술과 데이터만 확보되면 인간의 장수와 생명연장은 어렵지 않다고 본다. 부처와 예수의 권한은 이제 과학자와 공학자로 넘어가고 있다.

과학은 '죽음'을 정복하고 인간에게 초장수와 영생의 삶을 선물해줄 수 있을까? 현재의 기세로 보면 가능성이 높다. 지구에서 가장 돈이 많다는 재벌가들이 경쟁적으로 뛰어들고 있기 때문이다. 그들은 경쟁적으로 '장수 & 생명 연장' 프로젝트에 참여하고 있다(아래의 〈표〉 참조).

인간의 장수와 죽음의 비밀이 텔로미어(말단소립telomere)에 있다는 것을 세상에 알린 사람은 1990년대 민간기업 연구원으로 세계적 과학저널 《사이언스》에 '인간 텔로머라아제 발견'을 보고해 파문을 일으킨 빌 앤드루스Bill Andrews다. 그는 암과 같은 질병과 인간 노화의 비밀이 염색체 말단에 있는 텔로미어에 있으며 텔로미

피터 틸(47)	세르게이 브린(41)	래리 엘리슨(70)	크레이그 벤터(68)	드미트리 이츠코프(34)	마크 저커버그(30)	숀 파커(34)
페이팔 공동창업자·페이스북 첫 투자자	구글 공동창업자	오러클 공동창업자	휴먼론제비티 창업자	뉴미디어 스타스 창업자	페이스북 창업자	냅스터 공동창업자
600만달러 투자	1억5000만달러 투자	3억3500만달러 투자	?	?	?	?
성장호르몬 섭취 등 120살 목표로 생활 조직	파킨슨병에 걸릴 확률이 높은 유전자 보유, 특정 유전자 연구에 기부	엘리슨 의료재단 설립 연구 지원(2013년 중단)	유전체·줄기세포로 생명연장 연구	2045년까지 늙지 않는 아바타 완성 계획	매년 300만달러를 생명연장 연구 과학자에게 주는 브레이크스루 상 제정	알레르기·암 치료제 개발 지원

〈표〉 생명 연장 꿈에 투자하는 IT기업 창업자들

어의 길이를 길게 하는 텔로머라아제로 노화를 늦출 수 있다고 주장했다.[10] 그의 주장을 요약하면 이렇다.

인간의 노화와 그로 인한 다양한 질병은 "모두 텔로미어의 길이가 짧아지면서 발생한다." 따라서 "노화는 자연의 섭리가 아니다. 치유할 수 있는 질병이다." 그의 주장을 놓고 현대 과학은 인류의 커다란 수수께끼 중 하나였던 노화의 비밀이 밝혀지고 있으며 실제로 노화를 늦추거나 치유할 수 있는 방법이 있다고 동조했다. 빌 앤드루스는 자연적인 텔로미어 연장법도 밝혔다.[11] 첫 번째는 소식小食이고, 두 번째는 충분한 수면과 보충제 섭취다. 그리고 세 번째로 지구력 운동의 필요성을 강조했다. 그는 울트라 마라토너의 텔로미어 길이는 건강한 남자들과 비교해도 11퍼센트가 더 길다는 사실이 3개국 공동연구에서 보고되었다고 밝혔다. 그는 최근 자신의 저서 《빌 앤드루스의 텔로미어의 과학: 과학이 말하는 노

---

[10] 빌 앤드루스, 김수지 역, 《빌 앤드루스의 텔로미어의 과학: 과학이 말하는 노화와 생명연장의 비밀Bill Andrews on Telomere Basics: Curing Aging》, 동아시아, 2015.

[11] 과거에는 노화가 강력한 무기였지만 이제는 무력화할 때가 되었다. 인간을 쇠약하게 만드는 죽음을 불필요하게 겪고 싶지 않다면 죽음을 막는 방법에 관심을 가지는 것이 마땅하다. 삶의 경험은 분명 긍정적인 결과물이지만, 노화 과정이 이러한 경험과는 별개의 존재라는 사실을 명심해야 한다. 노인이 젊은이보다 성숙하다는 것은 맞는 말이지만, 노인의 신체적 쇠퇴가 성숙의 원동력은 아니다. 삶의 경험과 건강의 저하는 독립적인 변수로서, 반드시 양립해야 할 이유는 없다. 사람들은 나이가 들면서 쌓여가는 지혜와 연륜을 누릴 권리가 있지만, 이러한 지혜와 연륜이 삶의 경험이 아닌 건강의 저하에서 온다는 생각은 인간의 대응기제인 '합리화'에서 비롯된 사고일 것이다. 적어도 텔로미어 치료는 노인들에게 건강한 신체로 더 많은 삶의 경험을 할 수 있는 기회를 줄 것이다.

화와 생명연장의 비밀*Bill Andrews on Telomere Basics: Curing Aging*》에서 노화가 완치까지는 아니더라도 치료할 수 있는 상태라고 다시 한 번 주장했다.[12] 노화는 거스를 수 없는 자연의 섭리라고 믿어왔던 우리들에게 빌 앤드루스는 단호하게 말한다. "노화는 자연의 섭리가 아니다. 치유할 수 있는 질병이다"라고.

그럼, 생명연장 해드릴까요?

여기 아침식사 전 30알의 영양제를 먹는 사람이 있다. 알약의 종류는 천연 항산화제인 코엔자임 큐텐(Q10), 눈 건강을 지켜주는 루테인·빌베리(월귤나무 열매) 추출물, 항산화 및 해독 기능 등이 있는 '글루타치온 4', 혈액 순환을 촉진해 기억력을 강화시켜준다는 '빈포세틴', 세포 증식에 관여하는 피리독살 5-인산(P5P) 등이다. 그는 매일 아침 이 영양제를 먹고 식사를 한다. 산딸기류 열매(블랙베리, 라즈베리), 훈제연어와 훈제고등어, 다크 초콜릿 6조각, 두유, 천연 감미식물 스테비아Stevia 한 봉지, 미지근하고 걸쭉한 귀리죽, 코코

---

[12] 노화라는 퍼즐의 상당수는 텔로미어(염색체 말단에 DNA가 반복 배열된 부분)와 관련이 있다고 이미 수십 년 전부터 알려져 있다. 텔로미어가 없으면 세포가 분열할 수 없다. 거의 모든 노화 관련 질환(암, 죽상경화증, 골다공증 등)은 일생 동안 텔로미어의 길이가 점점 짧아지는 과정에서 발생한다.

아, 녹차 등이 식단의 메뉴들이다.[13] 매일 아침 이렇게 먹으며 일 년에 식비로 11억 원가량을 지불한다. 덕분인지 그의 생물학적 나이는 67세이지만 놀랍게도 신체적 나이는 48세라고 한다. 누구일까? 바로 세계적인 발명가이자 작가이며 미래학자로 불리고 있는 레이 커즈와일이다. 그가 먹는 아침 식단은 그가 주장하는 영생 시나리오의 1단계에 해당된다. 그는 자신의 책《영원히 사는 법: 의학혁명까지 살아남기 위해 알아야 할 9가지 *Transcend: Nine Steps To Living Well Forever*》[14]에서 영생의 3단계 시나리오를 제시했다. 그 첫 번째 단계는 자신이 직접 하고 있는 영양보충제 먹기다.

영국《파이낸셜 타임스 *Financial Times*》기자가 미국 샌프란시스코에 있는 그의 아파트에 초청을 받아 아침식사를 함께한 적이 있다. 그가 공개한 아침식단은 2009년에 낸 그의 저서《영원히 사는 법》의 처방에 따라 준비된 것이다. 아침 식단은 불로장생을 위한 1단계 식단이다. 그는 2단계로 넘어가면 유전자 기술 등 생명공학 치료를 통한 수명 연장이 있고 3단계는 2050년 쯤 시도할 수 있는데, 인공장기와 초소형 나노 기술이 적용된 병들지 않는 신체 유지 가능 시점이다. 그러므로 지금부터 건강식단을 유지하면서 2단계, 3단계를 시기적으로 적응하면 인간은 죽지 않고 영생할 수 있다는 것이 그의 시나리오다. 그의 예언이 맞는다면 인류는 대략 30년

[13] 곽노필, 〈'현대판 진시황' 미래학자의 '영생알약'〉,《한겨레》 2015. 4. 21.
[14] 레이 커즈와일,《영원히 사는 법》, 승산, 2011.

후면 영생할 수 있는 환경에 처한다. 그는 현재 구글이 추진 중인 영생프로젝트를 책임지고 있으며 구글엔지니어링Google Engineering 담당이사로 재직하고 있다.[15] 구글이 그를 초빙한 가장 큰 이유는 그가 1990년대부터 147번의 미래 예언을 했는데 적중률이 무려 87퍼센트에 달했기 때문이었다.[16]

2016년 8월 4~7일 세계적인 미래학자와 수명 연장 전문가들이 한자리에 모여 급진적인 수명 연장을 논의하는 '라드 페스티벌 RAAD: Revolution Against Aging and Death'이 미국 샌디에고 타운앤드 컨트리 리조트 & 컨벤션 센터에서 열렸다. 이 행사는 급진적 수명 연장연맹Coalition for Radical Life Extention이 주최했고 수명 연장재단Life Extension Foundation과 피플 언리미티드People Unlimited의 공동후원으로 마련됐다.[17] 1,000여 명에 달하는 전문가들은 4일간 인간의 〈노화는 역전된다〉와 〈수명 연장〉에 관해 논의했다. 그들은 수명 연장, 나아가 영생이 비인간적이고 실현 불가능한 것이 아니라 인간의 능력을 최대치로 끌어올리는 과정에서 자연스럽게 이뤄질 하나의 현상으로 보는 데 의견을 같이한 것으

---

[15] 레이 커즈와일은 2012년 구글 엔지니어링 이사로 임명되었고, 1년 뒤 구글은 〈죽음 해결하기〉가 창립 목표인 '칼리코'라는 자회사를 설립했다.

[16] 현재 세계 과학계에는 자연 수명이 아닌 인위적인 방법으로 인간 수명의 한계를 뛰어넘을 수많은 연구가 진행되고 있다. 아직은 대부분의 연구가 동물실험 단계에 그치고 있지만 과학계는 이런 도전들이 언젠가 지금 태어나는 아이들이 150세까지 살 수 있도록 하는 해법이 될 것으로 기대하고 있다. 김경미, 〈2045년 평균수명 130세, 생명 연장 꿈 이룰까〉, 《한국일보》 2018. 7. 9.

[17] https://www.youtube.com/watch?v=r0l4aYOv6iY 참조.

로 알려졌다. 그들은 한결같이 47.3세에 불과했던 1900년대의 평균연령이 2012년 78.7세로 늘어난 것처럼 노화의 속도를 줄이는 기술이 상용화 되면 현재 50세인 사람도 지금부터 약 65년은 더 살 수 있을 것이라고 전망했다. 당시 논의된 내용들은 다음과 같다. ① 인류는 이제 수명 연장과 노화 역전에 관심을 가져야 한다. ② 급진적 수명 연장의 혁명을 촉발해야 할 시기다. ③ 수명과 텔로머라이제telomerase 간의 상관관계를 연구해서 텔로미어의 길이 유지를 확보해야 한다. 그리고 ④ '늙지 않는 라이프 스타일'을 모색해야 한다는 것이었다.

한마디로 향후 인간이 노화되지 않고 영원히 사는 방법을 찾아야 한다는 것이었는데 이와 관련하여 몇몇 전문가들은 인간의 장수와 노화에 관한 강한 주장을 내놓았다. 예를 들면 항노화 의학[18] 전문가 론 클라츠Ron Klatz(미국 노화방지의학아카데미 회장)는 항노화 의학은 노화가 수반되는 모든 질병을 예방하고 치료하는 기법을 아우르는 의학이라고 규정하면서 이미 미국 시장에서는 3,000억 달러의 가치를 지니고 있고, 이 규모는 매년 8퍼센트씩 성장하고 있다고 말했다. 그러면서 현재 60대 이하인 사람들은 노화 방지에 도움이 되는 생활습관을 유지한다면 사실상 영생을 누릴 수 있다고 주장했다. 크리스틴 코멜라Kristin Comella(줄기세포 이용한 재생의학 전문가)는 수명 연장 혹은 영생은 비인간적이고 실현 불

---

[18] 항노화 의학이란, 노화를 자연스러운 현상이 아닌 하나의 질병으로 규정하는 의학 분야다.

가능한 개념이 아니라 인간의 능력을 최대치로 끌어올리는 과정에서 자연스럽게 이뤄질 하나의 현상이라고 주장했다. 또한 앨코 생명연장재단 CEO 맥스 모어Max MOR는 인체 냉동 보존의 목적은 사람들에게 죽은 뒤에도 삶을 계속 유지할 수 있는 기회를 주는 것이며 심폐소생술CPR로 인간이 살아나는 것처럼, 현재 의사가 죽었다고 판정한 사람들이 진짜 죽은 것이 아닐 수 있다고 전제하면서 (인체 냉동 보존)체액을 부동액으로 대체하는 시술을 한 뒤 영하 196도로 급속 냉동시켜(질소탱크) 보존하면 의학적으로 신체 활동이 전혀 없기 때문에 아무것도 변하지 않는다고 주장했다. 이 상태로 냉동된 신체를 백 년 동안 그대로 유지하는 것은 문제가 되지 않는다는 것이었다. 이 기간 동안 과학기술이 발전하여 질병을 치료하거나 신체를 젊게 할 수 있고, 그래서 추후에 그들은 다시 젊어지거나 건강한 상태로 깨어날 수 있다는 것이다. 여기에 싱귤래리티대학Singularity University의 호세 코르데이로Jose L. Cordeiro 교수는 "20~30년 안에 죽음이 정복될 뿐만 아니라 노인들이 다시 젊음을 얻을 수 있게 될 것이다. 그리고 우리가 경험할 향후 20년은 지난 2세기 동안 이룬 것보다 더 많은 것을 이룰 것"이라고 주장했다. 이들이 생명연장과 영생을 강력하게 주장하는 근거는 이 프로젝트에 돈을 대는 전 세계 기업가들과 책임감으로 똘똘 뭉친 연구자들 때문이었다(다음 페이지의 〈도표〉 참조).

유발 하라리Yuval Noah Harari(1976~)는《호모 데우스*Homo Deus*》에서 생명공학이 발전해서 수명을 다한 인공장기를 정기적으로 바꾸고, 맞춤의료로 질병을 치료하고, 자율자동차로 자동차 사고 위험을 거의 제로 수준으로 떨어뜨리고, 태양광에너지로 무한에너지에 접근하며, 농업발전으로 기근이 사라지는 미래사회의 모습을 상상했다.[19] 그리고 죽음을 정복하려는 인간의 처절한 전쟁

	이름(창업한 기업)	투자·지원 분야 (투자·연구기관)	투자 금액
1	피터 틸(페이팔)	노화 방지(므두셀라재단), 2세유전병(카운슬)	600만 달러
2	폴 앨런(마이크로소프트)	뇌과학, 암 정복(앨런 뇌과학 연구소)	7억 900만 달러
3	래리 페이지(구글)	노화 방지(칼리코)	7억 5000만 달러
4	세르게이브린(구글)	파킨슨병(23앤드미)	1억 5000만 달러
5	래리엘리슨(오라클)	노화 방지(앨리슨 의료재단)	4억 3000만 달러
6	숀 파커(냅스터)	알레르기·암 치료제 개발(파커 암 면역협회)	2억 5000만 달러
7	디트마르홉(SAP)	파킨슨병, 인공장기(다이비니 홉 바이오 테크 홀딩)	4억 7000만 달러
8	마크 저커버그 (페이스북)	매년 300만 달러를 생명연장 연구 과학자에게 주는 브레이크스루상 제정(브레이크스루 재단)	미정
9	드미트리 이츠코프 (뉴미디어스타트)	2045년까지 늙지 않는 아바타 완성 계획(2045 이니셔티브)	미정
10	제프베조스(아마존)	신경 질환, 암 정복(그레일)	미정

〈표〉200세 수명에 돈을 대는 IT 기업가들
* 출처:《워싱턴포스트》,《포브스》

[19] 유발 하라리, 김명주 역,《호모 데우스: 미래의 역사》, 김영사, 2017.

은 모든 인간의 자연스러운 욕구이면서 동시에 가장 확실한 이윤이 예상되는 미래산업이라고 했다.[20]

그의 말대로 오늘날 자본가들은 미래의 생명시장을 장악하기 위해 경쟁이 치열하다. 인류 역사상 그 어떤 황제도 어떤 제국도 어떤 성인聖人도 이룩하지 못했던 인간의 노화와 죽음, 미래의 생명시장을 지배하고자 구글, 아마존, 테슬라Tesla, 페이팔Pay Pal 등의 거대 플랫폼 제국들은 이미 오래전부터 '생명연장 프로젝트'에 막대한 자금을 투자고하고 죽음 정복을 선언하고 나선 것이다.

현재 추진되고 있는 대표적인 노화 방지 & 생명연장 프로젝트는 두 가지로 압축되는데 하나는 세포 분열을 활성화하는 것이고 다른 하나는 젊은 피를 수혈하는 것이다. 인간 몸속의 세포는 일정 시간이 지나면 세포 분열이 멈추도록 프로그래밍 돼 있는데 이를 '헤이플릭 한계Hayflick Limit'라고 한다. 분열이 멈춘 세포는 몸속에 계속 남아 일을 하지만 젊은 세포보다는 일을 못해 인체 곳곳에 고장을 일으킨다는 것이다. 미국 메이오클리닉Mayo Clinic 연구팀은 이런 원리에 착안해 분열이 정지된 늙은 세포를 제거한다면 인체의 노화 문제를 해결할 수 있을 것으로 봤다. 실제로 연구팀이 2016년 2월에 발표한 연구에 따르면, 생후 360일 된 생쥐의 노화세포를 제거하며 건강 상태를 측정한 결과 일반 쥐가 626일

---

[20] 김경미, 〈2045년 평균수명 130세, 생명연장 꿈 이룰까〉, 《한국일보》 2018. 7. 9.

산 반면 세포를 제거한 쥐는 843일을 살았다.[21] 수명이 30퍼센트 늘어난 것뿐만 아니라 늙은 쥐의 운동력과 활동성이 증가하는 등 '진짜 젊음'을 되찾았다는 것이 연구팀의 결론이다. 비슷한 사례로 김채규 울산과학기술원UNIST 화학과 교수 연구팀도 노화세포를 제거하는 약물을 퇴행성 관절염에 걸린 실험용 쥐에 투여한 결과 관절염 증상이 사라지고 건강한 상태가 오래 유지됐다는 사실을 밝혀 주목을 받았다.[22]

쥐를 통한 세포분열 연구는 구글이 오래전부터 투자를 해오고 있다는 분야다. 구글은 2003년 인간 수명 500세 도전을 위해 노화 원인 및 수명 연장 연구를 추진하는 칼리코Calico를 설립했다. 칼리코는 그간 연구 과정을 공개하지 않았으나, 최근 MIT의《테크놀로지 리뷰》를 통해 두더지쥐, 효모와 같은 실험생물을 통한 R&D를 진행 중이라고 밝혔다.[23] 그리고 2018년 1월 28일, 인간 500세 프로젝트의 첫 실험 결과를 발표했다. 구글이 인간 수명을 500년까지 늘리겠다며 추진한 비밀연구 프로젝트의 첫 성과인 것이다. 발표에 의하면 '늙지 않은 동물'을 찾았는데 DNA 복구력이 탁월하고 노화가 좀처럼 진행이 느린 동물, 즉 벌거숭이 두더지쥐를 찾았다는 것이다. 칼리코는 인터넷 국제학술지《이라이프eLife》에 "벌거숭이 두더지쥐는 수명이 다할 때까지 노화가 거의 진행되지

[21] 김경미, 앞의 기사.
[22] 권예슬, 〈'노화세포' 제거하는 무병장수 약 나온다〉,《동아사이언스》 2017. 4. 27.
[23] 이영환, 〈인간수명 500세로 늘리겠다는 구글, 벌거숭이 두더지쥐가 답?〉,《조선비즈》 2016. 12. 25.

않는 동물로 밝혀졌다"고 발표했다.[24] 칼리코의 로셸 버펜스타인 Rochelle Buffenstein 박사는 "벌거숭이 두더지쥐는 DNA나 단백질 손상을 바로잡는 능력이 탁월하고, 나이가 들어도 그 능력이 계속 유지되는 것이 늙지 않는 비결"이라고 설명했다. 따라서 칼리코는 늙지 않는 벌거숭이 두더지쥐를 활용하여 인간의 수명 연장에 적용하겠다는 계획을 밝혔다.

젊은 피 수혈도 노화 방지 프로그램 중의 하나다. 미국 UC버클리대의 이리나·마이클 콘보이Irina Conbo 부부는 혈액을 교환함으로써 인체 노화시계를 거꾸로 돌릴 방법을 찾기 위해 10여 년간 연구를 진행해오고 있다. 2017년 11월에 발표된 연구 결과는 생후 3개월 된 어린 쥐와 23개월 된 늙은 쥐의 혈액을 절반씩 교환하는 내용을 담고 있는데 결과는 긍정적이었다고 평가했다. 늙은 쥐가 혈액 교환 하루 만에 젊어지기 시작해 5일째에는 손상된 근육까지 회복되는 결과를 얻었다는 것이다.[25] 젊은 피 수혈로 젊음을 되찾아준다는 아이디어는 미국의 생명과학기업 '암브로시아ambrosia' 에서 수년 전부터 인체를 대상으로 한 실험인데, 문제는 참여자가 막대한 비용을 감수해야 한다는 것이다. 16~25세 젊은이들에게

---

[24] 이영혜, 〈고통을 모르는 벌거숭이 두더지쥐〉, 《동아사이언스》 2016. 11. 15. 벌거숭이 두더지쥐는 아프리카에 사는 몸길이 8센티미터의 땅속 동물로, 이름처럼 몸에 털이 거의 없다. 볼품없는 생김새이지만 노화를 연구하는 과학자들에게는 최고의 인기 동물이다. 수명이 32년으로 같은 몸집의 쥐보다 10배나 길다. 사람으로 치면 800세 이상 사는 것이다. 암에도 걸리지 않고 통증도 느끼지 않는다. 심지어 산소가 없어도 18분을 견딜 수 있는 것으로 알려져 있다.

[25] BerKeley, Research. https://vcresearch.berkeley.edu/faculty/irina-conboy 참조.

추출한 혈장·혈액 주사를 한 번 맞는 데만 900만 원 정도가 든다고 알려졌다.[26]

생명공학이 아무리 발전해도 인간의 암은 어쩔 수 없다는 것이 그동안의 암묵적인 동의였다. 갑작스런 사고나 유전성으로 계승되는 암은 죽음에 치명적이었다. 이건 예방의 차원이 아니기 때문이었다. 그러나 이젠 암도 예방하는 시대가 도래하고 있다.

2006년 《타임Time》지의 표지는 "신 대 과학GOD vs SCIENCE: 과학이 신의 영역에 침범할 수 있나?"로 타이틀을 장식하고 있다. 여기에 크리스퍼CRISPR가 등장한다. 신의 가위라 불리는 유전자 편집Genome Editing 기술이다. 세포에서 특정 유전자를 잘라내기도 하고 반대로 손상된 유전자를 없애고 정상 유전자로 갈아끼우는 데 사용되기도 한다는 크리스퍼의 등장은 오늘날 인간의 생명공학이 어디까지 왔나를 알 수 있는 대목이다. 미국 영화배우 안젤리나 졸리Angelina Jolie는 크리스퍼 기술로 선천적인 유전성에 도전했다. 그녀는 자신의 모계로 인한 유전으로 인해 유방암에 걸릴 수 있는 확률이 높다는 것을 알고 유방암 유전자 제거 수술을 시도했다.[27] 해당 부위의 유전자를 인위적으로 잘라버린 것이다. 수술 후 졸리는 《뉴욕 타임즈New York Times》와의 인터뷰에서[28] "나는 이번 수술을 받고 유방암에 걸릴 확률이 87퍼센트에서 5퍼센

---

26 유지영, 〈10대 혈액으로 영생 찾는 60대 노인들〉, 《조선비즈》 2018. 8. 22.

27 김영태, 〈생명과학, 신에게 도전한다〉, 《CBS노컷 뉴스》 2017. 4. 22.

28 《뉴욕 타임즈New York Times》 2013. 5. 14.

트 이하로 줄어들었다"고 말했다. 안젤리나 졸리의 수술 때문일까? 과학저널 《사이언스》는 2015년을 빛낸 과학 성과 1위로 크리스퍼 가위를 꼽았다.[29]

〈글로벌 크리스퍼 시장 현황과 전망〉이란 보고서에 따르면[30] 2014년 약 2억 달러에 불과했으나 그 후 6년(2016~2022)간 연평균 성장률 36.2퍼센트로 빠르게 성장하여 2022년에는 약 23억 달러의 시장이 형성되어 2014년에 비해 10배 이상 성장할 것으로 전망했다. 그 속도만큼 유전자 가위를 둘러싼 논쟁은 과학을 벗어나 생명윤리와 특허전쟁으로 확산되는 추세다.

신의 가위, 크리스퍼를 둘러싼 윤리 논쟁이 없는 것은 아니다. 논쟁은 중국 광둥성 중산中山대 황쥔주 박사팀이 2015년 인간 배아에서 유전자 가위를 활용해 빈혈 유전자를 제거했다고 발표하면서 촉발됐다. 미국 노벨상 수상자 데이비드 볼티모어David Baltimore와 폴 버그Paul Berg 박사는 《월 스트리트 저널》에서 "과학계가 기술과 윤리적 차원에서 우리 행동의 의미를 신중하게 생각해야 한다. 지금은 배아 속 유전자를 편집하기 전에 잠시 멈춰서 생각해야 할 시간"이라고 말했다. 국내에서 생명윤리학회장을 지낸 전방욱 강릉원주대 교수(생물학)는 "유전자 가위의 등장 이후에

---

[29] 제니퍼 다우드나새뮤얼 스턴버그, 김보은 역, 《크리스퍼가 온다: 진화를 지배하는 놀라운 힘, 크리스퍼 유전자 가위A Crack in Creation: Gene Editing and the Unthinkable Power to Control Evolution》, 프시케의 숲, 2018.

[30] 김은정, 〈인류의 미래 재단할 3세대 유전가 가위〉, 《LG경제연구원》 2017. 1. 24.

전에 없던 새로운 이슈들이 빠르고 폭넓게 등장하지만 이와 관련한 논의나 입법화는 뒤처진 형편"이라며 "특히 인간 생식세포 대상 연구, 유전자 드라이브, 유전자 편집 작물에 대한 관심과 논의가 절실하다"고 밝혔다.[31]

반면 중국은 아이의 미래 유전자를 미리 바꿀 수 있는 가능성에 대해서 긍정적인 태도를 보이는 나라 중의 하나로 분류되고 있다. 최근 중국은 유전자 조작으로 아기가 탄생했음을 공개해 전 세계의 비판을 받았다. 2018년 중국 선전시 남부과학기술대의 허젠쿠이賀建奎 박사는 크리스퍼 유전자 가위 기술을 활용해 유전자를 조작한 한 부부의 체외수정 배아를 산모에게 착상시키고 건강한 쌍둥이를 출산하는 과정을 도왔다고 밝혔다. 허 박사는 "두 아이의 아빠인 마크가 후천성면역결핍 바이러스 양성 판정을 받았기 때문에 난자와 정자가 수정된 배아에 '유전자 수술gene surgery'을 했다고 밝혔다.[32]

이 연구를 놓고 논란이 일고 있다. 대부분 국가에서는 유전자 편집 아기의 출산을 허용하지 않고 있기 때문이다. BBC에 따르면 영국의 런던왕립대학의 명예교수 로버츠 위스턴Robert Winston은 "허위 보도라면 이는 과학적 위법이며 매우 무책임한 행동"이라며 "만약 사실이라도 역시 과학적 위법"이라고 밝혔다. 킹스칼리지King's

[31] 《한겨레》 2016. 7. 20.
[32] https://www.huffingtonpost.kr/entry/story_kr_5bfce44fe4b0eb6d9313247c 참조.

College London의 줄기세포 연구자인 더스코 일리치 역시 "이걸 도덕적이라고 할 수 있다면 그들의 도덕에 대한 관념이 세상의 다른 사람들과는 매우 다른 것"이라고 밝혔다. 현대는 이미 이런 시대로 접어들었다. 자신의 유전자를 100달러로 확인할 수 있으며, 죽음으로 갈 수 있는 유전성은 가위로 편집할 수 있고, 얼굴에 바르는 영양 크림과 (입술)루즈로 소년, 소녀의 피부로 돌아갈 수 있고, 대머리가 약 한 알로 수세미처럼 숱도 많아지고 언제나 마음만 먹으면 발기도 잘 할 수 있는 약이 개발되고 있다. 인류는 이제 고통과 질병이 없는 새로운 시대의 문 앞에 서 있는 것이다. 기대되는가?

재수 없으면 두더지쥐처럼 500년 산다

여기 90년 동안 1,450명을 추적한 사람이 있다. 미국 스탠퍼드대학에서 종족宗族 연구로 유명한 루이스터만 박사는 1921년부터 인간의 탄생과 죽음에 이르는 90년 동안 1,450명을 추적하며 누가 가장 건강하게 오래 사는가를 연구했다. 그는 인간의 건강과 장수는 크게 세 가지 분야에서 중요하게 작용하는데 예를 들면 운동(몸 움직임), 음식, 그리고 마음가짐(관계)을 들었다. 꾸준한 운동과 몸에 좋은 영양소를 공급하면 기본적으로 자연수명을 다할 수 있는 조건에 들어가는데 여기에 마음 상태까지 안정적이면 약과 의사의 도움 없이 장수할 수 있다고 했다.

말하자면 장수하는 인간을 관찰했더니 그 사람들의 공통점은 운동과 음식의 균형이었다. 그리고 가장 중요한 것은 장수하는 사람들은 늙어서도 무언가에 몰입flow하는 상태를 유지하고 있다는 것이었다. 그들은 무언가에 매일 노력하고 있었고 그 노력에 대한 성취감을 자랑스럽게 여기고 있었다는 것이었다. 성취감은 크건 작은 것이건 자주 경험하는 것이 중요하다는 것이 그의 연구 결과였다. 이는 반대로, 살면서 성취감(보람)이 적은 사람은 건강하지 못하게 늙을 가능성이 높다는 의미이기도 했다. 그의 결론은 무엇이든 몰입할 수 있는 그 무엇—일 또는 취미 등—이 있어야 하고 거기에 정성과 노력을 해야 하는데 다만 그 노력에 대해 지나친 기대를 할 필요는 없다는 것이었다. 그저 작은 성취감만 느끼면 된다는 것이었다.

"인류의 최대 수명은 115세를 넘기 어렵다." 2016년 미국의 앨버트 아인슈타인의대 연구팀은 과학학술지 《네이처》를 통해 이 같은 연구 결과를 발표하며 학계의 주목을 받았다. 연구를 이끈 얀 페이흐Jan Vijg 박사는 약 40개국의 생존율과 사망률을 분석한 결과 "장수하는 사람이 늘고 있는 것은 사실이지만 110세를 기점으로 증가세가 멈춘다"고 밝혔다.[33] 극단적으로 오래 산 534명을 분석해도 115세 이상 사는 사람은 드물었다며 인간 수명의 한계가 그즈음이라는 결론을 도출한 것이다. 해당 연구는 과학자들 사이

---

[33] 김경미, 〈2045년 평균수명 130세······생명 연장의 꿈 이룰까〉, 《서울경제》 2018. 6. 29.

에서 "억지스러운 연구", "연구 방법론이 잘못됐다" 등의 반발을 불러일으켰지만 아직 쉽게 반박되지 못하고 있는 것도 사실이다. 왜냐하면 1997년에 122세로 사망한 프랑스의 잔 루이즈 칼망 Jeanne Louise Calment의 최고령 기록이 20년이 지난 현재도 깨지지 않고 있기 때문이다. 단, 이는 인간의 자연수명에 관한 이야기다. 현재 과학계에는 인위적인 방법으로 인간의 자연수명의 한계를 뛰어넘을 수많은 연구가 진행되고 있다. 아직은 대부분의 연구가 동물실험 단계에 그치고 있지만 과학계는 이런 도전들이 언젠가 지금 태어나는 아이들을 150세까지 살 수 있도록 하는 해법이 될 것으로 기대하고 있다.[34]

돌이켜보면 인류는 19세기까지만 해도 최고의 의사들조차 환자의 감염을 방지하고 조직의 부패를 막는 법을 알지 못했다. 야전병원 의사들은 병사들이 팔과 다리에 사소한 부상을 입었을 때조차 괴저가 두려워서 손과 다리를 절단했을 정도였다. 절단은 마취제 없이 이루어졌다. 최초의 마취제—이테르, 쿨로로포름, 모르핀—가 서구 의학에서 통상적으로 사용된 것은 19세기 중반에 이르러서였다.[35] 영국 왕 에드워드 1세(1237~1307)와 그의 왕비 엘리노어(1241~1290)의 사례를 보면 가늠이 된다. 그들의 자녀는 중세 유럽에서 제공받을 수 있는 최고의 환경과 양육 여건을 누렸다. 왕궁

---

[34] https://www.sedaily.com/NewsView/1S0ZWHEVL2

[35] 유발 하라리, 조현욱 역, 《사피엔스》, 김영사, 2015. 380~381쪽.

에 살면서 음식을 마음껏 먹었고, 좋은 옷을 입었다. 따뜻한 벽난로와 깨끗한 물, 수많은 시종, 최고의 의사가 있었다. 하지만 엘리노어 왕비가 낳은 16명의 아이에 대한 기록은 다소 충격적이다.[36]

1255년에 태어난 이름 없는 딸은 출생 시 사망했다.
딸 캐서린은 한 살 혹은 세 살에 사망했다.
딸 조앤은 생후 6개월에 사망했다.
아들 존은 5세에 사망했다.
아들 헨리는 6세에 사망했다.
딸 엘리노어는 29세에 사망했다.
이름 없는 딸은 생후 5개월에 사망했다,
딸 조앤은 35세에 사망했다.
아들 알폰소는 10세에 사망했다.
딸 마거릿은 58세에 사망했다.
딸 베렌게리아는 2세에 사망했다.
이름 없는 딸은 출생 직후 사망했다.
딸 메리는 53세에 사망했다.
이름 없는 아들은 출생 직후 사망했다.
딸 엘리자베스는 34세에 사망했다.
아들 에드워드.

[36] 앞의 책, 382쪽.

엘리노어와 에드워드 1세는 건강한 부부로, 자식들에게 치명적인 유전병을 물려주지 않은 것으로 전해진다. 그럼에도 불구하고 16명 중 10명(62퍼센트)이 어린 시절에 죽었다. 11세를 넘긴 아이는 6명뿐이었고, 40세가 넘도록 산 자식은 3명(18퍼센트)뿐이었다. 부부는 평균 3년에 한 명꼴로, 10명의 아이를 차례로 잃었다. 오늘날의 의료 기술로는 상상할 수 없는 사실이다.

1815년 워털루 전투가 끝난 2세기 동안 상황은 상상할 수 없을 정도로 바뀌었다. 전 세계에서 약 25~40세이던 평균 기대수명은 약 67세로 성큼 뛰었고, 선진국에서는 약 80세가 되었다. 어린이와 유아사망률이 특히 낮아졌다. 20세기가 되기 전에는 농경사회 어린이 중 3분의 1이나 4분의 1이 성인이 되기 전에 사망했는데, 대부분 디프테리아, 홍역, 천연두에 의해서 희생되었다. 17세기 영국의 경우 신생아 1,000명당 평균 150명이 출생 첫 해에 죽었고, 모든 어린이의 3분의 1이 15세가 되기 전에 사망했다. 오늘날 영국에서 출생 첫 해에 사망하는 아기는 1,000명당 다섯 명, 15세가 되기 전에 죽는 아이는 1,000명당 7명에 불과하다.

최근 인간의 생명연장에 큰 역할을 하는 로봇이 등장해 환자들의 주목을 받고 있다. 특히 암 진단을 받은 환자들에게 반응이 좋다고 알려지고 있다. 인공지능 의사, '왓슨Watson'이다. 왓슨은 정확한 암의 진단과 향후 수술 방법 그리고 효과적인 약 처방에 이르기까지 거의 완벽에 가까운 진단과 처방을 내려주는 인공지능으로 알려져 있다. 2016년 12월 길병원은 국내에서 처음으로 미국

IBM의 인공지능 '왓슨 포 온콜로지Watson for Oncology'를 도입했다. 미국의 한 헬스케어 스타트업이 만들어낸 이 인공지능 의사 왓슨은 죽음이 얼마 남지 않은 말기환자들이 집에서 치료를 받을 수 있도록 생의 남은 시기를 예측해주고 수술 방법 또한 의사들보다 더 객관적으로 제시할 수 있다는 장점을 인정받아 국내에서도 이미 환자와 가족들에게 환영을 받고 있다. 왓슨은 말기암 환자의 '죽음 시기를 예측하는 알고리즘death predicting algorithm'으로 인해 인간 의사의 경험과 감각을 넘어선다. 판독, 정확성, 효율성, 확률, 예측성이라는 수치 앞에서 인간 의사는 인공지능 왓슨을 능가하지 못하는 것으로 드러나고 있다.

인공지능 의사 왓슨은 2012년 3월 세계 최대 암 병원 중 하나인 미국 메모리얼 슬론 케터링 암센터MSKCC에서 폐암, 유방암, 전립선암 등 암 진료에 처음 도입됐다. 왓슨이 가진 핵심 기술은 자연어 처리natural language processing와 기계 학습machine learning을 통해 인간의 언어를 이해할 수 있어 방대한 양의 데이터를 스스로 분석하고 학습해 복잡한 문제에 대한 답을 즉시 내놓는다는 것이다.[37] 인간 의사가 3,000년 걸려야 볼 수 있는 의료 논문을 왓슨은

---

37 길병원 의료진도 왓슨의 장점을 인정했다. 의사의 인지 능력을 강화시키는 강력한 준거reference를 제시하고, 근거 중심 의학을 위한 통합자료를 제공하며, 다학제 진료에 활용됨으로써 원활한 환자 진료를 돕는다는 것이다. 왓슨은 현대의료의 특징인 '증거 기반 의료evidence based medicine', 즉 각종 연구 결과들이 쉴 새 없이 쏟아지는 현실에서 진료에 바쁜 의사들이 최선의 의학적 증거를 따라잡기는 쉽지 않은 상황에서 왓슨의 등장은 속도와 효율 면에서 많은 도움을 준다는 것이다. 그리고 왓슨은 각종 임상 데이터에 대한 방대한 학습량을 바탕으로 빠른 분석과

3시간이면 판독하는 것으로 알려져 있다.

2017년 12월 길병원은 '왓슨 도입 1주년 심포지엄'을 열고 그간의 연구 결과를 공개했다. 그동안 길병원에서 왓슨으로 진료받은 환자 557명을 분석한 내용이었다. 백정흠 길병원 외과 교수에 따르면 지난 1년간 대장암(결장) 환자 118명에게 제시한 의료진과 왓슨의 1순위 치료법이 같은 비율은 55.9퍼센트였다. 2009~2016년 이미 치료받은 환자 656명을 왓슨이 다시 진단했을 때 양쪽 의견이 일치했을 확률(48.9퍼센트)보다 올랐다고 밝혔다. 2순위 치료법까지 확대하면 인간·인공지능 의사의 생각이 같은 경우는 78.8퍼센트로 더 높아진다. 백정흠 교수는 "과거보다 강력히 추천하는 치료법에 대한 의견 일치가 많아졌다는 건 그만큼 의료진들이 왓슨 의견에 동의한다는 걸 의미한다. 왓슨의 능력이 개선됐고 전문가 집단의 인공지능 시스템 신뢰도가 높아졌다"고 말했다.[38]

왓슨은 전 세계 환자 빅데이터와 의학저널, 교과서 등을 스스로 분석하면서 매일 업데이트되고 있다. 길병원에 처음 도입됐을 때, 왓슨은 네 종류 암만 진단했지만, 이제는 유방암과 폐암 등 여덟 종류 암을 판단하고 있다. 조만간 갑상선암과 간암도 진단 분야에 추가될 예정이다. 길병원을 예로 들면, 왓슨의 진료를 택한 환자는

뛰어난 통찰력을 제시해준다는 것이다. 또한 논리적인 분석과 해석으로 직관과 경험에 의존하는 인간 의사가 빠지기 쉬운 잠재적인 편견을 피할 수 있도록 돕는다는 것인데 환자의 가족들은 이를 중요시한다.

[38] 허지윤, 〈길병원, AI 왓슨 도입 1년 만에 의견 일치율 7퍼센트 올랐다〉, 《조선비즈》 2017. 12. 5.

대장암과 유방암에 걸린 여성이 많았다. 557명 중 두 암에 걸린 경우가 299명(54퍼센트)으로 절반을 넘었다. 또한 3기에 해당하는 환자가 248명(47퍼센트)이었다. 백 교수는 "암이 상당히 진행되면서 불안한 중증 환자들이 인공지능 헬스케어에 대한 요구가 더 강하다"고 설명했다. 왓슨은 2016년 12월 5일 인천 가천대 길병원에서 국내 처음으로 암환자 진단에 투입된 이후 2017년 3월 기준 왓슨이 길 병원에서 진료한 암환자는 215명 정도였다. 암종 별로는 대장암이 65명으로 가장 많았고, 폐암 및 유방암(각 50명), 위암(35명), 부인암(15명) 순이었다.[39] 환자 만족도도 높은 편이라고 보고되고 있다. 길병원이 2017년도 10~12월 왓슨 진료를 받은 환자 51명에게 물었더니 48명(94퍼센트)이 매우 만족한다고 답했다. 이언 길병원 인공지능병원 추진단장은 "왓슨 암 다학제 진료에는 의사 6명이 참여하기 때문에 환자별로 최대 180분의 진료가 이뤄지는 셈"이라면서 "왓슨은 수많은 환자 사례를 바탕으로 진료 방침을 정하기 때문에 만족도가 높다"고 말했다.[40] 이게 사실이라면 인간은 보다 건강하게 장수할 수 있는 다양한 의료 환경을 맞이하고 있는 셈이다. 그럼, 인간은 누구나 두더지쥐처럼 500살까지 살 수 있을까?

---

[39] 송강섭, 《Science Time》 2017. 3. 30.

[40] 정종훈, 〈인공지능 의사 '왓슨' 1년, 인간 의사 치료법과 56퍼센트 일치〉, 《중앙일보》 2017. 12. 5.

그렇지 않다

여기 〈간 먹는 계모〉 이야기가 있다.[41] 간을 먹으면서 백설공주의 죽음을 기뻐하던 마녀인 계모의 마음은 아무리 이야기 속의 마음이라고는 하지만 그래도 너무하다. 한 인간의 '간'이라는 게 다른 인간의 이에 씹힐 것이던가. 이야기 속의 세계가 아무리 과장되는 거라지만, 폭력의 이야기가 이렇게 이야기 안으로 들어와서 오랫동안 우리에게 읽히는 것을 보면 인간의 마음속에는 분명 무엇이 들어앉아 있는 게 확실하다.

F. 스콧 피츠제럴드Francis Scott Key Fitzgerald(1896~1940)의 단편 〈부잣집 아이The Rich Boy〉(1926)에는 이런 대목이 있다.[42]

아주 돈이 많은 부자들에 대해서 한마디 해야겠다. 그들은 당신이나 나 같은 사람들과는 다르다. 그는 당시 세상 사람들을 세 부류로 나누었다. 원하는 것이라면 뭐든지 사고 뭐든지 할 수 있는 사람들, 오로지 노동의 대가로만 먹고 사는 사람들, 그리고 자기나 자기 자식들이 언젠가는 다른 두 그룹에 들 수 있기를 바라는 사람들이다.

지금보다 더 명확하고 불평등한 새로운 인류의 계급사회가 형

---

41 허수경, 《그대는 할말을 어디에 두고 왔는가》, 난다, 2018. 88쪽.

42 제리 카플란Jerry Kaplan, 《인간은 필요 없다: 인공지능 시대의 부와 노동의 미래Humans need not apply: a guide to wealth and work in the age of artificial intelligence》, 한스미디어, 2016, 153쪽.

성된다면 맨 상층은 누가 될까? 아래의 1계급을 형성하고 있는 사람들, 즉 데이터를 움켜쥐고 있는 소수가 될 것이다. 보이지 않는 가치를 수치와 데이터로 환산할 수 있는 사람들, 미래세상에서 그들은 생명연장과 죽음을 사고팔 수 있는 거대 플랫폼 회사를 운영하고 있을 것이다. 상상해보면 미래사회에서 아마존은 생명을 연장할 수 있는 상품 또는 영생보험을 100년, 200년, 300년 단위로 팔고 있지 않을까. 2090년 미래를 상상해보자. 그때는 선명한 계급사회다.[43]

　1계급: 플랫폼 등 기술을 소유한 기업인 0.001퍼센트
　2계급: 인기정치인, 연예인 같은 스타 0.002퍼센트
　3계급: 사회 전반의 일자리를 대체할 AI
　4계급: 나머지 단순 노동자 99.997퍼센트

　미래사회는 상/하위 층의 소득격차가 벌어질 대로 벌어진 사회가 될 것이다. 인간이 차지하는 중간계층은 사라질 것이며 소수에게만 기술발전의 혜택이 돌아가는 사회가 될 것이다. 상위 0.001퍼센트만 영생하는 초계급사회에 진입한 사람들은 성경에 나오는 가장 오래(969년) 산 인간인 므두셀라Methuselah와 다를 바 없다. 이들은 젊고 건강한 신체를 갈아타며 영생을 누린다. 그리고

[43] 〈윤석만의 인간혁명〉, 《중앙일보》 2018. 9. 20.

시간이 지날수록 더 많은 부와 영향력을 갖게 된다.

전문가들은 미래인간은 스택stack이라는 장치를 신생아의 뇌에 심어 기억과 의식을 저장할 수 있을 것으로 예측하고 있다.[44] 육체가 병들거나 사고로 다쳐도 스택만 이식하면 새로운 삶을 살 수 있는 것이다. 그들은 최상위계층 1계급 사람들이다. 반면 대다수 사람들은 그라운더GROUNDER, 즉 4계급에 해당되는 사람들이다. 그들은 므두셀라를 신처럼 받들고 동경하며 살아가는 처지에 놓인 사람들이다. 그라운더는 기술문명의 혜택을 얻지 못하고 하루하루를 연명하는 계층이다. 대부분의 일자리가 로봇으로 자동화되기 때문이다. 불멸하는 1단계 사람들(초계급사회)은 온갖 부패와 범죄를 저질러도 쉽게 처벌을 면한다. 그들에게 안락사, 즉 연명의료결정법(존엄사법)[45]을 제안한다면 어떨까? 대부분 고개를 돌려 거절할 것이고 보란 듯이 영생의 약을 먹거나 머리에 스택을 꽂을 것이다.

살펴본 바와 같이 현재 전 세계의 자본가들은 거의 모두 로봇공학, 인공지능, 음성인식, 생명공학, 유전학 같은 분야에 투자해 죽음의 미래를 개척하고 있다. 그들의 소망은 죽음의 속도를 늘리는 것이며 마침내 '죽음 돌파'를 자신들이 경험하는 것이다. 그럼 그

---

[44] 넷플릭스Netflix에서 상영 중인 〈얼터드 카본Altered Carbon〉을 보면 인간의 기억과 감정을 뇌와 연결된 컴퓨터 칩에 저장할 수 있다.

[45] Nancy Berlinger, 김신미, 김진실, 고수진 공역, 《임종기 연명의료 결정을 위한 지침》, 학지사 메디컬, 2015. 참조.

들이 말하는 미래를 준비하는 목적, 그러니까 장수와 영생을 위해 투자하고 연구하는 것이 개인의 평온과 인류의 번영을 위해서일까? 개인적인 상상으로는 아니다. 아닐 것이다. 그들의 목적은 오로지 돈 벌기다. 그들이 화성을 개척하고 좀 더 청정한 공간을 만들고 무인자동차를 만들고 생명연장의 기술을 확보하는 것은 단하나의 목적만 있을 뿐이다. 지구에서 1퍼센트만이 진입하고 소유할 수 있는 그런 사회를 만들고 그 속에서 자신들은 여전히 부의 중대를 한없이 늘리는 것, 스스로가 신이 되는 것 그리고 99퍼센트의 노예를 거느리는 것, 그것뿐이다. 얼마나 좋을까?

확실한 건 그들이 준비하는 미래의 죽음비즈니스는 실패할 확률이 낮다는 것이다. 알약을 한 알 먹거나 얼굴에 바르는 크림으로 노화를 방지한다면 얼마나 잘 팔리겠는가? 고대로부터 인간의 갈망은 그것 아니었는가? 젊어지고 싶고, 오래 살고 싶고, 자신이 소유한 물질과 권력을 과시하고 인정받고 싶고, 가능하다면 죽지 않는 것. 사실, 그것은 비단 그들만의 욕망은 아니다.

죽음과 시간, 그것은 인류의 유일한 평등이었다. 빈부, 명예, 권력과 상관없이 누구나 시간은 잡을 수 없고 죽음은 피할 수 없었다. 중국의 황제가 되어도 유럽제국의 주인이 되어도 인간의 몸은 시간이 지나면 늙고 쇠락했다. 인간의 몸은 스마트폰처럼 업데이트할 수 없었기 때문이었다. 깨달음을 얻은 성인에게도 죽음의 면죄부는 주어지지 않았다. 이처럼 시간과 죽음은 공기보다 더 평등한 유일한 것이었다. 하지만 이제 죽음이라는 평등이 어긋날 시간이 예고되고 있다. 어떤 작가는 죽지 않는 몸을 신의 저주라 했지만 그럼에도 불구하고 죽음의 불평등 시대는 다가오고 있다.

죽음을 받아들이는 삶이 인간의 삶이라고 한다면 영생의 약을 기다리는 사람들은 비웃을 것이다. 살 수 있는데, 이 좋은 세상에서 왜 죽어야 하나? 반문할 것이다. 그들은 수치로 검증되는 과학을 신봉한다. 종교와 철학에서 말하는 죽음의 의미와 가치보다는 수치로 제공해주는 과학적 사실을 더 선호한다. 그들에게 인간이 왜 노화가 필요하고 생명이 무엇인지를 설명하는 것은 고리타분하고 무의미할 것이다. 자살하겠다고 신발 벗고 다리 위까지 올라간 사람의 마음을 돌리기가 어렵듯이 영생하겠다고 작정하고 덤벼든 사람에게 겨울이 오면 봄을 준비하듯이 노년이 오면 죽음을 준비해야 한다는 말은 돈이 없거나 능력이 없는 것으로 보일지도 모른다.

다가올 노화와 죽음을 거부하고 인위적으로 생명을 연장한다는 것이 무슨 의미가 있을까. 사실 사람에 따라 의미와 가치는 그리 중요하지 않다. 의미와 가치를 따지는 사람들에게나 의미가 있는 것이지, 장사나 사업을 하겠다는 사람들에게는 부의 추구와 목표 달성만 있으면 되는 것이다. 그 사람들에게도 자신들만의 생사관은 있을 거라 생각한다. 그럼에도 불구하고 생명과 죽음의 의미를 과학이 아닌 다른 각도에서 생각할 필요는 있다.

인간은 생명의 존재 원리가 무엇인가를 알고 죽음을 거부하지 않을 때 비로소 '자유인'이 될 수 있다. 자유인은 어떤 면에서 '물질'과 '소유'의 개념을 떠난 사람들이다. 반대로 말하면 이 원리는 물질에 집착하는 사람들 속에서 자유인을 찾기란 힘들다는 말이다. 부와 권력에의 집착, 소유와 영향력의 과시, 그건 자본에 갇힌 사람들의 특징이다. 그걸 붙잡고 있지 않으면 항상 두렵고, 외롭고, 분노하고, 고독해서 쓰러지는 사람들이다.

그럼 자유인은 어떤 사람인가? 앞서 말했듯이 물질을 떠난 사람들이다. 예를 들면 노인들이다. 인생의 희로애락, 사계절, 생로병사의 순환을 몇 십 번씩 경험한 사람들, 바로 노인들이다. 생물학적으로 몸이 노화되고 죽음을 앞둔 사람들, 이런 사람들에게는 강력한 무기가 있다. 그건 바로 인생의 '통찰'이다. 생은 언제가 쇠퇴하고 결국 소멸로 간다는 평범한 진리를 깨달은 안목이다. 그들(자유인)은 누군가의 멘토가 될 수 있다. 인생의 봄-여름-가을-겨울을 수십 번 경험했기 때문이다. 젊은이가 멘토가 되기 힘든 이유다. 재벌이라고 누군가의 멘토가 될 수 있는 것은 아니다. 화폐, 권력, 명예, 소유를 무기로 하는 사람들은 타인에게 위압을 줄 수는 있어도 존경을 받기는 힘들다. 돈과 권력은 있지만 유머와 여유가 없기 때문이다. 따라서 죽음을 앞둔 노인은 자유인이 될 수 있는 환경에 놓여 있고 그런 사람은 인생의 통찰로 타인에게 부드러운 멘토가 될 수 있다. 지혜로운 사람이기 때문이다.

지혜는 보이지 않는다. 지혜는 눈으로 확인하는 것이 아니다. 지혜는 눈看이 아닌 귀聽와 내면으로 축적되는 것이다. 동양이건 서양이건 성인과 멘토의 반열에 올랐던 사람들은 모두 그러했다. 평범했지만 물질을 구걸하지 않았고 죽음을 거부하지 않았던 자유인이었다. 그들은 인생의 겨울을 기꺼이 받아들였다. 봄과 가을만을 선택하려 하지 않았다.

왜, 매년 어김없이 찾아오는 봄이 지겹지 않은가? 여름이 되면 가을이 기다려지고 가을이 되면 겨울이 기다려지는가? 그건 매년 다른 봄이 찾아오기 때문이다. 같은 봄이라도 작년과 올해 그리고 내년의 봄이 다르기 때문이다. 온도, 습도, 냄새, 소리, 향기, 기운 모든 것이 작년과 지금이 다르기 때문이다. 다르기 때문에 지겹지 않은 것이다. 그렇게 볼 때, 인간이 생-노-병-사에서 생과 젊음만 유지한다면 그건 뭘까? 지옥이다. 지옥의 특징은 동일과 반복성이다. 동일한 계절과 일상, 그건 무료하고 건조한 삶을 동반한다. 봄만 계속되는 삶, 겨울만 계속되는 날씨, 그게 설레고 좋을 리 없다. 그러므로 생명의 반대 의미는 죽음이 아니고 매일 계속되는 무료한 '반복'이다. 생명은 매일 고유한 리듬(파동)을 가지고 타자와 함께 리듬을 타고 변화하기 때문이다. 그래서 지겹지 않은 것이다.

시간과 죽음만큼 인간에게 제한적이고 위협적인 존재가 있었을까? 생각해보면 그것은 인간이 오늘날의 평화와 번영을 이룬 동력이고 씨앗이었다. 감히 어쩌지 못하는 불멸의 존재인 시간과 죽음 앞에서 인간은 자신의 존재를 생각해야만 했다. 그것으로 인류는 오랫동안 예술과 학문의 발전을 이루어온 것이다. 시간과 죽음이라는 제한된 상황 속에서 인간은 상상력과 창의력을 발휘할 수 있다. 배고픔, 손을 못 쓰는 운동(축구), 발을 쓰지 못하는 운동(골프),

사자를 만났을 때(위험에 처했을 때), 조건의 결핍, 존재의 위기가 느껴지는 상황, 이 모든 것들에서 인간은 생존과 번식을 위해 절박하게 움직인다. 그러니까 인간은 시공간의 어떤 제한적 상황 속에서 위기의식을 느낄 때, 적극적으로 움직이게 되는 것이다. 바로 이때 인간만이 만들어낼 수 있는 상상력과 창의력이 발동되는 것이다. 인간이라는 종이 다른 강한 동물들을 제압한 이유도 여기에 있다고 할 수 있다.

인문학적 관점에서 본다면, 인류가 창조해낸 예술적 창의성, 정치적 신념, 종교적 신앙심, 학문적 과제들은 거의 모두 시간과 죽음에 대한 제한성(공포와 두려움)에서 연료를 얻어왔다고 할 수 있다. 하지만 과학과 기술의 발전은 인간의 노동력을 감소시킨다. 즉, 최대한 몸을 쓰지 않는 상태로 살아가게 만든다. 그런데 인간은 몸의 변화를 감지하면서 성장하고 의미를 찾을 수 있는 존재이기도 하다. 몸의 변화가 없는 삶, 생리적인 균일함 속에서 인간은 성숙하기 어렵다. 몸의 변화를 감지하고 그것을 자연과 우주와 연결하는 고민, 그것이 삶이고 인류의 역사였기 때문이다.

인류는 탄생 이래로 물을 찾아 헤맸다. 유목보다는 정주를 위해 관개공사를 시작했고 그 속에서 공동체의 지혜를 깨달았다. 자연의 물을 인간의 삶으로 끌어들이는 일은 사실은 빛을 끌어들이는 일과 같다. '빛'이라는 말 속에는 자연에 의존해서 살아온 인류가 자연의 움직임을 예측하고 이용하고 살면서 삶을 밝게 만들려는 의지가 숨어 있기 때문이다. 하지만 물과 빛이 과연 인류에게 혜택만 가져다주었는지, 자신의 생존과 번식을 위해 다른 것을 부수지 않았는지 생각해볼 일이다. 물과 불, 전기와 빛을 얻는 대신 다른 무엇을 잃지는 않았는지, 인류의 반복되는 이 슬픈 딜레마를 오늘날 생각하지 않을 수 없다.

과학과 기술은 나날이 진화하고 있으며 인류에게 빛과 전기, 물과 불보다도 더 찬란한 속도와 편리함을 선사하고 있다. 처음, 배나 비행기를 만들던 사람들 그리고 오늘날 우주선과 인공지능을 만드는 사람들은 신기하게도 동일한 이야기를 하고 있다. 인류는 평안과 번영을 위해 삶의 환경과 조건을 바꾸어야 한다는 것이다. 그러나 그들이 말하는 환경과 조건을 바꾸는 일은 어쩌면 불행의 조건을 넓히는 일이기도 할 것이다. 이쯤에서 간 먹는 계모의 마음을 다시 생각해볼 일이다.

참고문헌

레이 커즈와일, 《특이점이 온다: 기술이 인간을 초월하는 순간》, 김영사, 2007.

로랑 알렉상드르·장 미셸 베스니에, 양영란 역, 《로봇도 사랑을 할까》, 갈라파고스, 2018.

박영숙·벤 고르첼, 엄성수 역, 《인공지능 혁명 2030》, 더블북, 2016.

에릭 슈미트·제러드 코언, 이진원 역, 《새로운 디지털 시대》, 알키, 2014.

스콧 갤러웨이, 이경식 역, 《플랫폼 제국의 미래》, 비즈니스북스, 2018.

빌 앤드루스, 김수지 역, 《빌 앤드루스의 텔로미어의 과학: 과학이 말하는 노화와 생명연장의 비밀》, 동아시아, 2015.

레이 커즈와일, 《영원히 사는 법》, 승산, 2011.

허수경, 《그대는 할 말을 어디에 두고 왔는가》, 난다, 2018.

제니퍼 다우드나·새뮤얼 스턴버그, 김보은 역, 《크리스퍼가 온다: 진화를 지배하는 놀라운 힘, 크리스퍼 유전자 가위A *Crack in Creation: Gene Editing and the Unthinkable Power to Control Evolution*》, 프시케의 숲, 2018.

전방욱, 《DNA 혁명 크리스퍼 유전자 가위 생명 편집의 기술과 윤리, 적용과 규제 이슈》, 이상북스, 2017.

유발 하라리, 조현욱 역, 《사피엔스》, 김영사, 2015.

유발 하라리, 김명주 역, 《호모데우스》, 김영사, 2017.

제리 카플란, 《인간은 필요 없다: 인공지능 시대의 부와 노동의 미래》, 한스미디어, 2016.

Nancy Berlinger, 김신미·김진실·고수진 공역, 《임종기 연명 의료 결정을 위한 지침》, 학지사메디컬, 2015.

김치중, 〈인공지능 섹스 로봇, 인류의 삶에 재앙일까〉, 《한국일보》 2018. 3. 18.

곽노필, 〈'현대판 진시황' 미래학자의 '영생알약'〉, 《한겨레》 2015. 4. 21.

김경미, 〈2045년 평균수명 130세, 생명 연장 꿈 이룰까〉, 《한국일보》 2018. 7. 9.

이영환, 〈인간수명 500세로 늘리겠다는 구글, 벌거숭이 두더지가 답?〉, 《조선비즈》 2016. 12. 25.

이영혜, 〈고통을 모르는 벌거숭이 두더지쥐〉, 《동아사이언스》 2016. 11. 15.

유지영, 〈10대 혈액으로 영생 찾는 60대 노인들〉, 《조선비즈》 2018. 8. 22.

김경미, 〈2045년 평균수명 130세······생명 연장의 꿈 이룰까〉, 《서울경제》 2018. 6. 29.

허지윤, 〈길병원, AI 왓슨 도입 1년 만에 의견일치율 7퍼센트 올랐다〉, 《조선비즈》 2017. 12. 5.

정종훈, 〈인공지능 의사 '왓슨' 1년, 인간 의사 치료법과 56퍼센트 일치〉, 《중앙일보》 2017. 12. 5.

종합토론

새로운 과학 패러다임 시대의
인간과 가치

사회·송승철(강원도립대)
토론·김 번
　　　성경륭
　　　이중원
　　　이행훈
　　　임채원
　　　장회익
　　　박희병
　　　도정일

김 번   성경륭   이중원   이행훈

임채원   장회익   박희병   도정일

송승철

* 이 〈종합토론〉은 한림대학교 한림과학원 주최로 2018년 4월 27일에 열린 제10회 일송학술대회
에서의 토론 내용을 정리한 것이다. 발표자와 토론자의 토론 내용 중 시기 언급은 학술대회가
열린 시기에 따른 것이다.

사회자 ●●● 종합토론 사회를 맡은 강원도립대학교 송승철입니
다. 오늘 네 분의 발제를 보면 굉장히 다르고, 그러나 동시에 발제
순서가 확장되고 연결되는 묘한 구조를 가지고 있었습니다. 박희
병 교수님께서는 기술시대에 인문학의 본체를 어떻게 계속 장악할
것이냐에 대한 고민을 말씀하셨는데요. 도정일 교수님이 그것을
'포스트휴머니즘posthumanism'과 '트랜스휴머니즘transhumanism'
을 이야기하면서 인문학적 가치 문제를 가지고 오셨고요. 성경륭
교수께서는 그 문제를 사회와 연결시켜서 '신인류', '신사회'에 대
해서 이야기하셨고, 마지막에는 자연과학으로 가면서 우주 전체
와 인문, 사회 그리고 자연이 다 하나로 합치는 괴력을 보여주셨습
니다.

1시간 30분 정도 토론 시간이 있습니다. 토론자 한 분께 5분에서
많으면 7분 정도 시간을 드리겠습니다. 그런 다음 다시 발제자에게
3분 정도 시간을 드리고요. 그러고 나면 통틀어서 난상토론을 한
번 진행해볼까 합니다. 먼저, 이행훈 교수님, 토론을 시작하시죠.

이행훈 ●●● 네, 안녕하세요. 한림과학원의 이행훈입니다. 저는 '과학'은 잘 모르는 인문학도이지만, '인간'과 '가치'는 그래도 계속 붙들고 있어야 된다고 생각하기 때문에 오늘 박희병 선생님 발표를 아주 흥미롭게 들었습니다.

선생님께서는 먼저 '융복합'이나 '통섭'이라는 화두가 실용학문의 요청 때문이지 인문학 내부에서 출발한 것이 아니라고 하셨습니다. 전적으로 동의합니다. 개인적인 의견으로는 서양에서 문학, 사학, 철학의 기원은 오래되었으나 한국에서 지금과 같은 분과 학문이 제도화된 것은 불과 1세기 전의 일임은 상기할 필요가 있다고 봅니다. 오늘 선생님께서 '통합인문학'을 말씀하셨는데, 아마도 단순히 이러한 분과 학문이 지니는 단점을 극복하기 위해서 제기하신 것은 아니라고 생각합니다. 그러니까 단지 학문하는 방법 차원뿐만 아니라 그러한 방법의 변화를 통해서 현재 학문의 목표랄까요, 아니면 지향점이라고 할까 조금 추상적이기는 합니다만 변화를 가져올 수 있지 않을까 하는……. 만약에 그렇다면, 그런 방법의 변화를 통해서 '통합인문학'은 근대 이전의 전통적인 학문과는 어떤 차이가 나며, 또한 '통합인문학'이 가져올 학문의 근본적인 변화는 어떤 것을 기대해볼 수 있을지 조금 더 설명을 해주었으면 합니다.

선생님께서 지적하신 대로 전문성의 테두리에 갇혀서 스스로 학문의 경계를 구획 짓고 협소화한다는 점도 사실 분명합니다. 그런데 저는 현 시대 학문의 근본적인 문제점은 배움과 실천이 분리된 데에 있지 않나 생각하고 있습니다. 오늘날의 학문은 진리를 추구하지 않고 끊임없이 새로운 지식만을 추구하는 것 같습니다. 인간을 둘러싼 본질적인 물음에 소홀한 것이야 말로 저는 경계해야 할 문제가 아닌가, 하는 그런 고민을 하고 있습니다. 연구자나 교육자 모두 이러한 질문을 도외시하는 동안에 4대강이 파헤쳐졌고 생명이 살아 숨쉬기 어려운 고인 물이 되고 말았습니다. 여전히 직접적인 침몰의 원인조차 밝히지 못하고 있는 세월호 문제도 있습니다. 무리한 증축과 과적이 시장논리에 따른 하나의 원인으로 제기되었을 뿐입니다. 이에 비하면 선생님이 말씀하신 연구재단의 학술비 지원에 매달리는 연구자들의 모습은 매우 소소해 보입니다.

이처럼 지식인의 사회적 책무를 방기하는 행태가 도를 넘어서 사리사욕을 위해서 양심마저 저버리고 있습니다. 한편으로는 외국 사전에까지 등재된 '재벌'이나 '갑질'은 한국만의 특수한 기업 행태이고, 자본에 의지한 새로운 계급제도의 출현에 다름 아닐 것입니다. 어째서 이러한 일이 벌어지고 있는 것일까요? 근대 전환기 공리公理로 믿었던 적자생존과 밀림의 법칙이 지속되면서 선생님이 말씀하신 것처럼 재화로는 결코 환산될 수 없는 인간의 생명과 가치가 너무나도 가볍게 여겨지고 있는 것은 아닌가 싶습니다.

이렇게 본다면 오늘 얘기가 되고 있는 '4차 산업혁명', '디지털 정보혁명' 이런 것들이 내비치는 장밋빛 청사진은 사실 학문의 본질은 내버려둔 채 외형에만 우리의 시선을 몰아가고 있는 것처럼 보입니다. '디지털 혁명'은 자료 혹은 정보를 대중화한다는 측면에서 지식의 권력화와 독점화를 막는다는 긍정적인 역할도 기대해 볼 수 있습니다. 그러나 정보는 역시 정보일 뿐이고 가치 있는 지식이 되기 위해서는 우선은 수많은 정보를 판단할 능력이 요구될 것입니다. 인터넷 클라우드를 이용하는 수많은 정보를 지식으로 전환하는 데에는 무엇보다 인문학적 소양이 여전히 필요하다고 생각합니다. 디지털 아카이브 테크놀로지 발달이 역설적으로 지성의 기반이 될 지식의 자기화에 장애를 초래할 여지가 있다는 선생님의 지적에 전적으로 동의합니다.

선생님께서 지적하신 고증학뿐만 아니라 사실은 성리학도 그러한 면에서, 또는 다른 모든 학문도 동일한 지적을 받을 수 있다고 생각합니다. 제가 예전에 읽었던 후쿠자와 유키치福澤諭吉의《학문의 권장學問のすすめ》에 나오는 일화가 잠깐 생각이 났는데요, 이런 일화가 있습니다. 십수 년을 유명한 유학자 문하에서 공부를 마친 사람이 고향으로 돌아오는 길에 배에 실은 수백여 권의 듣고 배운 기록들을 물에 빠뜨려서 잃어버렸습니다. 결국 그가 닦은 학문은 모두 사라지고 그 우둔함은 고향을 떠날 때와 똑같이 되고 말았다는 거죠. 그래서 저는 성찰 없는 복제지식은 결코 자기 것이 될 수 없다는 점에서 이러한 일화가 디지털 시대에도 교훈을 전해줄 수 있다고 생각합니다.

마지막입니다. 기계의 편의성에 익숙해지면 정신도 변하고 기계가 인간의 노동을 대체하면서 발생하는 노동의 소외 문제를 주체의 내적 성찰 부분에서 언급을 하셨습니다. 그리고 세계와 자연에 대한 접촉을 늘려가야 한다고도 하셨습니다. 그런데 외람되지만 역사 기록물을 살펴보면 대한제국기 외국인들의 눈에 비친 한국의 모습은 어떻게 보면 자연 상태와 크게 다르지 않게 인식되었던 것 같습니다. 달리 말하면, 자연의 운행에 순응하는 삶 외에 다른 선택지가 그들에게 별로 없었던 것은 아닐까 하는 이런 생각도 듭니다. 그래서 노동의 소외를 조금 다른 차원으로 보면 오히려 새롭게 주어진 선택지가 될 수도 있을 것 같습니다.

지금 우리가 느끼는 인문학의 위기라는 이런 느낌도 실은 고도성장과 함께 높아진 욕망을 채우기에 급급한, 그래서 더이상 그 외의 힘을 다른 데에 쓸 여력이 없어서 나타나는 현상은 아닌지도 모르겠습니다. 그래서 선생님께서 말씀하신 이러한 노동소외 문제에 인문학은 앞으로 어떤 역할을 할 수 있다고 생각을 하시는지 전망을 말씀해주시면 좋겠습니다.

사회자 ●●● 네, 박희병 선생님.

박희병 ●●● 네, 질문해주신 이행훈 교수님께 감사드립니다. 분과 학문체제의 문제점과 통합적 학문의 필요성을 저는 십 몇 년 전부터 말해오고 있습니다. 한국학은 통합인문학으로서 수행되어야 한다, 그래야만 세계적인 학문에 다가갈 수 있을 뿐만 아니라 학문 본연의 책무를 다할 수 있다, 이런 생각에서 주장해왔는데 최근 IT 기술의 놀라운 발전을 볼 때 통합학문의 필요성은 더 커진 것 같습니다. 요새 자본이나 공학 쪽의 요구와 관련해 '융복합'을 주장하는 분들이 많은데 학문을 학제적學制的으로 하자는 이야기라는 점에서는 제가 말하는 '통합'하고 비슷해 보이지만 동기라든지 지향점이라든지 목표라든지 이런 것은 아주 다르다고 생각합니다.

그러면 왜 통합학문으로 가야 하느냐? 이것은 정보통신 기술의 발달로 인해 문명의 상황, 인간의 존재 상황, 학문의 상황이 크게 달라졌기 때문입니다. 인간의 정체성도 그렇고, 현재의 삶에 대한 성찰이라든가 미래의 삶에 대한 전망 역시 아주 복잡해졌습니다. 이런 복잡한 세계, 복잡한 현실에 맞서서 인문학이 학문적으로 자신의 '공적 책무'를 수행하려고 하면 이전처럼 분과 학문에 갇혀서는 속수무책이 아닌가 합니다. 좀 더 통합적인 사고, 통합적인 접근이 불가피하다고 봅니다. 제가 말하는 통합적인 사고는 단순히 기능적인 것을 말하지 않습니다. 거기에는 비판성, 가치론적 문제의식, 윤리적 고민, 현재와 미래에 대한 책임의식, 공동체와 세계에 대한 공적 관심, 이런 것이 내장內藏되어 있습니다.

근대에 들어와 인문학은 앎과 실천을 분리해 주로 지식을 추구해 왔습니다. 하지만 지식이 대중화, 정보화 되고 있는 지금 상황에서 이렇게만 해서는 '학문으로서의 인문학'은 그 존립의 의미가 점점 더 쪼그라들게 된다고 생각됩니다. 그러니 기능적인 정보나 지식을 넘어서서, 그리고 인문학을 교양이나 취미 정도로 치부하는 것을 넘어서서, '지혜'라든가 '공적 담론'을 추구하는 쪽으로 인문학의 본령을 재구축, 재설정해야 하지 않나 합니다. '지혜'라는 것은 지식하고 차원이 달라서 우리의 '몸'과 분리될 수가 없습니다. 지식이라는 것은 기계로 추구될 수 있고 머리로 추구될 수 있지만, 지혜는 단순히 머리만의 문제가 아니며 몸의 문제입니다. 이 때문에 실천의 문제, 수행의 문제, 삶의 문제, 이런 것이 본질적으로 문제가 되는 것입니다. 즉, 이론과 실천의 문제가 제기되는 거죠. 머신 러닝, 딥 러닝이 가능해진 지금과 같은 상황에서 이론과 실천의 문제, 지혜의 문제는 인간이 진정으로 인간다운 삶을 추구해나가는 데 굉장히 중요한 문제가 될 거라고 저는 생각합니다. 통합인문학은 인간이 가야 할 좀 더 지혜로운 방향이 무엇인지, 환경은 파괴되고 디지털은 만능으로 되어가는 시대에 인간이 손에서 놓아버려서는 안 되는 가치들, 견지해야 할 가치들이 무엇인지, 무엇을 향해 그리고 무엇을 위해 우리가 살아가야 하는지에 대한 공적 담론을 모색해가야 합니다.

마지막으로 노동 및 자연과 관련해서 질문을 하셨는데, 마르크스는 인간을 '유적 존재類的存在'로 규정한 바 있습니다. 이는 인간 존재의 고유성을 '노동'과 관련해 규정한 것입니다. 노동은 단지 가치를 창조할 뿐만 아니라 인간이 자신의 본성을 실현하는 데 본질적인 계기가 됩니다. 인간은 노동을 통해서 인간으로 만들어지는 것입니다. 문제는 자본주의 세계에서의, 그리고 지금 한국에서의 노동자의 노동이 비인간적이라는 점입니다. 마르크스가《경제학·철학 수고》에서 말한 것과 달리 노동이라는 것이 인간을 실현하는 어떤 것이 되지 않고, 오히려 인간을 억압하고 인간을 고통스럽게 만들고 있으니 문제지요. 이 점은 사회적·정치적·경제적으로 풀어나가야 할 중대한 문제라고 생각합니다.

다만 제가 오늘 발표에서 말씀드리고자 한 것은, 장차 도래할 미래 사회의 문제와 관련된 것입니다. AI와 기계가 인간의 노동을 대체하고 그에 따라 인간이 사회적으로 노동에서 배제되는 상황을 염두에 두고 한 말입니다. 이윤만 보장된다면 자본가들은 이를 선호할 것입니다. 예상되는 이런 상황에서 노동에 대한 새로운 감수성과 성찰이 필요하지 않은가, 그런 사회에서 '노동권', 즉 일할 수 있는 인간의 권리는 인간의 기본적 권리, 즉 '인권'으로 간주되고 옹호되어야 하지 않겠는가, 이런 생각을 하게 되는 것입니다.

아까 성경륭 선생님께서 미래사회의 모습을 예견하시면서 '유스리스 클래스useless class'가 생겨날 수 있다, 라고 하신 것과 연결되는 문제가 아닌가 합니다. 전 사회적 수준에서 볼 때 인간이 '일'에서 배제된다는 것은 오늘날의 '실업' 문제와는 차원이 다른 문제라고 생각됩니다. 노동의 존재론적 기반, 노동과의 연관을 상실한 인간은 아마 지금과는 전연 다른 인간일 테고, 세계 내적 존재로서의 자신의 아이덴티티를 유지하기 어려울 가능성이 많습니다. 인문학은 이런 예상되는 상황에서 무엇을 고민해야 하고, 무엇을 성찰해야 하며, 무엇을 바꾸기 위해 노력해야 하고, 무엇에 저항해야 하는가? 주어진 상황을 자연적인 것으로 받아들이지 말고, 이런 문제 상황을 학문적인 공적 담론 속으로 적극적으로 끌어들여야 한다는 것이 제 생각의 골자입니다.

인간은 자연으로부터 멀어지면 멀어질수록 본래의 자기를 그만큼 더 상실하게 된다는 생각을 저는 갖고 있습니다. 우리가 기계에 가까워지는 것을 가치적으로 의미 있는 거라고 생각하면 자연으로부터 점점 더 멀리 달아나는 것이 좋겠지만, 그게 아니라면 자연에 대한 우리의 감수성을 어떤 노력을 통해서든 다시 살려내거나 유지해야 된다, 이게 오늘날의 인문학에 요구되는 최긴절最緊切한 과제의 하나다, 저는 그렇게 생각합니다. 이 점에서 '디지털 시대의 학문하기'는 생태주의적 감수성을 그 핵심적 원천의 하나로 삼아야 한다고 봅니다.

사회자 ●●● 네, 감사합니다. 오늘 박희병 교수님 발제도 그렇고요, 이행훈 교수님 질문 중에서도 오늘 전체와 기술 문제에 의해서 질적인 변화가 일어나고 있다고 주장하는 분이 있고, 피상적이라고 말하는 부류가 있는데 오늘 두 분은 거기에 기초하고 있는 것 같아요. 그러면서도 인문학의 소외, 배움과 실천의 분리 문제는 완전히 새롭고 다른 지적을 했거든요. 네, 김 번 선생님께서 두 번째 토론을 시작하겠습니다. 김 번 교수님 토론해주십시오.

김 번 ●●● 네, 김 번입니다. 도정일 선생님이 제기하신 문제가 원체 압도적으로 큰 문제라서 상당 부분 혼란스러운 것이 사실입니다. 그러면서도 한 가지 제가 질문 드리고 싶은 것은 선생님께서 '트랜스휴머니즘transhumanism'의 주된 특징 가운데 하나가 '휴먼 엔핸스먼트human enhancement', 곧 '인간 향상'이라고 말씀하셨는데, 이 '인간 향상'의 결과가 실제로 어떤 식으로 인간에게 닥칠 것인가 하는 것에 대해서는 우리가 문학에서 유토피아Utopia나 디스토피아Dystopia의 전경을 그린 그런 소설로서도 어느 정도는 우리가 추정해볼 수 있지 않나 하는 생각도 해봅니다. 물론 그것이 얼마나 확실성을 담보하고 있는 것인지는 의문의 여지가 있음에도 불구하고 말입니다. 그래서 이것이 복음이냐? '인간 향상' 또는 '인간 증강' 이런 것들이 복음의 세상을 열어주느냐 아니면 끔찍한 재앙의 세상을 열 것이냐, 하는 것은 초미의 관심사가 되고 있는 것 같습니다.

하지만 선생님께서 발표하신 내용을 보면 과학은 기본적으로 가치를 고려 대상으로 삼지 않는 몰가치적이거나 적어도 가치중립적인 것임에 반해서, 인문학은 가치의 문제를 중요한 문제로 탐구할 수밖에 없는 그런 속성을 갖고 있기 때문에. 그렇다면 과학기술과 인문학 사이의 의미 있는 접점, 소통 가능성, 이러한 것들은 우리가 찾아볼 수 없는 것이냐 하는 그런 의문이 듭니다. 만약 그러한 것이 없다면 조만간 닥칠 것으로 예견되는 크나큰 변화에 우리가 어떤 유의미한 계획이나 행동도 할 수 없는 것이 아닌가 하는 그런 어떤 의문까지도 한번 가져봅니다.

사회자 ●●● 도정일 교수님. 혹시 오늘 시간이 부족해서 하지 못한 말씀이 있으시면 이번에 부연해서 말씀하셔도 되겠습니다.

도정일 ●●● 말씀하신 것처럼 기술시대, 과학기술의 발전과 인문학 사이에 어떤 접점을 놓을 수 있을 것인가는 지금 심각한 문제죠. 과학기술의 시대에 대부분의 인문학자들이 느끼는 절망감이 이런 것이라고 저는 생각합니다. 인문학자라고 해서 과학기술의 발전을 도외시하거나 이 시대의 뉴라이트처럼 행동할 수는 없는 것이고, 또한 동시에 몫 분배라는 기술예산론자가 될 수도 없습니다. 그래서 이 시대 비판의식을 곁들인 균형 감각이 있어야 한다는 말을 아까 말씀을 드리려다가 못드렸습니다.

제가 오늘 발표한 것은 '인문학과 과학기술의 접점이 어디겠는가?' 이것을 중심으로 해서 글을 썼던 것은 아닙니다. 그냥 일반적으로 과학기술 시대에 인간과 기술을 어떤 관점에서 좀 새롭게 사유할 수 있겠는가 하는 일반적인 문제를 다루려고 했습니다. 그러나 이왕 이야기가 나왔으니까 인문학과 과학기술의 문제는 지금 상당히 심각하고 중요한 문제죠. 과학과 인문학 또는 기술과 인문학 분야의 융합이라고 하는 것이 요새 인문학 쪽에서도 그렇고 과학 쪽에서도 그렇고, 입만 벌리면 '융합', '통섭'까지 곁들여서 그런 이야기를 하는데……. 필요한 '통섭'이 무엇인가, 라는 문제, 그 다음에 사람들이 말하는 통섭은 어떻게 가능한가, 라는 현실적인 문제, 이런 것들을 우리 학계에서 굉장히 철저하게, 상당히 의미 있게 추구하고 해답을 모색해야 한다고 저는 생각합니다.

제가 오늘 발표했던 부분과 연결지어 말하면, 과학은 형용하고 설명하려고 하지 가치의 문제를 다루지 않습니다. 그래서 오늘 학술대회의 주제인 '가치'의 문제라는 관점에서 보면 현대 과학기술의 발전, 증진과 가치의 문제 사이에는 굉장한 괴리가 있습니다. 인문학이 할 일이 있다면, 이 괴리를 어떻게 메울 것인가 혹은 이 시대 인문학의 관점에서 봤을 때 시대적 '위기'는 무엇인가를 고민하고 답을 모색하는 것이라고 봅니다. 그 위기는 '인간의 위기'이고, '가치의 위기'라고 저는 생각합니다.

그런데 과학 쪽에서 중요하게 생각하는―과학이 꼭 과학주의는 아니지만―과학주의적인 편향을 인문학이 제일 싫어하고 제일 반대하는데, 그렇다고 해서 그것을 철저하게 비판하면서 대안을 제시할 정도의 어떤 힘이 인문학에 있는가? 없습니다! 이 시대의 전체적인 사회적이고 문화적인 환경이 인문학의 기세를 꺾어놨습니다. 인문학적 발언을 한다는 것은 진지한 청자가 없는 어떤 문제를 빈 강당에서 떠들어대는 것과 같은 공허감, 낭패감을 주고 있습니다. 이것도 인문학이 지금 극복해야 할 크나큰 문제입니다.

특히, 교육의 경우에 그러하다고 저는 봐요. 대학에 교양교육이 있고 인문학 교육이 있습니다만 대단히 부정적입니다. 대학이 인문학이나 인문학적 사용, 인문학적 가치, 인간을 어떻게 지킬 것인가에 대해 아무 대답이 없고, 그것에 대해서 가르치는 바가 없다고 저는 생각합니다. 그 이유 중 하나는 인간에 대해서 자신 있게 발언할 수 있는 근거가 지금 많이 휘발되고 없습니다. 옆에서는 인간이 소멸한다고 떠들어대는데 인간을 얘기한다고 하는 게 굉장히 겸연쩍죠. 그래서 이 접점을 어떻게 찾을 것인가? 그것이 지금 인문학의 시대적 과제이고, 과학기술의 질주 앞에서 인간에 대한 사유를 지켜나가려고 하는 학문적인 태도나 지적 태도입니다.

그다음에 이런 시대일수록 학문이든 지적 운동이든 '인간은 무엇인가'라는 질문을 끊임없이 제기하고, '인간을 인간이게 하는 것은 무엇인가'라는 그 가치의 문제를 열심히 사유하는 것이 필요하다고 생각합니다. 해답을 내놓으라 하면 내놓지 못하지만 몇 개의 방향에서 해답을 모색해야 한다고 생각합니다.

하나는, 대학교육을 통해서. 이 문제가 진지하게 교육의 화두로 제기되어야 한다고 생각합니다. 그런데 대학에서 그런 생각을 안 해요. 요즘 과학기술 시대의 학생들은 전부 기술주의적인 사고에 빠져 있거나 경도해 있어서 인문학 교실에서 뭐라고 해도 별로 관심이 없습니다. 그리고 인문학자 자신이 이 시대의 변화—과학기술이 질주하는 빠른 변화—에 대해서 무관심합니다. 왜냐면 자기가 공부한 게 있고 공부한 것을 가지고 정년 때까지 그럭저럭 지낼 수 있다, 라는 이러한 안도감을 가지고 있어서 그런지 별로 시대 변화에 민감하게 반응하거나 변화가 제기하는 문제를 생각해보지 않습니다. 그래서 오늘 김 번 교수님의 질문은 지금 인문학에 종사하는 모든 분들에게 부과되는 책임이라고 말씀드리고 마치겠습니다.

사회자 ●●● 감사합니다. 어떤 면에서는 이행훈 교수의 질문에 대한 대답과 겹친 면도 있고요. 시간관계상 바로 임채원 교수님께 마이크를 드리겠습니다.

임채원 ●●● 네, 임채원입니다. 성경륭 선생님의 PPT를 처음 받았을 때 든 느낌은 '내가 평소 생각하는 스코프scope를 넘어서 뭐라 할 말이 없다'는 것입니다. 또 하나는 아주 큰 새로운 숙제를 받은 것 같아 이것을 어떻게 해야 되지 하는 생각이 들었어요. 그래서 질문을 한다기보다는 제가 오늘 느꼈던 몇 가지 인상을 여쭤보겠습니다.

오늘 선생님은 백 투 더 제네시스back to the genesis로, 과거로 돌아간다고 하셨는데요, 미래학의 방법 중의 하나가 백캐스팅backcasting 방식입니다. 2050년이 되든 2100년이 되든 2500년이 되든 미래의 어느 날에는 서브휴먼Sub-human, 휴먼Human-일반 휴먼Human-, 트랜스휴먼Trans-human, 슈퍼휴먼Super-human이 존재하는 그런 세계가 있다고 가정을 하고 거꾸로 내려가 이런 식으로 질문을 던져보겠습니다.

지금 우리가 백캐스트backcast를 할 때 상정해놓고 있는 시대에 네 종류의 종족이 있을 때 우리가 지금 가지고 있는 인식의 틀로 인간의 본성이 그때도 똑같으냐? 우리가 지금 아리스토텔레스Aristoteles를 읽고 그 이후 시대 마키아벨리Machiavelli를 읽는 이유는 인간의 본성이 변하지 않기 때문에 우리는 그 고전을 읽고 그것을 통해서 과거를 보기도 하고 현재를 분석하기도 하고 미래를 투사하기도 하는 겁니다만 이 방법론이 저 시대에 맞느냐? 이것을 한번 여쭤보고 싶습니다.

그다음에 또 하나는 백캐스트를 할 때는 정치학, 행정학은 실용학문이기 때문에 미래라고 하면 국가 비전vision 2030이냐, 2050이냐 그때부터 시작을 하거든요. 그래서 단계별로 내려오면 지금은 뭘 할 건지, 변하는데……. 사람들이 여섯 번째 종말을 이야기하는데, 사람들이 그게 앞으로 5년 안에 돌아오면 위기를 느끼거든요. 선생님이 보시기에 지금 막연한 미래가 아니라 만약 지금 얘기하시는 네 개 타입의 사람이 등장하는 시대를 언제로 보면 어떻게 되는지, 그런 질문을 드리고 싶습니다.

그다음에 백캐스트 방식 중 하나는 내려올 때 디자이어드desired 그림을 그리는 거거든요. 소망스러운 미래가 뭐냐? 그래서 지금 우리가 해야 될 것과 하지 말아야 될 것에 가치 문제가 포함되는데요, 이 네 개 종류의 종족이 살 때 우리가 이야기하는 가치, 정의라든지 지속가능성이라든지 리질리언스resilience라든지 세대 간 정의라든지 이게 가능할 건지, 이런 질문을 드리고요.

다음에 지금 이렇게 네 개의 종족 이야기를 하는데, 이게 인간의 오랜 꿈이거든요. 인위적으로 만들어내는데, 서양에서는 '눙크 스탄nunc stans', '영원한 현재'를 이야기합니다. 시간과 공간을 초월한 세계, 이런 건데요. 그러면 지금 이게 그런 식의 인간의 아이디어가 투사된 게 이런 세계가 아니냐! 이건 어쩌면 답이 없을 것 같습니다······.

또 하나는 역사적으로 보면 이런 네 개 종족의 출현을 우리는 이미 경험을 했거든요. 언제 경험을 했냐면 서양사람 입장에서 보면 1492년입니다. 처음 지리상의 발견을 했을 때 스페인 사람들이 라틴아메리카 인디언을 보고 자기들이 가지고 있던 하이라키 hierarchy(계층, 계급)가 있는데 이 속에서 저들은 동물이냐, 인간이냐? 이 질문을 던지기 시작하거든요. 이처럼 이 네 개 종족의 사람들이 보기에 이 사람들은 같은 인류냐, 다른 인류냐 하는 질문이 생길 것이고요. 또 하나는 힘의 차이가 있는 속에 세계화 될 때 굉장히 폭력적인 방식으로 진행이 되거든요. 우리가 15세기, 16세기의 세계화라는 것이 폭력 그다음에 제국주의 시대까지 가는데, 한쪽은 총을 들고 있고 한 쪽은 없을 때 그것은 학살이었거든요. 그러면 이렇게 슈퍼휴먼Super-human이 뜨면 지금 우리 같은 휴먼 human들은 엄청나게 열등하게 보일 텐데 그 본성이 폭력적으로, 폭력을 도구화하여 우리를 착취하지 않을까 하는 이런 생각이 듭니다. 여기에 대해서는 어떻게 생각하는지 궁금합니다.

성경륭 ●●● 제가 미래사회학을 가르치면서 오늘 주제인 '신인류'에 대해서는 관심을 가지고 독서를 해왔습니다마는 처음에는 이것을 주제로 할 생각은 안 했어요. 그런데 한림과학원에서 제목을 이렇게 주고 나니 '내가 뭐해야 되지?' 하다가, 그러면 평소에 좀 고민하던 이 문제를 한 번 정리를 해보자 해서 이런 내용이 되었습니다.

제가 이것을 정리하고 나서도 도대체 이 문제를 사회과학자로서 어떻게 인식해야 될까? 너무나 어처구니가 없는 일이 벌어지고 있고. 우리가 지금 자연과학—특히 생물학, 생명공학, 합성생물학—이런 쪽에서 진행되는 것에 너무 무지했고요. 그 사람들은 자신이 하는 일이 뭔지도 모를 수도 있습니다. 예를 들어 지금은 문제 있는 유전자를 찾아서 정상적으로 교체하고, 유전자 치료가 가능하다고 하죠. 그런데 이것을 조금만 달리 하면, 돼지 몸 안에 사람 세포를 심을 수도 있고, 원하는 애기를 만들기 위해서 디자인, 제네틱genetic을 할 수도 있고. 이 사람들은 자기들의 연구 영역이니까 열심히 하고, 연구비도 많이 나오고, 명성도 쌓고, 《네이처Nature》(자연과학 전문저널)에도 싣고 하는 구조에 들어가 있기 때문에 이 사람들은 (자신이) 도대체 뭘 하는지 모른다고 저는 봅니다. 사실, 제가 그 이야기를 읽고 정리를 하면서 '이건 보통 일이 아니다'라는 생각이 들었습니다.

제가 오늘 좀 반가웠던 것은 인문학 하시는 두 선생님이 여기에 대차게 문제 제기하는 거였습니다. 좀 강하게 말씀드리면 과학기술하고 자본주의 이 두 기제가 결합이 되어서 모든 것을 좌지우지하고 있는데 인문학자들이 그냥 '인문학이 이런 가치가 있다', '인문학 우습게 보지 마라', '우리가 인간이 뭔지, 가치가 뭔지 이야기를 하는데, 너희들은 잘 모르는 모양인데' 하고 이렇게 소극적으로 나가야 할 문제가 아니고, 저는 거의 전면전을 벌여서 이런 것을 막지 않으면 인류가 어떻게 될지 모른다고 생각합니다.

참고로 유발 하라리Yuval Harari라는 역사학자는 지금 휴먼바디human-body·브레인brain, 휴먼마인드human-mind에 가해지는 과학기술의 어떤 조작과 통제가 진행이 되면—제가 오늘 일부 소개한 내용에도 있는데—결국 현재 인류인 호모 사피엔스Homo sapiens는 네안데르탈인Neanderthal처럼 멸종될 가능성이 있고 다음으로 넘어간다고 하거든요.

그 시기를 이 사람은 한 1세기 내지 2세기 정도로 예측합니다. 아무리 봐도 오늘 이 자리에서 장회익 교수님을 만난 것은 개인적으로 아주 큰 행운이라고 보는데. 물리학 하시는 분이 우주의 탄생에서부터 생명현상이 나타나고 이게 인간에까지 와서 이제는 인간이 객체를 주체로 인식하게 되고 이것을 이해하기도 하고……. 여기에 제대로 대항할 수 있는 어떤 통합적 구조를 제시하셨기 때문에 저는 자연과학 하시는 이런 분들하고 인문학자들과 사회과학자들이 합쳐서 이 흐름을 어떤 형태로든 저지하지 않으면 진다고 봅니다. 이것은 학문의 일이기도 하고 인류의 미래에 관한 일이기도 하기 때문에 단순히 인문학이 변화하고 인문학 가치가 이런 것이라고 주장하는 것만으로는 아무런 영향을 미칠 수 없다, 라는 생각이 듭니다.

아까 질문한 몇 가지를 말씀드리면, 지금 사람들의 가장 큰 관심사는 세 가지입니다. 첫째는 장수. 이게 장수하는 약이라고 하면 다들 깜박 죽는 거예요. 두 번째는 애들 머리 좋아진다. 세 번째는 밤에 강해진다. 이 세 가지 이야기를 하면 넘어가지 않는 사람이 없다라는 건데, 실제로 산업이 그리로 가고 있습니다. 그래서 우리가 지금 만나는 사람들은 보약을 많이 먹었나 안 먹었나, 장뇌삼을 먹었나 안 먹었나, 공부 잘하고 학원 가고 해서 서울대학교 나왔나 이런 정도의 차이인데⋯⋯. 앞으로 우리가 부딪칠 차이는 상상을 넘어서서 네 종류, 사람의 범위를 어디까지 정의해야 될지 하는 것으로 보통 일이 아니지 않습니까! 저는 힘의 차이가—결국은 인간의 본질이 변화가 없다 했는데—아마도 최상층에 이미 오르고 있는 이 집단들이 결국 나머지 모든 존재—하위 인간유형—를 지배할 것이고, 지배를 받는 자들은 무용지물의 계급이 될 가능성이 많기 때문에 결국 마지막에는 저항할 것이기에 그들하고 평화롭게 살 것이라는 것은 상상하기가 힘듭니다. 엄청난 일이 진행되지 않겠습니까! 그러니까 이 문제에 대해서 이걸 어떻게 미리 막을 수 있는 건지 그런 고민이 필요하다고 생각합니다.

사회자 ●●● 네, 감사합니다. 마지막으로 이중원 교수님 부탁드립니다.

이중원 ●●● 네. 장회익 선생님께서 발표하신 내용은 어떻게 보면 특정 학문 분야의 연구자가 평을 할 수 있는 주제를 훨씬 넘어서서 여러 학문들 간의 통합과 그것을 메타적으로 성찰할 수 있는 시선이 요청되는 것 같습니다. 그렇기에 장 선생님께서 말씀하신 이야기들과 제가 공부하고 있는 철학에서의 이야기가 어떻게 연관될 수 있는지를 중심으로, 장 선생님의 오늘 말씀이 갖는 의의나 의미를 첫 번째로 말씀 드려보고 싶습니다. 그다음은 몇 가지 궁금한 점이나 질문을 드리고 싶습니다.

사실 여기 계신 분들도 과학을 하는 분들이 왜 철학이나 사상사의 큰 흐름에 관심들이 있을까 조금 의아해하실 수도 있는데요. 저희가 철학사를 공부하다보면 근대 과학의 뿌리를 고대 그리스 철학에서부터 찾습니다. 고대 그리스 철학자들도 잘 알고 있었듯이 과거 인간은 자연과 우주와의 관계에서 항상 열등한 존재였죠. 그래서 자연을 숭배하고 경외시하는 위치에 있었고, 토테미즘과 같은 자연 숭배나 신화와 같은 이야기들이 인간과 자연의 관계를 대변해 줬는데……. 그러던 것이 고대 그리스 철학으로 오면서, 인간이 좀 더 합리적인 사유의 주체로서 자연을 탐구하기 시작하면서, 다른 의미에서 보면 앎이 중요한 문제가 되면서 자연스럽게 이것을 탐구하는 인간과 자연의 관계가 대등한 수준의 관계로 발전합니다. 그러면서 자연에 대한 앎을, 우주에 대한 앎을 굉장히 중요한 문제로 제기하지요. 그것이 그 당시에는 형이상학의 형태로 주장이 됐지만 오늘날에는 실증과학의 형태로 발전을 계속하고 있는 셈이지요.

그러다가 근대로 오면서 수많은 지식들이 난무하는데, 한 예로 천동설과 지동설이 서로 싸우고 있었던 상황을 생각하면 될 듯합니다. 이때 철학자들의 관심은 과학이라는 학문 분야가 새로 등장하여 다양한 주장을 하고 있는데, 우리가 그 가운데 어떤 것을 참된 진리에 가까운 것으로 선택할 것이냐를 결정하는 것이 중요한 문제가 됐습니다. 그러다 보니까 철학자들은 '자연이 어떻다', '우주가 어떻다'는 이야기는 상당 부분 과학에 넘기고, 과학자들이 우주나 자연에 대해서 하고 있는 이야기, 앎의 내용에 관한 것들이 정당하게 우리가 수용할 수 있는 것인지 받아들일 수 있는 것인지, 그런 앎은 어떤 인식 과정을 통해서 진행된 것인지, 이런 문제에 대한 관심으로 바뀌게 되었습니다. 이렇게 보면 결국 존재론의 역사가 됐든, 인식의 역사가 됐든, 과학과 연계되어 진행되어온 측면이 철학사에는 상당히 많습니다. 그래서 장회익 선생님 발표에도 아마 그런 면에서 철학의 많은 이야기들과 연계된 내용들이 들어 있지 않았나 하는 생각이 듭니다.

사실, 여기서 가장 핵심 주제는 인간의 자기 이해인데 철학사에서는 고대 그리스에서도 있었습니다. 그러니까 자연을 탐구하면서 결국 인간의 위상과 지위를 '포지셔닝positioning' 혹은 재설정한 셈이죠. 과거 인간이 자연과의 관계에서 가졌던 열등한 지위에서 벗어나고자 했던 것이고요. 그리고 자연 속에는 어떤 합리적인 질서가 있는데, 인간도 그것을 인간 세계의 삶에 투영하면 인간의 삶조차도 순리적이고 원만한 합리적인 삶을 가질 수 있지 않겠느냐 하는 방식으로 자연의 어떤 섭리들을 인간의 삶으로 투영하려는 철학적 사고들이 많이 있었습니다. 그렇지만 그런 포지셔닝 positioning까지는 했어도 인간의 자기 자신에 대한, 즉 인간 본성에 대한—오늘 계속 나오는— '인간이 인간임이라는 것'이 도대체 무엇인가에 대한 이야기를 본격적으로 논의한 것은 사실 근대 철학부터입니다.

앞서 말씀드린 것처럼 인간이 어떻게 앎을 갖게 되었는가, 앎이라는 행위를 하게 되었는가를 본격적으로 의심하기 시작하는 거죠. 우리가 갖고 있는 수많은 지식들이 정말 믿을 만한 것인지 따져보는 것이지요. 데카르트René Descartes가 으뜸인데, 그는 그런 일련의 회의 과정을 통해서 궁극적으로 도달한 것이 결국 의심하고 있는 나의 존재는 의심할 수 없었다는 결론에 이릅니다. 즉, 생각함을 속성으로 갖는 나의 의식의 확실한 존재. '나는 생각한다, 고로 존재한다'에 들어 있는 내용인데, 이때부터 이제 본격적으로 인간이 자기 의식, 자아, 자기의 주체성에 대해서 진지한 고민을 시작합니다.

그런데, 데카르트의 경우는 주체의 의식이 워낙 중요했기 때문에 사실은 물질과 의식을 구분할 만큼—몸과 마음을 구분할 만큼—의식 자체에 일차성, 인식 주체의 존재 확실성에 상당한 무게를 두었었죠. 오늘날 보면 상당히 무리한 주장이기는 합니다만. 그런 데카르트의 노력 때문에 사실은 그 이후 철학사를 보면 인간의 본성에 대한 이야기들이 본격적으로 진행됩니다. 자유의지에 관한 것, 도덕성에 관한 것, 미적 존재에 관한 논의들이 진행이 되는데 놀라운 것은 철학사를 뒤집어보면 결국 내면의 인간 본성에 대해서는 다른 존재와의 구분을 위해서 선언적으로 규정을 한 셈입니다. 그다음에 그것을 바탕으로 외부 세계—우주나 자연 또는 타인이나 사회—에 대한 탐구를 한 셈이죠. 그리고 그 속에서 삶을 영위합니다. 어떻게 보면 정리를 그렇게 간단하고 간결하게 해버린 거죠.

다시 말씀드리면, 인간 내면의 많은 요소들을 외부 세계에 대한 앎과 연관시켜 볼 때 일방적으로 일방향적으로 규정한 측면이 많습니다. 달리 말하면, 외부 세계에 대한 이해가 인간의 본성에 대한 성찰에 어떤 변화를 줄 수 있는지에 대한 부분이 차단되어 있었던 거죠. 일차적으로 인간의 의식이 더 중요했었기 때문입니다. 그런 면에서 장 선생님이 오늘 말씀해주신 부분, 외부 세계에 대한 앎 그리고 인간의 자기 자신에 대한 앎 간에 어떤 인터랙티브 interactive한 관계 혹은 연계가 있어야 한다는 점, 그 관계는 작게는 심신 문제mind-body problem이겠지만, 크게는 나에 대한 이해와 세계에 대한 이해가 어떻게 연결되어야 하느냐의 문제로, 더욱이 이를 뫼비우스의 띠로 연결하여 설명하려 한 점은, 철학사에서도 쉽게 언급되지 못했던 사건입니다. 이 부분에서 철학을 공부하는 저로선 상당한 충격과 많은 당혹감을 받게 됩니다. 철학자로서 부끄러움도 많이 느끼고요.

두 가지만 여쭤보고 싶은 게 있습니다. 사실 인간이 가지고 있는 다양한 지식들을 아무리 모아도 아마 조각보 같은 형태로 밖에 되지 않을 텐데, 그것은 통합이 아닐 거라고 생각합니다. 그런데 이 통합을 위해서 여러 학문 분야 간의 지식들을 어떤 방식으로 묶을 것인가 하는 문제는 단순히 산술적으로 모아 놓아서 될 일이 아닐 것 같습니다. 우선 그런 통합의 힘, 통합의 근거, 보이지 않는 어떤 손이 있다면 그것은 무엇일지가 궁금하고요.

또 한 가지는 뫼비우스 띠는 상당히 공시적인 접근에서는 대개 의미 있고, 내면과 외면 사이의 관계를 우리가 어떻게 설정할지 좋은 대안을 제시해주는 것 같은데. 사실 앎의 문제는 공시적인 측면도 있지만 통시적인 측면도 함께 고려할 때 더 진정한 통합적 앎으로 나갈 수 있지 않을까, 라고 생각합니다. 그래서 인간의 자기 이해가 다시 세계에 대한 이해로 반영이 되고, 세계에 대한 이해가 다시 자기 이해로 반영되는 이런 순환 과정이 좀 변증법적인 발전과 상승의 과정으로 가는 것이 필요할 텐데 이 부분에 대한 선생님의 생각은 어떠신지 궁금합니다.

장회익 ●●● 뫼비우스 띠가 그것을 통합할 수 있다는 근거는 뭐냐? 도대체 앎이라고 하는 것이 근본적으로 통합이 될 수 있는 거냐? 무슨 근거로 그런 말을 하는 거냐 하는 의문을 제시한 것 같고요. 당연히 우리는 그런 물음을 가져야 한다고 봅니다. 하지만 그런 물음을 던지는 것으로 끝나버리면 아무것도 할 수가 없거든요. 불완전하지만 잠정적인 어떤 모형을 먼저 만들어보고, 이 모형에 의하면 여기까지는 된다, 이런 것을 보여줄 필요가 있습니다.

그런데 여기에 뭔가 부족한 것이 있다면, 다시 이것을 수정하거나 또는 대안을 찾아나가는 이러한 과정이 사실 우리가 지금까지 체계적인 앎을 추구해온 과정에 해당하는 거거든요. 그런데 여기서 취하게 될 기본 전제는 우리가 알다시피 많은 앎은 서로 연결되어 있다는 점입니다. 하나의 섬으로 단독으로 존재하는 앎은 기본적으로 아무런 신빙성을 못 가지죠. 말하자면, 바둑에서 두 개 이상의 집과 연결된 것이어야 살아있는 돌이라고 하듯이 앎이라고 하는 것도 그렇게 되어 있어요.

자, 그렇다면 어디까지 어떻게 연결되느냐 하는 시도는 당연히 해볼 수 있는 것이겠지요. 그래서 일단 제가 하나의 모형을 생각했던 건데, 이것이 좀 특별한 것은 이 안에 모든 것이 연결되도록 해보자는 것이에요. 이것이 반드시 성공하리라는 보장이 있어서가 아니라, 이것이 얼마만큼 성공하는지를 살펴보려고 하는 것이지요. 그렇게 해서 의미 있는 내용이 담긴다면 물론 좋은 것이고, 최소한 그렇게 해보는 것이 무의미한 것은 아니지 않느냐 하는 뜻에서 일종의 작업 가설로 설정했다고 보아도 좋을 겁니다.

그다음에 그것이 기하학적이기 때문에 공시적인 접근인데, 우리의 앎은 시간적으로 변해나가는 변증법적 성격을 지니기에 적절성이 떨어지는 게 아니냐는 의문을 제기하셨는데, 그 점은 바로 이 모형을 어떻게 활용하느냐 하는 점에 달려있다고 봐요. 제 설명 과정에서 이미 이 모형을 한 바퀴 돌렸죠. 시계바늘 방향으로 돌려가면서 그 논리적 선후 과정을 살폈는데, 이것은 실제로 앎을 연역적으로 이끌어나가는 과정에 해당하는 것이기도 하죠. 이것이 바로 실제 시간적 탐구 과정과 일치하는 것은 아니지만 실제 탐구 과정에서 이를 활용할 여지는 충분히 있다고 봅니다.

일단 잠정적 우주의 원리에서 출발하여 이 과정을 한 바퀴 돌아 우리가 어떻게 이 우주의 원리를 알게 되느냐 하는 점에 이르게 되면, 우리가 우주의 원리라고 생각했던 것이 실은 우리가 만들어 낸 것임을 알게 되고, 이렇게 됨으로써 우리는 이 전체를 설명할 더 적절한 우주의 원리를 새로 상정하여 다시 한번 이 모형의 둘레를 돌아보게 되지요. 이처럼 한 바퀴 돌리고 또 한 바퀴 돌리고 해서, 돌릴 때마다 그간 부족했던 것이 보완되어나가면서 점점 완전한 앎의 체계를 이루어나간다는 것이 제 모형의 초점입니다. 이 점을 제가 명시적으로 얘기를 안 해서 아마 그런 질문을 한 것 같은데, 사실은 그것이 완성에 이르렀다는 것이 아니고 완성으로 향하는 과정이 이러한 구조를 가진다고 보면 더 적절하리라 생각합니다.

한 가지 더 보탠다면, 그것이 왜 자기 이해에 해당하는 거냐? 사실은 이 모형의 앞 부분, 즉 자연 속에서 보면 우리라고 하는 것은 자연 과정 속에서 만들어진 것이 확실하게 보이거든요, 자연 속에 우리가 있다. 그런데 한 바퀴 돌아 제 자리에 와보면 이 모두를 만든 것이 우리였다는 거죠. 그래서 우리라고 하는 것과 자연이라고 하는 것, 이것이 전혀 구분이 안 되는데, 거기서 일부만 뽑아 "우리는 이거고 자연은 이거다"라고 했을 때 그 자체가 벌써 불완전한 지칭이 된다는 겁니다. 그래서 우리를 제대로 이해하는 것은 결국 우리가 아는 자연과 인간을 관통하는 이 전체를 보고 그 안에서 우리의 역할 그리고 자연의 역할이 어떻게 관련되고 있느냐를 파악하는 데 있는 것이지, 그것을 떠나서 우리가 따로 있고 자연이 따로 있다고 보는 것은 부적절하다는 말씀을 마지막으로 보완해서 드리려고 합니다.

사회자 ●●● 감사합니다. 오늘 네 분의 주제 발표와 토론을 듣다 보니까 결국 중심으로 모아지는 게 크게 두 가지 같아요. 하나는 인간의 자기 이해입니다. 우리가 어떤 존재냐 하는 게 있고, 두 번째는 결국 어떤 방식으로 실천할 것인가. 특히 인문학은 어떤 방식으로 실천할 것인가가 오늘 핵심적인 논의사항으로 들어오는 것 같습니다. 일단 플로어의 질문을 받고 난 다음에 종합토론으로 진행하려고 합니다. 질문 나올 시간을 드리기 위해서 제가 질문을 해도 되겠습니까?

성경륭 ●●● 사회자 마음이지요. (일동 웃음)

사회자 ●●● 저는 읽으면서 굉장히 재미있는 느낌이었어요. 사실은 한 분, 한 분한테 다 질문할 수 있는 질문거리가 있기는 합니다. 예를 들면 박희병 교수님한테는 글을 읽으면서 교수님의 든든함 그리고 근본주의적인 자세가 참 좋은데, 저는 조금 불안했어요. 어떻게 보면 새로운 기기가 등장할 때마다 지식이 대중화 될 때마다 지식의 독점이 사라지는 것에 대한 어떤 두려움도 있지 않은가?

그게 알게 모르게 반영된 것이 아닌가 하는 느낌이 들었고요.

도정일 선생님 글을 읽으면서는 도정일 선생님이 다음에 글을 쓰면 어떻게 할까? 저는 인간에 대해서 혹시 이제는 제3의 인간이라는 개념도 나와야 되지 않겠는가! 그 전과는 다르게. 우리가 인간성이라고 하는 것이 불변한다고 생각할 것이 아니고, 마음도 제3의 마음—머리에 있는 마음, 밖에 있는 AI 마음, 또 제3의 마음—이라는 게 인간의 마음에 있지 않겠나, 하는 생각도 들고요.

또 성경륭 교수님 얘기를 들어보니까, 그 사이즈와 PPT를 보여주셨잖아요. 그것을 보니까 느끼는 게 기층에서 위로 올라가는 큰 빨대가 전 세계적으로 있는 것 같아요. 그것이 세계화하고 또한 과학기술이 만들어내는 건데, 그렇다면 '4차 산업' 이런 것도 또 그 빨대의 외장이 아닌가 하는 그런 어려움이 들고요. 그러면 이것을 우리가 어떻게 대처할 것인가 싶은 생각도 들었어요.

장회익 교수님의 그 모델에는 구겨짐이 없다는 게 저는 좀 불안합니다. 쉽게 말해서, 모든 그 안에 아무리 자연과학의 원리이지만 예상외로 원래 예측과 다른 게 만들어지고 또 그게 극복되고 하는 것이 우리 인간 진화상에 있거든요. 그런 부분이 사실은 그 안에 들어가 있지 않다는 느낌이 좀 들었습니다. 이것은 제 느낌을 말했고요. 질문을 부탁드리겠습니다. (플로어의 질문이 없자) 그럼 잠깐 답변을 들을까요?

박희병 ●●●● 저를 근본주의자라고 했지만, 근래 한국의 인문학에는 그런 근본주의자가 별로 없는 게 '근본적인 문제'가 아닌가 싶기도 합니다. 스스로 알든 모르든 대체로 자본과 기술의 요구에 부응하는 쪽으로 학문을 가져가고 있지 않나 하는 생각이 드는데요. 저는 이런 현실에서 인문학을 재정비해서 인문학 본연의 '공적 책무'를 복원할 필요가 있다고 보는 거지요. 즉 디지털 시대에 인문학이 제 몫을 하기 위해 학문의 방법, 지향, 목표에서 어떤 근본적인 점검이 필요한가, 어떤 방향 모색이 필요한가를 생각해봤습니다.

지금 거론되고 있는 융복합은 대개 자본의 요구와 관련되어 있다고 봅니다. 제가 생각하는 학문의 통합은 오히려 '반자본적'인 것이며, 가치 문제를 좀 더 인문학답게 모색해보자는 취지입니다. 그러니 연구 주체의 자기 성찰이라고 할까 이런 것이 대단히 필요해지죠. 새로운 문명사적 상황에 맞서 인문학 내부를 재설계하자는 말입니다.

사회자 ●●● 성경륭 교수님 말씀을 들으면 100년밖에 안 남았는데 언제까지 성찰을 해야 합니까.

성경륭 ●●● 그 이야기는 제가 아니라 하라리Yuval Harari의 예상입니다.

박희병 ●●● 제 생각으로도 이것은 일각에서 그렇게 보는 거지,

이를 테면 외국의 이런 쪽으로 연구 많이 한 생물학자들이라든지 이런 사람들은 지금 추세대로 인류가 진행된다고 하면 인류의 시간이 별로 많이 남지 않았다고 보는 것이 깨어 있는 사람들의 생각인 것 같고요. 그런 부분은 충분히 고려하지 않고 기술만 놓고 볼 때는 이렇게 된다는 거죠. 그런 부분들을 끌어넣어서 생각하는 것이 오히려 필요한 게 아닌가. 자원 문제라든지 쓰레기 문제라든지 여러 가지 문제가 있지 않습니까. 지금! 온도 상승, 지구 온난화 문제라든지 우리가 늘 지금 피부로 하루가 다르게 느끼고 있는 문제들인데, 그런 여러 가지 복잡한 문제에 대한 고려가 우리가 다루는 이 문제들에 더 들어와야 된다, 기술 문제만 가지고 이렇게 대응하는 것은 너무 우리 시야를 좁혀버릴 수가 있다, 이런 생각입니다.

사회자 ●●● 네! 그건 저도 백 퍼센트 동의하는 바이고요.

이중원 ●●● 제가 장 선생님의 글에 대해 논평했지만 앞으로 인문학의 역할과 관련한 질문을 한 가지 던지고 싶습니다. 저는 인문학이 지금까지 인문학의 역할을 계속 충실하게 잘하고 있다고 생각하는데, 가장 중요한 부분, 바로 그 시대에 가장 인간이 갈등하고 고민하고 있는 문제, 뒤집어보면 인간의 본질에 관한 문제가 포함돼왔기 때문입니다.
시대마다 다른 상황들이 존재했지만 인문학은 그것을 언제나 포섭했다고 생각합니다. 인문학의 역사 발전 과정에서 계속해서 말입니다. 그런데 현재에 드러나고 있는 수많은 현실적인 서사적인 문제들에 오늘날 인문학이 그것을 과연 포섭하려고 시도하고 있느냐와 관련해서, 우리가 굉장히 심각하게 고민해볼 문제라고 생각합니다. 연구를 어떻게 하느냐의 문제는 연구 방법론과 자세의 문제이지만 기본적으로 인문학적 질문을 던지고 문제의식을 갖고 있는가 없는가는 또 다른 문제인 것 같다는 거죠.

예를 들면 철학의 경우 연구자들 가운데 철학을 '철학사'라고 하는 분들이 굉장히 많습니다. 그래서 데카르트를 연구하는 분은 데카르트 서적만 봐요. 그런데 사실 가만히 보면 데카르트는 그 시대에서 가장 혁명가적 자세를 가지고 철학을 한 사람이거든. 그러니까 데카르트 철학 연구자는 현재 존재하지만 데카르트와 같은 철학자는 한국에 없는 게 아닌가 하는 이런 의심들을 우리 내부에서 서로 하거든요. 그 시절에 아무도 고민하지 못했고, 그러나 굉장히 중요한 문제를 질문을 던지고 어떻게 답할 것인가를 본인 스스로 찾고……. 물론 그 시절에 그것을 받아들였던 사람은 많지 않았겠지요. 그렇더라도 그 시대가 안고 있는 어떤 문제의식과 상황에 대한 인지, 관련 질문…… 이런 것들이 던져져야 되는데, 강 건너 불구경하듯이 무관심한 것은 아닌지. 저는 지금 인문학의 위기가 바로 여기에 있다고 생각합니다. 이 문제와 아까 말씀하신 연구 문제는 조금 별개의 문제인 것 같습니다.

사회자 ●●● 솔직히 지금 철학사를 보면 19세기 초까지 철학자들의 과학에 대한 이해는 거의 과학자와 동일한 수준이었죠, 칸트 Immanuel Kant까지만 하더라도(이중원 교수가 "하이데거Martin Heidegger 또한 마찬가지"라며 부연). 우리 시대 인문학자들의 과학 이해는 저를 비롯해서 정말로 천박하기 짝이 없고요. 과학이 이리 중요한데 과학을 모르면서 인문학을 한다는 우리 자세부터가 굉장히 심각한 문제가 있는 게 아닌가, 저는 지금 그렇게까지 생각을 하고 있습니다. 네, 혹시 장 교수님 거기에 대해서⋯⋯.

장회익 ●●● 우리가 서양의 철학사나 또 인문학에서 현대 과학에 이르는 이 흐름을 간략하게 살펴보면 모든 학문은 철학과 인문학에서 나왔다고 해도 좋으리라고 봅니다. 이들이 모두 여기서 분화됐다고 볼 수 있겠는데, 중세는 모든 것을 신이 지배하던 시기였고 그때까지는 인간의 이성이나 생각이 자유롭지 못했지요. 그러다가 이러한 굴레에서 벗어나 새로운 가능성에 눈뜨게 해준 것이 르네상스Renaissance였지요.

이 르네상스를 계기로 철학과 인문학이 크게 활발해지면서 그 발전의 한 줄기가 자연과학으로 분화되어 나온 것이지요. 이처럼 자연과학은 철학과 인문학 안에서 그 지적 활동의 자유를 얻어 그 자체 논리를 바탕으로 출범한 것인데, 자연과학이 지금 전개되어 나가는 양상을 보면 인문학에서 너무 멀어지고 있을 뿐 아니라, 통제 불능의 상황이 되어가는 게 아닌가 하는 생각이 듭니다. 모든 자연과학이 다 그런 것은 아니고 우주를 이해하는 등 순수한 지적 추구로 향하는 것도 있지만, 많은 자연과학 분야 특히 그 응용 분야들은 아무도 통제 못하는 괴물이 되어가는 경향이 보입니다. 지금 유전자 조작 등을 통한 인간의 신체 변형뿐 아니라 두뇌와 마음에 이르기까지 삶의 모든 영역이 자연과학과 그 기술에 의해 통제 혹은 변형될 처지에 이르고 있으니, 이는 대단히 걱정스런 일이라고 봅니다.

그러면 어떻게 할 거냐는 건데, 저는 인문학이 좀 더 적극적으로 나서서 과학의 영역, 기술의 영역으로까지 뚫고 들어가야 안 되겠나 하는 생각을 해봅니다. 철학과 인문학이 들어가서 그 쪽에서 무슨 일이 일어나는지를 보고 끊임없이 부딪치고 비판하고! 저는 솔직히 오늘 두 분 인문학 분야 교수님 말씀을 들으면서 인문학에는 역시 다른 학문이 범접할 수 없는 도도함이 있구나 하는 느낌을 받았는데요. 인문학에는 인간의 내면에 파고 들어가서 이것과 대결하는 그런 예리함이 이 속에 있고, 또 아무리 배가 부르더라도 궁극적으로 사람이 제기할 수밖에 없는 삶의 의미나 여러 가지 본질적 문제를 다루고 있기에, 강의실에서 강의하는 것뿐 아니라 자연과학자들이나 과학기술 쪽에 있는 사람들과도 직접 부딪쳐서 이들이 무슨 짓을 하는지 철학자의 눈으로, 문학하는 분의 눈으로 분석하고 관찰하고 문제제기해서 이것을 어떻게든 방향을 바꾸지 않으면 저는 정말 대책이 없다는 생각이 듭니다.

특히, 생물학 관련 분야에서 진행되는 것은 많은 게 사람을 치료하는 데에 도움이 되겠지마는 이미 정상적 생리의 영역을 벗어나고 있는 것들이 있다고 봅니다. 판단이 쉽지는 않지만 이런 것을 우리가 허용할 것인가 말 것인가에 대해서 계속 문제제기하고 논쟁을 해나가야 되겠지요. 그것들이 합리적 통제하에 들어오도록 해야지, 이것을 무분별한 무병장수의 욕구에 그리고 이를 이용한 이윤의 논리에 맡겨버린다면 그 결과가 어찌 될지 장담하기 어렵다고 봅니다. 의학이나 이러한 연구 쪽에 규제를 풀어야 될 부분도 있겠지마는 어떤 부분은 이것을 놓치고 나면 회복이 불가능하게 되기 때문에, 이런 점에 대해서는 우선 많은 고민을 해야 할 것이고, 그래서 사실 저는 할 일이 너무 많다고 보고, 이 일에는 많은 사람들이 힘을 합쳐나가야 하리라 생각합니다.

사회자 ●●● '트랜스휴머니즘'이라는 것이 결국 1퍼센트의 사람만 가져가는 '트랜스휴머니즘'이거든요. 그런 심각한 문제가 있습니다. 마지막으로 더 발언 기회를 드리겠습니다.

도정일 ●●● 인문학이 지금 어떤 '난처한 입장에 있다', '대단히 곤혹스러워하고 있다'는 이런 위기의식은 필요합니다. 그래서 인문학이 이 시대에 '무엇을 할 수 있는가?', 또 그것을 한 단계 넘어서서 '무엇을 해야 되는가?' 이런 쪽으로 생각을 한참 해봐야 되는데 지금 인문학 쪽에서 '이것이 인간의 본질이다, 이것은 지켜야 한다!'고 이렇게 얘기하면, 과학 쪽에서는 '그런 불변의 본질 같은 것은 없는데 당신들은 무슨 본질을 이야기하고 있는가?'라고 합니다. 지금 과학의 질주를 보면 정확히 인간이 인간 아닌 것이 되기 위해서 막 달려가는 시대, 그리고 인간이 인간 아닌 것이 되는 것을 자랑으로 생각하는 시대가 됐단 말이죠. 그러면 '트랜스휴머니스트transhumanist'들은 인간이 인간 아닌 것으로 되는 것이 일종의 중간 완성이고, 완전히 인간이 아닌 것이 되는 게 인간의 완성이라고 생각을 합니다. 그러면서 인간이란 무엇인가? 역시 과학적 사유를 하는 사람들은 자꾸 낡아빠진 질문이라고 합니다. '인간이란 무엇인가?'라는 질문 자체가 낡고 노후해서 그것이 쓸모없게 된 시대에 그 질문을 계속 던지고 있다, 라는 겁니다. 이런 곤란함이 하나 있고.

그래서 '인간이란 무엇인가?', '인간을 인간답게 인간으로 만들어주는 가치는 무엇인가?'라는 이런 질문을 우리는 여전히 붙잡아야 하는데, '이것이 가치다', '저것이 가치다'라고 이야기하지만 가치라는 것도 바뀌는 거거든요. 그래서 제가 궁여지책으로 내놓은 게 '인간은 질문하는 존재다', '질문한다, 고로 존재한다'입니다. 인문학이 과거에도 그랬지만 지금도 질문 속에 거듭거듭 태어나서 이 시대에 던져야 할 질문을 내놔야 할 것입니다. 그리고 그 질문은 "이게 정답이오", "이게 가치요", "이게 인간 본질이오" 이렇게 말할 것이 아니라, '어떤 가치를 우리가 새롭게 사유해야 하는가?', 인간의 본질 같은 것이 있는가 없는가에 대해서 '무엇을 생각해야할 것인가', 이런 문제들을 파고들어야 한다고 생각합니다.

물론 진화 과정에서 인간의 본성도 바뀌는 것이지만, 진화가 가지고 있는 인간 본성의 변화라고 하는 것은 굉장히 오랜 시일을 요구하는 것이기 때문에 진화가 만들어준 이 단계의 인간이 갖고 있는 본성들이 있단 말이에요. 옛날부터. '인간성'이라는 개념─진화론이 얘기하든 과학이 얘기하든 내버려두고─'인간성이란 무엇인가', '인간성이 어떻게 얘기될 수 있는가' 이것만이 끊임없이 지금 인문학의 질문거리가 되어야 한다, 라고 생각합니다.

사회자 ●●● 오늘 마지막 결론으로서 딱 좋은 발언을 해주셨습니다.

박희병 ●●● 도정일 선생님 말씀에 제가 하나 외람되게 보탠다면, 인문학의 본령이라는 것이 '질문하는 것'이라고 하신 데에 공감하지만 거기에 비판과 사유를 좀 보태고 싶습니다. 특히 이 시대에 '사유'는 각별히 중요하지 않은가 합니다. 인터넷에 기반한 정보 유통은 점점 더 인간의 고유한 능력의 하나인 사유 능력을 박약하게 만들고 있으니 깊은 사유 행위─그리고 그것을 통한 사유 행위의 촉구와 환기─가 지금과 미래의 인문학에 특히 중요하지 않나 생각합니다. 그래서 인문학의 본질적 책무인 '질문하기'에 '비판'과 '사유'를 보태고 싶습니다.

사회자 ●●● 네, 알겠습니다. 장 교수님, 혹시 마지막으로 하실 말씀이…….

장회익 ●●● 네, 지금 저도 도 교수님 말씀하신 것에 동의하면서 저 나름의 해석을 해보고 있어요. "인문학은 질문을 던져야 된다"는 말씀을 하셨는데, 그 속에 함축된 내용이 있어요. '왜 질문이 나오느냐' 하는 거죠. 질문이 나올 때는 이미 이를 더 큰 이해와 연결시킬 관념체계가 머릿속에서 작동하고 있어요. 그런데 현재 당면한 그 무엇이 이 관념체계와 들어맞지 않으니까 질문을 던지는 거죠. 질문을 던진다는 얘기는 이미 더 큰 것을 상상하고 있다, 그런데 그것이 어딘가에서 잘 연결이 안 된다, 이런 상황이라는 겁니다. 그런데 인문학이 이것을 예리하게 느낀다는 거예요.

그러니까 인문학이 질문을 한다면 이미 인문학적 상상을 선도적으로 던져주는 것이고, 자연과학은 구체적인 사실들을 아니까 이것을 메워주는 방향으로 함께 갈 수 있는 것이지요. 이 점이 저는 대단히 중요하다고 봐요. 어차피 답을 처음부터 제시할 수는 없지만 질문을 던진다는 것은 더 큰 답이 있다, 이것을 찾자 하는 것이지요. 그래서 질문을 던지는 인문학과, 그 해답을 찾아나가는 과학 사이에 좋은 협동이 이루어지지 않을까 생각해 봅니다.

그런데 또 한 가지는 제가 아까도 잠깐 나왔지만, 특히 인문학이라고 하는 것은 전체를 통합해서 보여주는 그림을 항상 지향하고, 내 삶이란 아주 큰 문제에 관심을 가지고 얘기를 나눠야 되는데 걱정스러운 것이 인문학이 과학화하고 있다는 점입니다. 말하자면 부분부분 하나하나를 잘라 "나는 이게 전문이요", "내 분야는 이거요" 하는 식으로 인문학을 전문화, 과학화해버리면 진정한 인문정신을 살리지 못하지 않을까 하는 것이지요. 물론 어느 한 분야를 집중적으로 더 깊이 조명하겠다는 것은 중요하지만, 지금 현재 학문 추세가 다 그렇게 쏠리고, 특히 인문학까지 거기에 빠진다는 것은 참 서글픈 일이라고 봅니다. 인문학이야 말로 남들이 다 그래도 그것을 모아서 전체가 어떻게 되느냐 하는 물음을 계속 묻고 이에 합당한 그림을 계속 보여주었으면 하는 부탁이라고 할까 제 희망 사항을 말씀드립니다.

사회자 ●●● 네. 오늘 예정된 시간이 다 끝났습니다. 네 분 말씀으로 마무리를 하고요. 특히 오늘 박희병 교수님, 도정일 교수님 건강이 좋지 않으신 데도 나와서 끝까지 발제해주시고 토론해주셔서 굉장히 감사하고 나머지 모든 분들께 감사하고요. 마지막에 플로어에 계신 분들에게도 감사의 말씀 드리면서 오늘 토론을 마치겠습니다.

과학 질주 시대, 학문과 인간이 던지는 질문

- ⊙ 2019년 3월 9일 초판 1쇄 인쇄
- ⊙ 2019년 3월 12일 초판 1쇄 발행
- ⊙ 기획　　　　　일송기념사업회
- ⊙ 글쓴이　　　　박희병·송인재·이경구·장회익·성경륭·심혁주
- ⊙ 펴낸이　　　　박혜숙
- ⊙ 영업·제작　　　변재원
- ⊙ 펴낸곳 도서출판 푸른역사
　　우) 03044 서울시 종로구 자하문로8길 13
　　전화: 02)720-8921(편집부) 02)720-8920(영업부)
　　팩스: 02)720-9887
　　전자우편: 2013history@naver.com
　　등록: 1997년 2월 14일 제13-483호

ⓒ 일송기념사업회, 2019

ISBN　979-11-5612-132-9　93300

·잘못 만들어진 책은 교환해드립니다.